GW01607690

Hans-Joachim Röll

Generalleutnant der Reserve Hyacinth Graf Strachwitz von Groß-Zauche und Camminetz

Hans-Joachim Röll

Generalleutnant der Reserve Hyacinth Graf Strachwitz von Groß-Zauche und Camminetz

Vom Kavallerieoffizier
zum Führer gepanzerter Verbände

FLECHSIG

Umwelthinweis:
Dieses Buch und der Umschlag wurden auf chlorfrei gebleichtem Papier gedruckt.
Die Einschrumpffolie – zum Schutz vor Verschmutzung – ist aus umweltverträglichem und recyclingfähigem PE-Material.

Flechsig Verlag
Internet: www.verlagshaus.com
Einbandgestaltung: Silberwald Agentur für visuelle Kommunikation, Würzburg
Gesamtherstellung: Himmer AG, Augsburg
ISBN 978-3-8035-0015-1

Inhalt

Vorwort ... **11**

Der Weg des Hyacinth Graf Strachwitz zum Soldaten ... **13**

Als Kavallerist im Ersten Weltkrieg ... **19**

Die Zwischenkriegszeit: in allen Sätteln gerecht ... **31**

Die ersten Jahre des Zweiten Weltkriegs ... **51**

1941 – Der Krieg mit der Sowjetunion beginnt ... **72**

1942 – Vormarsch auf Stalingrad ... **93**

Strachwitz als Kommandeur des Panzerregiments Großdeutschland ... **111**

„Höherer Panzerführer" bei der Heeresgruppe Nord ... **139**

August 1944 – Die Panzergruppe Strachwitz ... **152**

Das Ende ... **172**

Nach dem Krieg ... **176**

Anlagen ... **182**

Anlage 1: Hyacinth Graf Strachwitz im Widerstand gegen das NS-Regime und der „Plan Lanz" ... 182
Anlage 2: Der militärische und zivile Werdegang des Hyacinth Graf Strachwitz ... 187
Anlage 3: Kurze Geschichte der Familie der Grafen und Freiherren von Strachwitz (von Moritz Graf Strachwitz) ... 190
Anlage 4: Schloss und Parkanlagen von Groß Stein ... 192
Anlage 5: Quellen- und Literaturauswahl ... 193

Vorwort

Hyacinth Graf Strachwitz ist wohl eine der bekanntesten und schillerndsten Persönlichkeiten der deutschen Militärgeschichte. Er war Träger der höchsten Tapferkeitsauszeichnung im Zweiten Weltkrieg, dem Eichenlaub mit Schwertern und Brillanten zum Ritterkreuz des Eisernen Kreuzes und gehört so zu den 27 höchstdekorierten Soldaten, deren Leistungen in der deutschen Militärgeschichte unumstritten sind.

Bereits während der drei polnischen Aufstände in den Jahren 1920/21 zeigte er sich als Vorkämpfer für das Selbstbestimmungsrecht der Völker. Graf Strachwitz war Ritter des Malteserordens und gründete nach dem Zweiten Weltkrieg das „Hilfswerk Oberschlesien".

Wie die Reitergeneräle Friedrichs des Großen, Ziethen und Seydlitz, war Graf Strachwitz für Freund und Feind legendär. Seine Kühnheit, seine Tapferkeit und sein unerschütterlicher Kampfeswille, seine Fähigkeit, auch aus schwierigsten taktischen Lagen erfolgreich hervorzugehen, aber auch sein Verantwortungsgefühl und seine Fürsorglichkeit für die ihm unterstellten Soldaten, waren die Grundlage seiner Erfolge. Sein strategisches Gespür vor und in der Schlacht waren schwer erklärbar, ja für viele unfassbar. Husarenstreiche, fast immer an der Spitze seiner Panzer, waren es, die ihn unvergessen machen.

Er war als Mensch und Soldat ein untadeliger Charakter, der sich nie und nirgends scheute, tapfer für Recht und Gerechtigkeit einzutreten – ein wahrer Ritter ohne Furcht und Tadel. Seine Tugenden hießen Mut, Zivilcourage, Einsatzbereitschaft, Kameradschaft und Treue, dabei war er fest verwurzelt in seinem katholischen Glauben.

In den Schilderungen von Graf Strachwitz' militärischem Lebensweg werden die entsetzlichen Schrecknisse des Krieges und die unsäglichen Opfer, die er gefordert hat, beschrieben. Es wird deutlich, dass der Krieg nicht der Vater aller Dinge ist, wie es oft verherrlichend heißt, sondern die größte und schrecklichste Geißel der Menschheit. Trotzdem kämpften und starben auch Millionen deutscher Soldaten im Glauben an eine gute Sache. Die Soldatenfriedhöfe in der ganzen Welt sind Zeugen und Mahnmal zugleich für dieses unsinnige Sterben.

Besonders bedanken möchte ich mich bei Herrn Johannes Graf Strachwitz, der mir wertvolles Quellen- und Fotomaterial zur Verfügung gestellt hat. Auch Herrn Philipp Duske, der durch seinen nimmermüden Einsatz dieses Buch erst möglich gemacht hat, gilt mein herzlicher Dank. Beide standen mir immer mit Rat und Unterstützung zur Seite.

Rottendorf im Oktober 2011

Hans Joachim Röll

Der Weg des Hyacinth Graf Strachwitz zum Soldaten

Hyacinth Graf Strachwitz von Groß Zauche und Camminetz wurde am 30. Juli 1893 in Groß Stein im Kreis Groß Strehlitz/ Oberschlesien geboren. Die Strachwitz sind ein altes katholisches Adelsgeschlecht und zählten seinerzeit zu den reichsten Land- und Forstbesitzern in Schlesien. Hyacinths Vater trug den gleichen Vornamen und erblickte am 21. November 1864 († 1942) ebenfalls in Groß Stein das Licht der Welt, seine Mutter Alexandrine wurde am 22. August 1872 († 1940) als Gräfin Matuschka in Bechau in Oberschlesien geboren.

Hyacinth war das zweite von insgesamt sieben Kindern, nach ihm folgten noch zwei Mädchen und drei Jungen. Seine ältere Schwester, die 1892 geborene Aloysia († 1975), eröffnete den Kinderreigen. Nach Hyacinth folgten Ceslaus (* 1894, † 1917), Elisabeth (* 1897, † 1992), Manfred (* 1899, † 1972), Mariano (* 1902, † 1922) und Margarethe (* 1905, † 1989).

Den ungewöhnlichen Vornamen Hyacinth erhielten alle männlichen Erstgeborenen dieses katholischen schlesischen Adelsgeschlechtes. Namenspatron war der heilige Hyazinth, der sich der Legende nach als Dominikanermönch um die Armen und Bedürftigen kümmerte und sie zum christlichen Glauben bekehrte. Er gründete mehrere Klöster für seinen Orden und siedelte sich später am Dnjepr an. Die Tatarenvorstöße zwangen ihn jedoch zur Flucht nach Westen. Der Sage nach wollte er die Monstranz seiner Kirche mit sich nehmen, doch gerade als er die Kirche verlassen wollte, sprach die schwere Marienstatue:

„Meinen Sohn nimmst Du mit, die Mutter lässt Du zurück?"

Entschlossen nahm Hyazinth die Muttergottesstatue an sich und brach Richtung Westen auf. Auf der Flucht erreichte er das Ufer eines Flusses, fand aber keine Furt. Da geschah das Wunder: Er konnte über das Wasser laufen und so die Monstranz, die schwere Statue und auch sein eigenes Leben vor den Tataren in Sicherheit bringen.

Die Kleider des heiligen Hyazinth waren bis 1945 im Besitz der Familie Strachwitz, der Heilige selbst liegt in Krakau begraben. An jedem 16. August, dem Tag der legendären Errettung Hyazinths, versammelten sich über 20.000 Menschen im Park vor dem Strachwitzschen Schloss in Groß Stein, um dem Heiligen zu gedenken und seine Hilfe zu erbitten. Die traditionelle Verbundenheit mit dem Heiligen bekundete die Familie Strachwitz damit, dass seit Generationen der männliche Erstgeborene den Namen Hyacinth erhielt. Die Familie Strachwitz zählte an der Wende vom 19. zum 20. Jahrhundert mit einem Besitz von etwa 18.000 Morgen zu den vermögendsten Land- und Forstbesitzern Oberschlesiens. Ihr Wappen zeigt einen Keilerkopf, einige Pilgermuscheln und einen Helmbusch. Doch zurück zu Hyacinth Graf Strachwitz. Er besuchte zunächst die Volksschule, dann das Gymnasium in Oppeln. Seine weitere schulische und vormilitärische Ausbildung erhielt er im Königlich Preußischen Kadettenkorps Wahlstatt, ehe er auf die Hauptkadettenanstalt Berlin-Lichterfelde wechselte. Hier gehörten seine schlesischen Landsleute Manfred Freiherr von Richthofen, der spätere Fliegerheld des Ersten Weltkriegs, und Hans von Aulock, Bruder des Andreas von Aulock (* 23. März 1893, † 23. Juni 1968), der am 16. August 1944 als 551. Soldat der deutschen Wehrmacht mit dem Eichenlaub zum Ritterkreuz ausgezeichnet wurde, zu seinen engsten Freunden.

Im August 1912 wurde der Kadett Hyacinth Graf Strachwitz als Fahnenjunker in das Potsdamer Kavallerie-Regiment des Garde du Corps aufgenommen. Dieses elitäre Regiment der kaiserlichen Armee, dessen nomineller Chef Kaiser Wilhelm II. persönlich war, hatte im Jahr 1913 noch keinen einzigen Bürgerlichen in seinen Reihen. Selbst der niedere Adel war unter all den in der damaligen Rangliste verzeichneten Prinzen, Fürsten und Grafen eine Ausnahmeerscheinung. Noch Ende 1912 wurde Strachwitz zu einem Offizierskursus an die Kriegsschule nach Hannover kommandiert, wo er vor allem bei sportlichen Wettkämpfen glänzte.

Wegen seines großen sportlichen Talents wurde er im ersten Regimentsbefehl nach seiner Ernennung zum Leutnant zum Sportoffizier im Regiment Garde du Corps ernannt. Dies war eine große Auszeichnung, da sich der Sportunterricht damals generell noch im Entwicklungsstadium befand und es kaum Ausbildungsvorschriften gab. Bis dahin waren die sogenannten „Mutproben" an den Sportgeräten die Hauptinhalte, andere Möglichkeiten der Körperertüchtigung kamen praktisch nicht vor. Strachwitz reizte seine neue Aufgabe sehr, konnte er doch nun die sportliche Ausbildung der Soldaten selbstständig organisieren und dabei neu gestalten. So legte er vor allem mehr Wert auf tägliche Gymnastik und einen wöchentlichen Ausdauerlauf zur Stärkung von Kraft und Kondition. Dass die Sportmannschaft des Garde du Corps an den Olympischen Spielen 1916 in Berlin teilnehmen sollte, förderte seinen Ehrgeiz dabei natürlich noch mehr.

Strachwitz selbst war ein hervorragender Reiter und Fechter und hatte großes Talent für die Leichtathletik, die nun immer mehr in den Mittelpunkt seines Interesses rückte. Mit seinen Kameraden, unter anderen dem Prinzen Friedrich Karl von Preußen, einem Neffen des Kaisers, trainierte er für die bevorstehenden Olympischen Spiele und gehörte bald zu den besten Athleten.

Noch wusste niemand, dass die Spiele von 1916 nicht stattfinden sollten, sie gingen im Kanonendonner des Ersten Weltkrieges unter. Die Jugend der Welt, die sich auf friedliche Wettkämpfe gefreut hatte, stand sich nun auf den Schlachtfeldern Europas gegenüber.

Am 28. Juni 1914 fielen der österreichische Thronfolger Erzherzog Franz Ferdinand und seine Gemahlin während einer Inspektionsreise in Sarajevo dem Attentat des serbischen Studenten Gavrilo Princip, begangen im Auftrag einer serbisch-nationalistischen Verschwörergruppe zum Opfer. Die österreichisch-ungarische Regierung forderte daraufhin von der serbischen Regierung in Belgrad ultimativ die Verfolgung und Bestrafung der Aufrührer. Um dieser Forderung

Der Ring mit dem Rathaus von Oppeln. In Oppeln verbrachte Hyacinth Graf Strachwitz seine Schulzeit.

Nachdruck zu verleihen, erfolgte eine Teilmobilmachung gegen Serbien. Russland sah daraufhin seine Interessen auf dem Balkan gefährdet, und zugleich drängte die panslawische Bewegung in Russland den Zaren zum Eingreifen. Zar Nikolaus II. drohte der Donaumonarchie unverhohlen mit einem Krieg, sollte sie in Serbien einmarschieren. Deutschland hätte als Bündnispartner Österreich-Ungarns in diesem Fall der Donaumonarchie beistehen müssen.

Kaiser Wilhelm II., der sich während der sogenannten Julikrise mit seiner Yacht „Hohenzollern" auf einer Nordlandreise befand, brach wegen der bedrohlichen Lage seine Exkursion ab und fuhr umgehend zurück nach Berlin, wo er versuchte, zwischen den streitenden Mächten zu vermitteln. Doch alle Bemühungen blieben erfolglos.

In Russland setzte sich der Onkel des Zaren, Großfürst Nikolai Nikolajewitsch, und die von ihm angeführte Kriegspartei durch. Noch während die Diplomatie um eine friedliche Lösung rang, erklärte Österreich-Ungarn am 28. Juli 1914 Serbien den Krieg. Russland befahl daraufhin am 30. Juli die Teilmobilmachung und schließlich auf Drängen der Generalität die Generalmobilmachung für Heer und Flotte. Als Antwort darauf ordnete Kaiser Wilhelm II. am 1. August 1914 die Mobilmachung in Deutschland an. Wenig später traten die Entente-Mächte Frankreich und England an der Seite Russlands in den Krieg ein, womit sich die Mittelmächte, Deutschland und Österreich-Ungarn, plötzlich in einem Zweifrontenkrieg befanden.

Leutnant Hyacinth Graf Strachwitz erreichte der Mobilmachungsbefehl in seiner schlesischen Heimat, wo er sich gerade im Urlaub befand. Sofort packte er seinen Koffer und fuhr zum Bahnhof, wo die Bevölkerung in ihrer Kriegseuphorie die Soldaten feierte. Graf Strachwitz musste Hunderte von Händen schütteln, wurde zusammen mit seinen Kameraden gefeiert und mit Würstchen und Bier bewirtet. Stunden später erreichte er den Potsdamer Bahnhof in Berlin, wo sich ihm das gleiche Bild bot. Menschentrauben säumten den Bahnsteig, befanden sich in einem Taumel der Begeisterung. Nur mit

Die Mühlengrabenbrücke in Oppeln.

Mühe fand Strachwitz eine Droschke, die ihn zu seinem Regiment brachte. Als er seine Kaserne betrat, war er bestürzt über das wilde Durcheinander, das sich vor seinen Augen abspielte. Alles schien in Aufruhr zu sein, doch hinter all der Hektik verbarg sich ein genauestens durchorganisierter Mobilmachungsplan. Waffen wurden ausgegeben und die bereits gemusterten Pferde an die Eskadronen verteilt. Neu eingetroffene Reservisten wurden eingekleidet, und die aktiven Soldaten tauschten ihre weißen Garnituren in der Kleiderkammer gegen neue graue Felduniformen. Bei den Soldaten in der Kaserne war die gleiche Kriegsbegeisterung zu spüren, wie sie Strachwitz bereits in seiner schlesischen Heimat und in Berlin erlebt hatte. Strachwitz' Regiment war der 1. Garde-Kavallerie-Division unterstellt worden und zum sofortigen Abmarsch nach Westen vorgesehen.

Das Familienwappen der Grafen Strachwitz. Der Adelszusatz „von“ ist in der Grafik unrichtig.

Unten links: Hyacinth Karl Graf Strachwitz, geboren 14. Mai 1835 in Stubendorf, gestorben 24. Dezemberg 1871 in Stubendorf. Er war der Großvater von „Heia“ Graf Strachwitz.

Unten rechts: Luise Gräfin Strachwitz, geboren am 13. Februar 1840 in Proschlitz, gestorben am 1. August 1918 in Bad Landeck. Sie war die Tochter von Heinrich Graf Strachwitz und seiner Frau Cäcilie Gräfin von Wengersky Freiin von Ungerschütz und die Urgroßmutter von „Heia“ Graf Strachwitz.

Oben links:
Ein Kinderbild von 1872, der Vater von „Heia" Graf Strachwitz ist der zweite von links stehend.

Oben rechts:
Aloysia Gräfin Strachwitz war eine geborene Gräfin von Matuschka Freiin von Toppolczan und Spaetgen und die Mutter von „Heia" Graf Strachwitz. Ein Bild um 1900.

Unten links:
Hyacinth Graf Strachwitz, geboren am 21. November 1864 in Groß Stein, gestorben am 28. April 1942 in Groß Stein. Er war der Vater von „Heia" Graf Strachwitz. Ein Bild um 1923.

Unten rechts:
Alyosia Gräfin Strachwitz, genannt „Isa", geboren am 22. August 1872 in Bechau, gestorben am 26. Januar 1940 in Groß Stein. Sie war die Mutter von „Heia" Graf Strachwitz. Ein Bild um 1923.

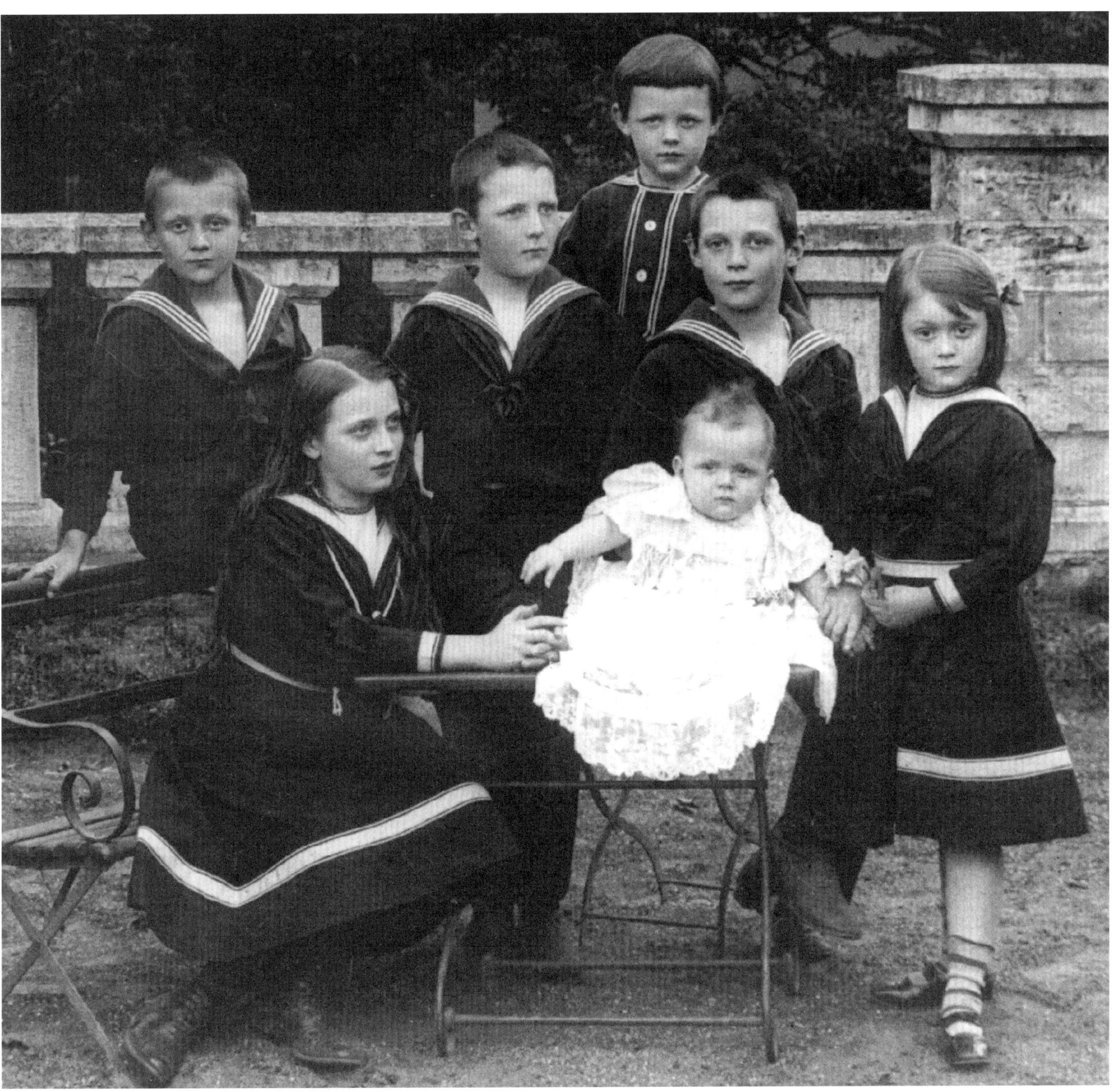

Ein schönes Kinderbild der Geschwister von „Heia“ Graf Strachwitz, um 1906 entstanden.

Hintere Reihe der Jungen – von links beginnend:
Manfred, geboren am 17. April 1899 in Groß Stein, gestorben am 28. August 1972 in Kassel;
Ceslaus, geboren am 1. Dezember 1894 in Groß Stein, gestorben am 14. September 1917 in Breslau;
Mariano, geboren am 28. November 1902 in Groß Stein, gestorben am 8. November 1922 in Lüben;
Hyacinth, genannt „Heia“, geboren am 30. Juli 1893 in Groß Stein, gestorben am 25. April 1968 in Trostberg.

Vordere Reihe der Mädchen – von links beginnend:
Aloysia, geboren am 28. Juni 1892 in Groß Stein, gestorben am 7. Februar 1975 in Gögeln;
Margarethe, geboren am 12. Juli 1905 in Groß Stein, gestorben 12. Dezember 1989 in Karlsruhe-Grötzingen;
Elisabeth, geboren am 20. Dezember 1897 in Groß Stein, gestorben am 16. Februar 1992 in Duisburg-Rheinhaus.

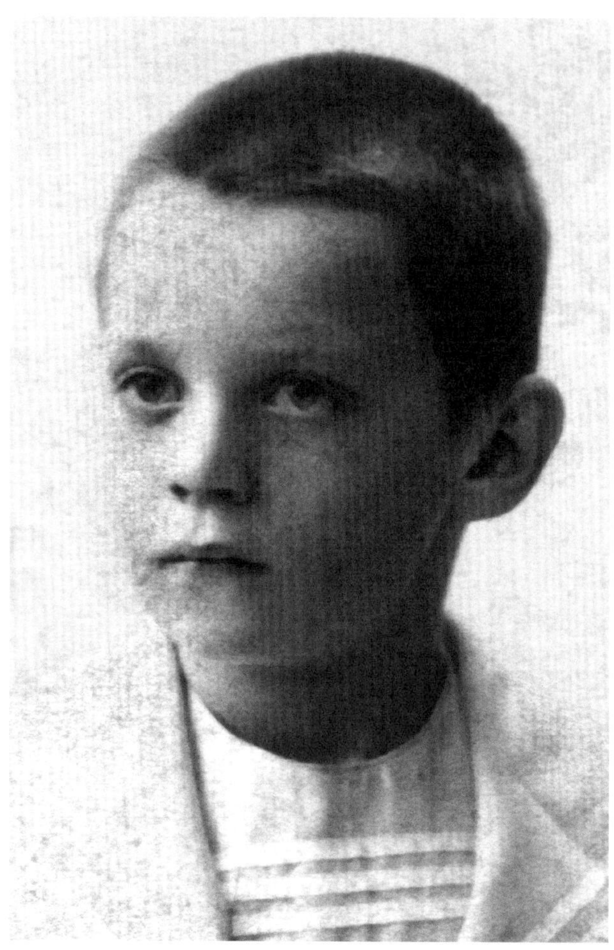

*Oben links:
Hyacinth Graf Strachwitz, genannt „Heia“ im Alter von 10 Jahren.*

*Oben rechts:
Hyacinth Graf Strachwitz als Kadett.*

Unten links: Ceslaus Graf Strachwitz, der Brunder von „Heia“ als Königlich preußischer Leutnant im Leib-Kürassierregiment Nr. 1.

*Unten rechts:
Mariano Graf Strachwitz, der jüngste Bruder von „Heia“ verstarb frühzeitig am 8. November 1922 in Lüben an einer Gasvergiftung.*

Als Kavallerist im Ersten Weltkrieg

Die deutsche Heeresleitung rüstete zum Schlieffen-Plan. Dieser Taktik, benannt nach dem ehemaligen Chef des Großen Generalstabes, Alfred Graf von Schlieffen, zufolge sollten deutsche Truppen unter Verletzung der belgischen und luxemburgischen Neutralität den französischen Festungsgürtel umgehen und nach Paris marschieren, während der linke Flügel der deutschen Armee die gegnerischen Kräfte in Elsaß-Lothringen binden sollte.

Schon wenige Tage nach der Mobilmachung kamen Strachwitz und das Regiment des Garde du Corps an der belgischen Grenze an, wo sie unverzüglich zur Feindaufklärung eingesetzt werden sollten. Leutnant Graf Strachwitz bekam den Befehl, als Patrouillenoffizier Fernpatrouillen in das Hinterland des Feindes zu führen. Der Graf war nicht nur ein sportlicher, sich seines Adelsstandes bewusster Offizier, sondern zugleich außergewöhnlich kaltblütig und einsatzbereit. Kein Wunder also, dass er sich gleich Ende August 1914 für die erste Fernpatrouille freiwillig meldete, was die Divisionsführung – überzeugt von seinen außergewöhnlichen Fähigkeiten – gerne annahm. Als Strachwitz seine Männer fragte, wer ihn bis weit hinter die Frontlinie begleiten möchte, meldete sich sein kompletter Zug. Strachwitz suchte aber nur die verwegensten Draufgänger für den bevorstehenden Ritt aus, was zu manch enttäuschtem Gesicht unter seinen Männern führte, denn alle wollten an der Fernpatrouille teilnehmen, die als besonders hohe Auszeichnung für jeden Soldaten galt. „Herr Graf, alle Männer bereit", meldete Strachwitz' Adjutant und Stellvertreter, ein blutjunger Leutnant.

Die völlig unmilitärische Anrede „Herr Graf", statt „Herr Leutnant", hatte Strachwitz seinen Männern bereits in Potsdam eingehämmert, eine Eigenart von ihm, die er in seinem militärischen Leben nicht mehr ablegen sollte. Freilich, seine Männer verübelten ihm diese Marotte nie, da er sie immer mit Respekt behandelte. Und schließlich scheute er auch nicht davor zurück, selbst hohe Vorgesetzte darauf aufmerksam zu machen, dass er der „Herr Graf" sei, weil dieser Titel mehr bedeute, als ein militärischer Rang.

Strachwitz meldete dem Divisionskommandeur:

„Leutnant Graf Strachwitz mit sechzehn Mann für Fernpatrouille nach Paris zur Stelle!"

Der Divisionskommandeur musterte den jungen Leutnant eingehend, bevor er mit eindringlichen Worten seine Befehle gab. Die Patrouille sollte die rückwärtigen Verbindungen des Gegners aufklären und eventuell stören sowie dessen Vorbereitungen erkunden, Eisenbahn- und Telegraphenverbindungen sprengen und Militärtransporte zum Entgleisen bringen, und zwar schon „morgen, gleich in aller Herrgottsfrühe", wie der General beschied, „schaffen Sie das, Strachwitz?" „Jawohl, Herr General", antwortete der Graf militärisch knapp, und schon ging es los. Kaum war die Patrouille eine Stunde geritten, als vor einem Ortseingang plötzlich französische Kavallerie auftauchte.

„Was tun", überlegte Strachwitz kurz, „sollte der Durchbruch hier schon zu Ende sein? Nein, das durfte nicht sein!"

Strachwitz riss den Säbel aus der Scheide und befahl laut:

„Attacke! Auf den Feind!"

Strachwitz und seine Männer hatten den Überraschungsmoment auf ihrer Seite. Die ahnungslosen Franzosen waren so perplex, dass sie gar nicht auf den Gedanken kamen, eine Gegenattacke zu reiten, sondern sofort ihr Heil in der Flucht suchten. Dabei ließen sie einige deutsche Gefangene, Kavalleristen vom Heer, zurück. Ein junger Offizier, Einsiedel mit Namen, erzählte Strachwitz, wie sie in Gefangenschaft geraten waren. Erst jetzt sah der Graf, dass der linke Arm des Gardedragoners nur notdürftig verbunden und der Ärmel der Uniform blutdurchtränkt war.

„Mein Gott, das sieht ja schlimm aus. Wir legen Ihnen einen neuen Verband an", sagte Strachwitz zu Einsiedel, der sich vor Schmerzen krümmte, „wir müssen weiter, Einsiedel, Sie haben ja Pferde und kennen den Weg zu den deutschen Linien."

Der frisch verbundene Einsiedel nickte kurz und verabschiedete sich mit seinen Kameraden von Strachwitz und dessen Männern, die schon wieder auf ihren Pferden saßen.

Im schnellen Ritt jagte der Trupp mit Leutnant Graf Strachwitz an der Spitze, der Seine, diesem Schicksalsfluss, entgegen. Geschickt vermied der Graf Straßen und Ortschaften, nutzte ausschließlich den Schutz von Wald- und Feldwegen. Am Nachmittag durchritten sie gerade ein Waldstück, als Strachwitz am Waldrand plötzlich anhielt.

„Was is'n los, Herr Graf?", fragte eine Stimme hinter ihm.

„An der Straße unten wimmelt es von Soldaten, wahrscheinlich Engländer", antwortete Strachwitz, der hinter einem Gebüsch in Deckung gegangen war und sein Fernglas an die Augen hob.

Leutnant Strachwitz sah in der flimmernden Nachmittagssonne zwei Marschkolonnen britischer Kavallerie, die gerade eine Rast einlegten und nichts davon ahnten, dass sie von einem deutschen Spähtrupp aus nur wenigen Hundert Metern Entfernung beobachtet wurden.

„Hier müssen wir durch, bevor wir von denen entdeckt werden", sagte Strachwitz an seine Kameraden gerichtet.

„Aber wir können doch warten, bis die Engländer aufbrechen und verschwinden, Herr Graf", entgegnete ein junger Fähnrich.

Strachwitz wurde mürrisch:

„Wenn die bis Morgen bleiben und vorher den Wald durchkämmen, dann ist es aus mit uns. Außerdem, seht mal in Richtung Straßenbiegung, hinter der Ortschaft, da kommt schon die nächste Reiterkolonne – bloß weg hier!“ Er hatte sich entschlossen: „Aufsitzen, Männer! Wir stürmen mitten durch die Engländer!“

Keine Minute später sprengten die deutschen Reiter auf das britische Lager zu, donnerten durch die englischen Reihen und waren wie ein Spuk wieder verschwunden. Nur einige wenige Engländer behielten kühles Blut und feuerten den Deutschen einige Schüsse hinterher, wovon einer allerdings einen Husaren verwundete.

Nach einiger Zeit – die Briten hatten offenbar nicht die Verfolgung aufgenommen – ließ Strachwitz im dichten Gestrüpp einer Waldschonung Halt machen. Jetzt galt es zu handeln. Zuerst musste die Division über den Aufmarsch der englischen Kavallerie informiert werden.

„Kannst Du reiten und der Division Meldung machen?“, wandte sich Strachwitz an den verwundeten Husaren, der gerade einen Brustverband bekam und leise stöhnte.

„Wenn mich Herr Graf bitte auf das Pferd binden, dann wird's schon klappen“, antwortete der tapfere Mann und versuchte ein Lächeln.

Strachwitz kritzelte rasch einige Zeilen auf ein Blatt seines Meldeblocks und gab es dem verwundeten Kameraden, der mittlerweile mehr auf seinem Pferd hing als saß.

„Sei vorsichtig Kamerad, geh' jedem Gegner aus dem Weg, reite trotzdem so schnell Du kannst. Und – falls sie Dich doch erwischen, dann schluck' den Meldezettel 'runter.“

Der Husar nickte, wendete sein Pferd und ritt langsam davon.

„Mach's gut Kamerad!“, schickte ihm Strachwitz noch hinterher, doch der war schon außer Hörweite.

Kaum war der Reiter aus dem Blickfeld verschwunden, als einer der aufgestellten Wachposten Geräusche meldete.

„Die suchen uns! Verdammt, verdammt! An die Waffen!“, befahl Strachwitz.

Zwei Mann blieben bei den Pferden, während der Leutnant mit seinen Soldaten in Stellung ging. Der Feind sollte einen heißen Empfang bekommen. Immer lauter wurde das Krachen und Knacken im Gehölz. Schon waren die ersten Reiter zu sehen, die vorsichtig, nach allen Richtungen Ausschau haltend langsam näherrückten.

„Die haben doch deutsche Uniformen an, Herr Graf“, flüsterte der neben Strachwitz liegende Adjutant aufgeregt.

„Tatsächlich, das sind Deutsche, ich werd' verrückt“, entgegnete Strachwitz grinsend.

Schon war ein scharfes „Halt! Wer da?“ zu hören.

Strachwitz ging aus der Deckung und rief den Kameraden die Parole zu. Man hatte offenbar der Nachbarpatrouille unter Führung von Oberleutnant von Schierstaedt aufgelauert. Schmunzelnd schüttelten sich die beiden Patrouillenführer die Hände, setzten sich auf den Waldboden und berichteten einander.

Schierstaedt erzählte, dass in seinem Bereich französische Truppen in Divisionsstärke ein weiteres Vordringen verhindert hatten und dass er mehrere Male fast entdeckt worden war. Es war nun klar: Der Gegner wusste um die deutschen Truppen in seinem Rücken und hatte die Jagd eröffnet.

Strachwitz wollte dennoch an seinen Plänen festhalten: zunächst der Vorstoß bis in das Gebiet von Melun an der Seine, dann über die Seine hinüber, um dort an verschiedenen Stellen Bahngleise zu sprengen. So konnte der Aufmarsch der Entente-Truppen verzögert werden.

Oberleutnant von Schierstaedt stimmte Strachwitz' Plan grundsätzlich zu, war aber der Meinung, dass beide Patrouillen zusammen weiterreiten sollten. Der Graf hielt das auch für richtig, und wenig später ritt die verstärkte Patrouille gemeinsam los. Unterwegs traf man auf einen weiteren Spähtrupp unter Führung von Leutnant Wedemeyer vom 3. Garde-Ulanen-Regiment, dessen Vormarsch ebenfalls vom Gegner gestoppt worden war.

Am frühen Morgen des folgenden Tages hatte die Fernpatrouille schon 120 Kilometer zurückgelegt und befand sich, Strachwitz' Plan entsprechend, bei Melun. Dort sollte das erste Gleis gesprengt werden. Aber die französischen Bahnposten hatten aufgepasst. Schüsse peitschten. Und mit Entsetzen mussten die Deutschen mit ansehen, wie ihre Pferde aufgescheucht davongaloppierten. Zwar gelang es den Franzosen nicht, die Deutschen gefangen zu nehmen, aber die Pferde waren weg, ein schnelles Vorwärtskommen nun nicht mehr möglich.

Am nächsten Tag herrschte beim Regiment des Garde du Corps große Bestürzung. Der schwarze Wallach von Leutnant Graf Strachwitz trottete langsam auf die Unterkünfte zu. Auch er hatte sich nach den ersten Schüssen der Franzosen losgerissen und über 120 Kilometern hinweg seinen Weg zu den eigenen Linien gefunden. Strachwitz' Vorgesetzter, Rittmeister Graf Westphalen, ließ darauf den drei Jahre jüngeren Vetter des Leutnants, Johannes Heinrich Graf Strachwitz, zu sich kommen.

„Sie müssen damit rechnen, dass ihr Vetter dieses Unternehmen nicht überlebt hat“, schloss Westphalen seinen kurzen Bericht.

Johannes Heinrich verzog keine Miene, sah dem Rittmeister in die Augen und antwortete ungerührt:

„Mein Vetter lebt, davon bin ich fest überzeugt, Herr Rittmeister. Vielleicht könnten Sie die notwendigen Schritte einleiten, dass nach ihm gesucht wird.“

„Das werden wir umgehend tun“, erwiderte Graf Westphalen, „haben Sie persönlich noch einen Wunsch?“

„Ja, ich bitte gehorsamst, dass mir das Pferd meines Vetters zugeteilt wird.“

Inzwischen suchten nicht nur englische und französische Truppen nach den Deutschen, sondern auch ein großes Aufgebot von Polizei und bewaffneter Bürgerwehr, die sie mehr und mehr in die Enge trieben. Bei dieser Hetzjagd geriet etwa die Hälfte des deutschen Spähtrupps in Gefangenschaft. Als dann auch noch Leutnant Wedemeyer und der klägliche Rest seiner Männer den Anschluss verlor, waren Strachwitz und Schierstaedt mit ihren Soldaten allein auf sich gestellt. Vorerst fanden sie im dichten Unterholz eines größeren

Waldstücks Unterschlupf. Hier waren sie erst einmal sicher, konnten sich etwas ausruhen und den versäumten Schlaf nachholen.

Obwohl der Trupp nun zahlenmäßig sehr dezimiert war, hielten Strachwitz und Schierstaedt an ihrem ursprünglichen Plan fest, wollten ihren Auftrag in jedem Fall ausführen. Ziel war nun die Bahnlinie Paris – Limoges – Bordeaux, dort meinten sie, liefen die Aufmarschbewegungen des Gegners ab.

Am Nachmittag erreichte die Patrouille einen Bahndamm. Im Schutz der Nacht wollte sich der Trupp vom Waldrand aus an die Gleise heranarbeiten und Sprengladungen anbringen. Strachwitz beobachtete gerade den Bahndamm, als er urplötzlich mit einem Satz in das Unterholz sprang. Instinktiv taten es ihm seine Männer nach.

„Französische Patrouille", flüsterte Strachwitz und bedeutete seinen Kameraden, sich möglichst unsichtbar zu machen.

Eine französische Infanteriepatrouille hatte mittlerweile den Waldrand erreicht, wo sich die deutschen Soldaten mit angehaltenem Atem an die Erde pressten. Deutlich waren die durch den Waldboden gedämpften Schritte der Franzosen und deren geflüsterte Befehle zu hören. Der Abstand zu den Deutschen wurde immer geringer. Erst waren es noch zwanzig Meter, dann zehn, schließlich nur noch fünf. Deutlich konnte Strachwitz die roten Hosen der französischen Landsturmmänner erkennen. Seine Hände krallten sich fester um den Karabiner, ergeben kam nicht in Frage. Man würde mit den Franzosen schon fertig werden.

Gespannt beobachtete Strachwitz den gegnerischen Trupp, als plötzlich ein französischer Unteroffizier seine Männer zur Eile trieb – die Abendessensausgabe stand an, und die Franzosen zogen sich schnell zurück. Inzwischen war die Dämmerung angebrochen, in deren Schutz die Deutschen leise und langsam aus ihren Verstecken krochen.

„Glück gehabt", grinste Strachwitz aufatmend, „da haben uns die festen Abendessenszeiten der Franzosen gerettet."

Die Spannung hatte sich gelöst. Der Graf wollte nun so rasch als möglich auf die andere Seite der Lichtung, da er glaubte, von dort besser an Bahndamm und Gleise heranzukommen.

„Wir überqueren einzeln die Schneise. Ich als erster.", befahl er, sprang auf, rannte über die Lichtung und warf sich an der anderen Seite des Waldrands ins dichte Gebüsch. Einige Sekunden lang lauschte er in die beginnende Nacht. Nichts! Die Franzosen waren tatsächlich verschwunden. Mit einem Wink dirigierte er seine Männer zu sich herüber. Unter der schweren Last der Sprengmunition sank der erste keuchend neben ihm auf den Boden. Nach nur wenigen Minuten hatten sich die Männer vollzählig um Strachwitz geschart. Auch Schierstaedt, den er vermisst hatte, war wieder aufgetaucht. Mit leiser Stimme erklärte ihm Strachwitz seinen Plan:

„Wir gönnen uns jetzt erstmal ein bisschen Ruhe, um Mitternacht brechen wir auf, drei bis vier Stunden brauchen wir auf alle Fälle, bis wir die Sprengladungen angebracht haben. In den frühen Morgenstunden ist auch am wenigsten mit dem Auftauchen des Feindes zu rechnen."

Oberleutnant von Schierstaedt nickte zustimmend und ließ sich auf seine ausgerollte Decke fallen, um noch etwas zu schlafen. Strachwitz teilte die Wachen ein.

Es war bereits vier Uhr morgens, als einige dunkle Gestalten, nur beschienen vom diffusen Mondlicht, katzengleich auf den Bahndamm zuschlichen, der sich wie der Rücken eines Ungetüms vom Boden abhob. Strachwitz wies die Männer des Sprengkommandos ein, Schierstaedt suchte mit seinem Glas die Gegend ab. Aber es herrschte Ruhe, eine trügerische Ruhe, wie sich nur wenig später herausstellen sollte.

Von der anderen Seite des Bahndamms waren plötzlich Stimmen zu hören, französische Stimmen. Der erste Anruf, sich erkennen zu geben, ließ die Deutschen erstarren. Nach dem zweiten fasste sich Strachwitz zuerst und rief:

„Englishman!"

Plötzlich war es still, dann ratterte jäh ein MG.

„Mist! Sie haben den Köder nicht geschluckt", dachte Strachwitz, als ihn von Schierstaedts gebellter Befehl aufschreckte:

„Zurück in den Wald!"

Die Männer rannten, keuchten, stolperten auf den Waldrand zu, der Wald bot ihnen Schutz. Der Graf zählte seine Soldaten – Gott sei dank gab es keine Verluste. Auch den Sprengstoff hatten die Soldaten gerettet. Währenddessen feuerte das französische Maschinengewehr ununterbrochen weiter. Aber nur Querschläger zirpten und jaulten ungezielt über ihre Köpfe. Vorerst waren sie in Sicherheit.

„Weiter", befahl von Schierstaedt, der die Spitze des Trupps übernommen hatte und seine Kameraden immer tiefer in das Dickicht hineinführte.

Die deutschen Soldaten hatten Glück gehabt. Die Franzosen verfolgten sie nicht, offenbar war ihnen die Gefahr, in dem dichten Gestrüpp in einen Hinterhalt zu geraten, zu groß. Jetzt galt es erst einmal, auf die nächste Nacht zu warten. Von hier aus kam man sowieso nicht mehr an den Bahndamm heran, eine andere Stelle musste gefunden werden.

Aber nicht nur die Franzosen piesackten die Männer, auch der Hunger. Die Marschverpflegung war fast aufgebraucht, Beeren und Waldkräuter bildeten die Mahlzeiten. Während des Tageslichts versuchten die Soldaten zu schlafen, neue Kraft zu sammeln. Nach Einbruch der Dunkelheit schlichen sie an einer anderen Stelle aus dem Wald heraus, umgingen ein größeres Sumpfgebiet und pirschten sich allmählich wieder an den Bahndamm heran. Doch eine dichte Postenkette französischer Soldaten hatte ihn mittlerweile praktisch hermetisch abgeriegelt. Alle Versuche, ihn während der Nacht doch noch zu erreichen, schlugen fehl. So zogen sich die Deutschen zunächst wieder in den Wald zurück.

Oberleutnant von Schierstaedt und Leutnant Graf Strachwitz waren sich inzwischen einig geworden, dass hier nichts mehr auszurichten war. In der Umgebung würde es sicher noch genügend lohnende Objekte geben. So marschierte der Trupp in der Nacht weiter. Schon am folgenden Tag stießen die Männer wieder auf den Feind. Eine endlose Schlange französischer Truppen bewegte sich auf die Front zu. Auch in der folgenden Nacht marschierten die deutschen Soldaten ohne Pause weiter. Am Morgen war ein kleines Wäldchen erreicht, dessen Dickicht Schutz bot. Gestohlene Kartoffeln wurden gebraten – außer einem Kanten trockenes Brot die einzige Mahlzeit an diesem Tag.

Als die Dunkelheit anbrach, krochen die Männer vorsichtig an ein Stellwerk heran, das etwas außerhalb des Bahnhofs von Fontainebleau lag. Oberleutnant von Schierstaedt hatte das Gelände seit geraumer Zeit sorgsam nach feindlichen Posten und Spähtrupps abgesucht, die Luft schien rein zu sein.

„Nichts wie 'ran", flüsterte Strachwitz mit einem schelmischen Grinsen.

Er teilte seine Leute für das Kommando ein, prüfte schnell den Sprengstoff und zeigte, wo die Sprengladungen angebracht werden sollten. Vom Gegner unbelästigt, arbeiteten die Männer konzentriert, doch Strachwitz trieb weiter zur Eile an. Innerhalb kürzester Zeit war der Sprengstoff an vier verschiedenen Stellen eingebaut, die Zündschnüre waren gelegt, schon brannten sie. Die Sekunden verrannen, wurden zur Ewigkeit. In sicherer Entfernung warteten Strachwitz, von Schierstaedt und ihre Männer. Plötzlich, eine gewaltige Explosion, der weitere folgten. Schienenteile und Schwellen flogen wie Spielzeug durch die Luft. Mit dem letzten Krachen fiel das Stellwerk in sich zusammen und riss die daneben stehenden Telegraphenmasten mit um.

Behände sprangen die Offiziere in den Rauch der Detonationswolken, holten ihre Messer hervor und schnitten die am Boden liegenden Leitungen durch. Jetzt nichts wie weg. Fünfzehn Kilometer legten die Männer im schnellen Laufschritt zurück. Im Morgengrauen hatten sie ihren Ausgangspunkt, das kleine Wäldchen, wieder erreicht. Alle waren am Ende ihrer Kräfte, aber das erfolgreiche Kommando hatte ihnen Flügel verliehen.

Die Sprengung hatte die Franzosen nun endgültig aufgeschreckt. Eine kleine deutsche Patrouille hatte es geschafft, den Hauptverkehrsweg über Tage hinaus lahm zu legen. In größter Eile wurden mehrere französische Bataillone zusammengefasst. Die Jagd auf die Deutschen wurde verschärft. Die französische Presse meldete, dass deutsche Truppen bereits im Anmarsch auf Paris seien, im Rücken der französischen Front. Diese Nachrichten führten in Paris zu einer Panik, der die französischen Behörden nur schwer entgegensteuern konnten. Wenig später erreichten die Meldungen auch das deutsche Hauptquartier, von dort die Gardekavalleriedivision und schließlich auch Rittmeister Graf Westphalen, der nun aufatmen konnte: „Der Strachwitz scheint ja doch noch zu leben!"

Auch der Kommandierende General Georg von der Marwitz war von dem Husarenstück beeindruckt und bemerkte zu Strachwitz:

„Ein verrückter, aber schneidiger Hund!"

Derweil war die Lage für den Grafen und seine Männer alles andere als rosig. Die Franzosen versuchten mit allen Mitteln, den deutschen Spähtrupp zu finden und auszuschalten. Einen Tag nach der erfolgreichen Aktion geriet die Patrouille in einen Hinterhalt, aus dem sie sich nur unter Verlusten herauskämpfen konnte. Der Weg nach Süden schien nun blockiert, nur der Rückmarsch zu den eigenen Linien noch möglich. Tag und Nacht marschierten die Männer auf die Marne zu. Schierstaedt und Strachwitz vermuteten die Frontlinie im Raum Épernay – Châlons, etwa vierzig Kilometer entfernt.

Aber der Versuch, durch die französischen Linien die eigene Front zu erreichen, gelang nicht. Man war mitten in das alliierte Aufmarschgebiet geraten. Zudem hatten die Franzosen ihre Posten und Patrouillen weiter verstärkt, um deutsche Sabotageakte zu verhindern. Also doch wieder Richtung Süden. Strachwitz und von Schierstaedt wollten die neutrale Schweiz erreichen, obwohl völlig unklar war, ob die Männer die Strapazen des langen Fußmarsches überstehen würden.

Um nicht zu verhungern, mussten sie immer öfter französische Bauernhöfe aufsuchen, um sich mit Verpflegung zu versorgen. Frech wie er war, gab sich Strachwitz dabei als Engländer aus, der von seiner Einheit getrennt worden war. Leider waren diese Versuche nur selten von Erfolg gekrönt. Nur dann und wann bekam er etwas Brot, noch seltener ein Stück Fleisch. Meistens wurde er vom Hof verjagt und kehrte unverrichteter Dinge zu seinen Leuten zurück. Allerdings hörte er bei diesen Aktionen oft die neuesten Nachrichten, die seine Laune aber noch schlechter machten. Der deutsche Vormarsch war ins Stocken geraten, die Fronten erstarrten.

Seit Tagen regnete es nun schon, der morastige Boden ließ nur noch eine Marschleistung von zwei bis drei Kilometern am Tag zu. Die Männer wussten nicht mehr, wie viele Tage oder Wochen sie schon unterwegs waren. Ihre Uniformen waren durchnässt und hingen in Fetzen an ihren ausgemergelten, geschundenen Körpern.

Eines Tages fanden die Soldaten eine Scheune, in der sie vollkommen erschöpft auf Strohballen fielen und sofort einschliefen. Nur Strachwitz brütete mit ernstem Gesicht. Irgendwie musste man aus der Misere herauskommen. Plötzlich sprang er auf und rüttelte von Schierstaedt wach:

„von Schierstaedt, wir brauchen ein Pferdefuhrwerk!"

Schierstaedt schaute Strachwitz zweifelnd an:

„Woher willst Du das denn nehmen?"

„Ganz einfach", antwortete der Graf, „wir gehen einfach ins nächste Dorf, geben uns als Engländer aus und fragen bei den Bauern."

Schierstaedt schüttelte den Kopf, die Idee war verrückt, aber in ihrer aussichtslosen Lage war alles einen Versuch wert. Gesagt, getan. Der Regen hatte aufgehört, als sich die beiden Offiziere auf den Weg ins nahe Dorf machten. Schon bald trafen sie auf einen Bauern bei der Feldarbeit, den sie auch gleich um ein Fuhrwerk baten. Der Mann schien am Verstand der abgerissenen Gestalten zu zweifeln, aber er war ein freundlicher Mensch und wollte diesen „Engländern" helfen. Plötzlich tippte Schierstaedt Strachwitz, der das Gespräch mit dem Bauern führte, auf die Schulter und zeigte in Richtung

Waldrand, der keine 300 Meter vor ihnen lag. Dort brach gerade eine Gruppe französischer Dragoner zu Fuß aus dem Wald heraus, schwärmte aus und stürmte auf die drei Mann zu. Schüsse krachten, während die beiden Deutschen um ihr Leben rannten. Ein in der Nähe befindliches Maisfeld bot vorerst Deckung, von hier aus erreichten sie den schützenden Wald und die dort wartenden Männer. Das Versteckspiel begann aufs Neue.

Der Herbst hatte nun schon kühle Nächte, doch die Männer des deutschen Spähtrupps kampierten immer noch im Freien. Eines Morgens wurden sie von Geräuschen geweckt. Nur wenige Meter von ihnen entfernt sägten französische Landsturmsoldaten Holz, einige andere sammelten Reisig für ein Feuer. Wie erstarrt blieben die Deutschen liegen, jede Bewegung konnte sie verraten. Unerbittlich kroch die Kälte aus der nassen Erde in ihre Körper. Erst nach sechs endlos langen Stunden zogen die Franzosen ab.

Die Offiziere beschlossen daraufhin, sich nur noch in Scheunen oder Schuppen zu verstecken. Strachwitz war wieder einmal der mutige Kundschafter. Er schlich sich bei Tagesanbruch an einen Bauernhof heran, beobachtete die Bewohner, spähte nach Wachhunden. War die Luft rein, schlichen sich die Männer in die Scheune und versteckten sich im Stroh. Bei Einbruch der Nacht, nachdem Ruhe auf dem Gehöft eingekehrt war, krochen sie wieder aus dem Stroh und marschierten weiter in Richtung Schweiz. Trotz der vergleichsweise komfortablen Nachtlager, wurden die Soldaten immer schwächer. Der permanente Regen und der quälende Hunger zehrte mehr und mehr an ihnen.

Wieder einmal versuchten von Schierstaedt und Strachwitz, auf einem kleinen Gehöft Lebensmittel zu organisieren, wieder einmal stellten sie sich als versprengte Engländer vor. Und wie immer hing das Damoklesschwert der Entdeckung über ihnen, denn die meisten Bauern wussten, dass deutsche Soldaten im französischen Hinterland operierten. Da sich der Franzose aber wahrscheinlich deutsche Soldaten als bis an die Zähne bewaffnet vorstellte, versorgte er die ausgehungerten und zerlumpten „Engländer" mit Brot und Schinken, Wurst und Eiern und verabschiedete sich herzlich von den „Verbündeten".

So ging es tagelang weiter. An einem Tag hatten sie Glück und bekamen etwas zu essen, am nächsten Tag wurden sie verjagt. Inzwischen marschierten sie wieder nach Norden. Sie hofften, an der Marne bei Châlons auf deutsche Truppen zu treffen. Der Weg in die Schweiz war für die abgekämpften Männer zu weit, keiner hätte den Marsch überlebt.

Eines Nachts näherten sich die Deutschen einer Brücke, die von einem Posten bewacht war. Obwohl Strachwitz auf seine Männer in französischer Sprache einredete, roch der Posten den Braten und gab Alarm. Die Wache stürzte aus ihrer Bretterbude und eröffnete sofort das Feuer. Es blieb nur noch die Flucht. Aber wohin? Das flache Gelände bot keinerlei Schutz. Rettung verhieß einzig eine nahe gelegene Ortschaft, auf die die sechs übriggebliebenen Männer zurannten. Aber die Verfolger ließen sich nicht abschütteln. Ihre Schüsse hallten durch die Straßen der schlafenden Stadt. Schließlich erreichte das armselige kleine Grüppchen eine Kaserne. Strachwitz schlug den Wachposten bewusstlos, seine Männer schleppten ihn ins Innere der Kaserne.

„Hier in der Höhle des Löwen werden sie uns bestimmt nicht suchen", keuchte Strachwitz zu von Schierstaedt. Und er hatte Recht. Während die Verfolger schreiend an der Kaserne vorbeirannten, konnten die Männer in ihrem ungewöhnlichen Versteck einige Minuten verschnaufen. Dann kehrte wieder Ruhe ein. Die Deutschen verließen ihr Versteck und schlichen aus der Stadt hinaus. Im Morgengrauen erreichten sie ein kleines Waldstück, in dessen Unterholz sie sich verkriechen konnten.

Es goss in Sturzbächen, als sich die Patrouille am folgenden Tag auf den Weg in Richtung Marne machte. Doch als sie endlich am Fluss ankamen, mussten sie die nächste böse Überraschung verdauen. Es wimmelte nur so von französischen Soldaten, die beide Uferseiten der Marne abgesichert hatten. Ein Durchwaten des Flusses an einer seichten Stelle war unmöglich, völlig deckungs- und schutzlos eine Brücke zu benutzen, wäre reiner Selbstmord gewesen. Der Versuch, den Fluss zu durchschwimmen, wäre an der reißenden Strömung gescheitert. Und selbst wenn es ihnen geglückt wäre, an das andere Ufer zu kommen, hätten sie zunächst die steilen, betonierten Uferwände des Marne-Kanals erklimmen müssen, um dann auch dort von französischen Soldaten empfangen zu werden. Die Lage schien hoffnungslos. Niedergeschlagen hielten die sechs deutschen Soldaten Kriegsrat. Die einzige Rettung schien eine Flucht in die Schweiz zu verheißen.

„Ob die ausgemergelten Männer den langen Marsch durchhalten?", dachte Strachwitz, als sie sich erneut auf den Weg nach Süden machten.

Die Franzosen hatten die Jagd immer noch nicht aufgegeben. In Kompanie-, manchmal sogar in Bataillonsstärke suchten französische Truppen die Gegend ab, durchkämmten dabei jedes Waldstück im Marnegebiet und jedes Gehöft. Vor den Ortschaften standen Posten. Von Tag zu Tag wurde es für die Deutschen schwieriger, Nahrung zu besorgen oder in Scheunen Unterschlupf zu finden.

Sechs Wochen waren vergangen, seitdem sie ausgeritten waren, um die feindlichen Linien zu erkunden und Sabotageakte auszuüben, sechs Wochen, die den Männern härteste Entbehrungen und Strapazen auferlegten. Aber sie schleppten sich weiter, völlig am Ende ihrer Kräfte, denn dem Feind wollten sie auf keinen Fall in die Hände fallen.

Abermals hatten sie in einem kleinen Gehölz Unterschlupf gesucht. Nach langer Zeit schien endlich wieder einmal die Sonne, die die Männer und ihre durchnässten Uniformen trocknete. Während ein Kamerad Wache stand, fielen die anderen in einen unruhigen Schlaf. Strachwitz war nur kurz eingenickt, als ihn der Posten, Unteroffizier Mauer, vorsichtig weckte: „Herr Graf, vor uns ist eine ganze Kompanie Franzosen, die kommen direkt auf uns zu!"
Schlaftrunken fuhr Strachwitz hoch und folgte dem Fingerzeig des

Unteroffiziers. Die Franzosen kamen, sich laut unterhaltend, geradewegs auf die Deutschen zu. Strachwitz weckte sofort die Kameraden. Das aber hörte der französische Trupp. Noch bevor die Deutschen sich richtig aufgerappelt hatten, krachten schon die ersten Schüsse. Ein Geschoss traf Oberleutnant von Schierstaedt, der mit einem Aufschrei zusammenbrach. Während zwei Mann den Verwundeten in Deckung schleiften, versuchte der Rest des kleinen Trupps, den Rückzug zu decken. Ein bewaldeter Hügel bot ein wenig Schutz. Schierstaedt hatte einen Beckenschuss, der mit dem noch vorhandenen Verbandsmaterial nur notdürftig verbunden werden konnte.

„Er muss dringend in ein Lazarett und sachgemäß behandelt werden, Herr Graf", wisperte Unteroffizier Mauer außer Atem. Strachwitz nickte zustimmend mit dem Kopf:

„Mit ihm werden wir nicht mehr weit kommen!"

Die Männer konnten nicht lange rasten, sie mussten weiter den Hügel hinauf. Hinter sich konnten sie schon die Verfolger hören, die ihnen fluchend und keuchend folgten und immer wieder in ihre Richtung feuerten. Strachwitz war der erste, der den Hügelkamm erreichte. Vom Gegner gut zu sehen, brüllte er seinen Männern zu, nach links abzubiegen und deutete sekundenlang mit ausgestrecktem Arm in diese Richtung. Gleich nach der Kammhöhe bog er aber mit ihnen nach rechts ab, um sich dort im dichten Gestrüpp zu verbergen. Aber würde diese List genügen, um die Franzosen abzuschütteln?

Wieder einmal stand ihnen das Glück zur Seite. Die Franzosen fielen auf den Bluff des Grafen herein und setzten ihre Jagd in der entgegengesetzten Richtung fort. Einige Zeit noch hörte man sie rufen und schießen, bis die anbrechende Nacht die Geräusche zu verschlucken schien.

Strachwitz musterte seine Männer. In ihren zerfetzten Uniformen sahen sie eher aus wie eine Räuberbande als Kaiserlich Deutsche Soldaten. Falls sie so gefangen genommen werden sollten, in zerrissenen, kaum zu identifizierenden Uniformen, aber bewaffnet, würden sie die Franzosen als Freischärler behandeln und als Saboteure oder Spione vor Gericht zerren. Das Urteil stand jetzt schon fest: Tod durch Erschießen!

Kurz nach Dämmerungsbeginn erreichten die Soldaten ein kleines Dorf. Schnurstracks steuerte Strachwitz das erste Gehöft an, klopfte an die Tür und erklärte dem Bauern im besten Oxford-English, dass sie ihre Einheit verloren hätten und seit Tagen durch die Wälder streiften. Das Schlimmste sei aber der Schwerverwundete, der draußen vorm Tor liege und versorgt werden müsse. Der Franzose war sofort bereit zu helfen und holte den Verletzten ins Haus. Mit frischem Verbandsmaterial wurde die Wunde des jungen Oberleutnants versorgt. Dabei konnte sie Strachwitz zum ersten Mal genauer betrachten. „Mein Gott, mit ihm werden wir wirklich nicht mehr weit kommen", dachte der Graf als sich die Blicke beider Männer streiften.

„Er braucht dringend einen Arzt", sagte der Franzose ernst. Strachwitz schüttelte den Kopf: „Wir müssen schnellstens weiter, Monsieur. Können Sie uns Zivilkleider geben? Natürlich bezahlen wir sie."

Der Franzose schaute den Grafen mit großen Augen an, als ihm dieser ein Goldstück aus seinem dick gefüllten Brustbeutel reichte und verließ den Raum. Nur wenige Minuten später kam er zurück, beladen mit Hosen, Hemden und Jacken. Über der Schulter trug er einen Leinensack, der bis zum Rand mit Schuhen gefüllt war. Sekunden später lagen die Kleidungsstücke ausgebreitet auf dem Küchentisch. Zuerst kleideten die Soldaten von Schierstaedt an, dann nacheinander sich selbst. Trotz der Zivilkleidung sahen sie abenteuerlich aus. Die Verabschiedung fiel kurz aus, sie mussten weiter.

„Schnell Männer", trieb Strachwitz zur Eile, „der Bauer hat vielleicht was bemerkt und schlägt Alarm."

Auch dieser Tag hatte ihnen das letzte abgefordert. Sie schafften es gerade noch zu einer nahe gelegenen Scheune, wo sie zwei Tage blieben, um neue Kräfte für den Weitermarsch zu sammeln. Strachwitz wusste, dass die Flucht mit dem Verwundeten zur Tortur werden würde – für Schierstaedt, aber auch für die anderen Männer.

„Wir brauchen einen Wagen mit Pferd, Mauer", murmelte er dem Unteroffizier zu, der auf einem Strohballen lümmelte.

Wenig später blies Strachwitz zum Aufbruch, weiter Richtung Süden. Und wieder war ihnen das Glück hold. Schon nach kurzer Zeit erreichten sie einen Bauernhof, der völlig verlassen schien. Aber in der Mitte des Hofes stand ein alter, klappriger Planwagen und im Stall ein brauchbares Pferd. Um im Falle einer Gefangennahme nicht der Plünderung bezichtigt zu werden, legte Strachwitz einige Goldstücke in einen Lederbeutel und hing ihn an die Haustüre. Rasch warfen die Männer ihre wenigen Habseligkeiten in den Wagen. Den verwundeten Oberleutnant betteten sie vorsichtig in die Mitte der Ladefläche. Strachwitz und drei Kameraden stiegen ebenfalls ein. Die Plane sollte ihre ausgemergelten Gesichter verbergen. Nur ein Mann saß vorne auf dem Kutschbock und lenkte Pferd und Wagen. So fuhren sie los, darauf hoffend, dass kein Feind den deutschen Trupp in diesem Pferdefuhrwerk vermuten würde. Doch sie wurden schnell eines Besseren belehrt. Als die Morgendämmerung anbrach, tauchte plötzlich eine französische Patrouille auf Fahrrädern auf.

„Herr Graf, es sind afrikanische Kolonialsoldaten", flüsterte der Wagenlenker, Unteroffizier Mauer, Strachwitz zu.

Der hob die Plane ein Stück an und holte seine Pistole hervor. Als sich die Afrikaner weiter dem Wagen näherten, schob er sie durch das freie Stück der Plane und zielte auf die Radfahrer, die, als sie die Waffe bemerkten, panikartig das Weite suchten. In der Zwischenzeit war die Morgendämmerung einem grauverhangenen Himmel gewichen. Das Fuhrwerk quälte sich mühsam eine Steigung hinauf. Strachwitz hoffte, auf der anderen Seite des Hügels ein größeres Waldstück zu finden, in dem sie sich verstecken konnten. Doch als sie den Hügelkamm erreicht hatten, sahen sie nur in etwa zwei Kilometern Entfernung eine Bahnschranke – und vor dieser Schranke französische Soldaten mit schussbereiten Gewehren. Was tun? Im Galopp den Durchbruch versuchen? Das würde nicht funktionieren!

„Du musst Dich alleine durchmogeln“, schoss es Strachwitz durch den Kopf. Er konnte und wollte seine Männer nicht mehr in Lebensgefahr bringen. Zudem brauchte der verwundete Schierstaedt, der völlig apathisch im Wagen lag, dringend einen Arzt.

Der Leutnant wandte sich an seine Soldaten:

„Männer! Ich versuche es alleine! Ihr ergebt Euch den Franzosen und seht zu, dass der Oberleutnant in ärztliche Behandlung kommt!“

Seine Männer blickten ihn entgeistert an. Unteroffizier Mauer war entrüstet:

„Auf keinen Fall, Herr Graf! Wir lassen Sie nicht im Stich!“

„Ihr macht, was ich euch sage“, erwiderte Strachwitz streng.

Aber die Soldaten blieben eisern, und zu Diskussionen war wahrlich keine Zeit. Strachwitz willigte schließlich ein, dass alle zusammen blieben. Alle außer dem verwundeten Schierstaedt, den sie schweren Herzens zurücklassen mussten. Sie banden dem fast bewusstlosen Offizier die Zügel um die Hände, trieben das Pferd an und sprangen vom Wagen, der langsam auf die Bahnschranke zurollte. In Riesensätzen rannten sie den Hügel hinauf und warfen sich auf dem Hügelkamm keuchend hinter eine lichte Hecke, die notdürftigen Schutz versprach.

Alle waren erschöpft, aber Strachwitz trieb die Männer wieder hoch. Sie hatten sich gemeinsam für die Flucht entschieden, und die musste weitergehen. Um möglichst rasch aus dem Dunstkreis der französischen Soldaten zu entkommen, rutschten sie eine fünfzehn Meter hohe, steile Steinbruchwand hinab. Unten angekommen, krochen sie in ein dichtes Gestrüpp, um kurz auszuruhen. Dann ging es schon weiter über freies Feld in Richtung eines nahen Waldstücks. Zweihundert Meter war der Wald noch entfernt, als plötzlich auf einem nahen Acker senegalesische Kolonialsoldaten auftauchten. Strachwitz war die Situation sofort klar. Sie mussten so schnell als möglich den Wald erreichen, sonst würden sie auf dem offenen Gelände eine nicht zu verfehlende Zielscheibe abgeben. Sie rannten los und gelangten tatsächlich unbehelligt zum Waldrand, die französischen Soldaten hatten sie nicht bemerkt.

Doch als das Waldstück wieder in freies Feld überging, wartete die nächste böse Überraschung. Im Abstand von siebzig bis achtzig Metern standen dunkelhäutige Posten. Der Wald war praktisch abgeriegelt – der kleine deutsche Trupp saß in der Falle. Mit zusammengekniffenen Augen spähte Strachwitz die Postenkette aus.

„Da ist eine kleine Lücke – hier müssen wir durch, das ist unsere einzige Chance“, flüsterte er seinen vier Männern zu.

Von Bäumen, Hecken und Sträuchern verborgen, schlichen sie vorsichtig zum Ende des Waldes. Vor ihnen tat sich ein breiter Acker auf, dahinter fing das nächste Waldstück an. Dreihundert Meter mussten sie über offenes Gelände, dann hätten sie wieder das schützende Dunkel des Waldes erreicht. Strachwitz und seine Männer rappelten sich auf, wollten gerade zum Spurt über den Acker ansetzen, als plötzlich eine ganze Kompanie afrikanischer Soldaten in breiter Formation keine hundert Meter von ihnen entfernt aus dem Wald kam. Nun blieb nur noch der gewaltsame Durchbruch durch die Postenkette. Strachwitz zog seine Waffe und rief den Männern zu:

„Wenn ich schieße, rast Ihr los, wir müssen die Verwirrung ausnutzen.“

Die französischen Soldaten kamen derweil immer näher, ihre Gewehre schussbereit in der Hand, aber nicht ahnend, dass sich der schon so lange gesuchte deutsche Trupp keine hundert Meter von ihnen versteckte.

„Fünf gegen hundert, blanker Selbstmord“, ging es Strachwitz durch den Kopf, als er sorgfältig einen der Soldaten in sein Visier nahm. Er hatte nur einen Schuss, und der musste treffen, wenn der Durchbruch gelingen sollte. Sein Finger krümmte sich schon um den Abzug, als ihn ein Schlag auf den Hinterkopf besinnungslos zusammensacken ließ. Unbemerkt hatte sich eine Gruppe französischer Soldaten in ihrem Rücken angeschlichen. Die völlig ausgepumpten Männer waren nicht mehr in der Lage, Widerstand zu leisten. Es war ein Leichtes, sie zu überwältigen.

Die Jagd war zu Ende!

Als Strachwitz aus tiefer Bewusstlosigkeit erwachte, lag er gefesselt neben seinen Männern auf dem Waldboden. Zwei Franzosen bemerkten, dass er wieder bei Sinnen war und zerrten ihn unsanft auf die Beine. Benommen wankte Strachwitz, doch die beiden Senegalesen stützten ihn vorsichtig. Eine radebrechende Stimme fragte ihn auf deutsch:

„Können Sie laufen?“

Der Leutnant drehte den Kopf und sah in die Augen eines jungen französischen Offiziers, der ihn freundlich anlächelte.

„Ja, wenn Sie mir die Fesseln vom Fuß nehmen.“

Der Offizier befahl, den Deutschen die Fußfesseln zu lösen. So begann der Marsch in die Gefangenschaft. In der nächsten Ortschaft trafen sie auf von Schierstaedt, der mit fieberglänzenden Augen seine Kameraden begrüßte. Schierstaedts Wunde war immer noch nicht versorgt, was Strachwitz sofort beim französischen Ortskommandanten, dem er vorgeführt wurde, monierte. Der ältere Capitaine mit seinen angegrauten Schläfen machte auf Strachwitz einen äußerst korrekten und gewissenhaften Eindruck. Er befahl seinem neben der Türe stehenden Adjutanten, von Schierstaedt zu einem Arzt bringen zu lassen. Dann wurden alle fünf Deutschen einzeln verhört.

Am folgenden Tag wurden sie einem höheren Offizier im Nachbarort überstellt. Von seinen Kameraden getrennt, kam Strachwitz in eine Einzelzelle. Kaum hatte er sich dort auf einer Pritsche ausgestreckt, als er schon zum Verhör abgeholt wurde. Die Franzosen hatten im ersten Stock des Bahnhofsgebäudes das Vernehmungszimmer eingerichtet. Ein General empfing ihn hinter einem riesigen Schreibtisch, an der Wand hing die Tricolore. Der General erledigte kurz die Formalitäten und lehnte sich dann behaglich in seinem Stuhl zurück. Kalte Augen trafen Strachwitz: „Sie und Ihre Männer sind Spione und Saboteure, damit Verbrecher. Ich werde Sie erschießen lassen, hier an Ort und Stelle!"

Graf Strachwitz zeigte keine Angst. Ohne zu zögern entgegnete er voller Ironie:

„Wir bitten darum!"

Der General schaute den deutschen Leutnant zuerst verdutzt an, gab dann aber ebenso ironisch zurück:

„Wenn Sie es wünschen. In einer Stunde sind Sie tot!"
Er winkte den Capitaine, der Strachwitz gebracht hatte, heran und gab ihm die nötigen Befehle. Der französische Offizier legte seine Hand an den Helm zum Zeichen, dass er verstanden hatte. Aber offenbar war ihm unbehaglich zumute, denn er beugte sich zum General hinunter und flüsterte etwas Unverständliches. Mit düsterem Blick sah der General zuerst zu Strachwitz, dann wieder zum Capitaine: „Bringen Sie ihn weg!" Der Capitaine schloss den Grafen zusammen mit seinen vier Kameraden in einen anderen Raum des Bahnhofsgebäudes ein. Erschöpft sank Strachwitz auf den nackten Fußboden, wo er sofort in einen unruhigen Schlaf fiel. Jedes Geräusch vor dem Arrestzimmer ließ ihn jedoch aufschrecken. Hatte er den General zu sehr provoziert? Auch die Kameraden stierten angstvoll auf die Tür. Jeden Moment könnte sie das Hinrichtungskommando zu ihrem letzten Gang abholen.

Strachwitz war klar, dass das Todesurteil völkerrechtlich Bestand haben würde. Schließlich hatten sie Sabotageakte ausgeführt, und zudem trugen sie bei ihrer Gefangennahme Zivilkleidung, keine Uniform. Trotzdem hofften natürlich alle noch auf ein gutes Ende, schließlich waren sie ja tatsächlich deutsche Soldaten. Vielleicht würde es bereits Verhandlungen auf höherer Ebene geben, vielleicht war das Internationale Rote Kreuz in der Schweiz eingeschaltet.

Eine Reiterpatrouille beim Überqueren eines Bachlaufs während des Ersten Weltkrieges.

Während die Männer grübelten, war die Nacht hereingebrochen und mit ihr die Gewissheit, dass sie mindestens bis zum Morgen leben würden – ein ungeschriebenes Gesetz befahl, dass Hinrichtungen erst im Morgengrauen stattzufinden hatten. Strachwitz und seine

Kameraden entspannten sich etwas, als die schweren Schritte von Armeestiefeln vor der Tür zu hören waren, knappe Befehle peitschten durch den Gang. Die Männer in der Zelle sahen sich mit bleichen Gesichtern an. Jetzt war es doch soweit!

Die Tür wurde aufgerissen, ein Capitaine, den sie bisher noch nicht gesehen hatten, trat ein und forderte sie auf, ihm zu folgen. Schon nach wenigen Metern befahl er ihnen, sich in Reih und Glied an der Wand aufzustellen. Er verschwand hinter einer Tür, kehrte schon Sekunden später wieder zurück und bedeutete Strachwitz mit einer ungeduldigen Handbewegung mitzukommen.

Der Leutnant betrat den spartanisch eingerichteten Raum. Ein Wandschrank und ein Schreibtisch waren die einzigen Möbel. Auf dem Schreibtisch türmten sich Aktenberge, und hinter ihm stand ein französischer Oberst. Strachwitz, unterernährt und abgerissen, musterte den Franzosen, der ungerührt seinen Blick erwiderte. „Ihre Erschießung ist aufgehoben worden, Sie sind begnadigt", sagte der Oberst mit gespieltem Hochmut und prüfte, ob im Gesicht des jungen deutschen Offiziers eine Regung festzustellen war.

Doch Strachwitz sah ihn nur aus blicklosen Augen an, er und seine Kameraden hatten schon mit dem Leben abgeschlossen.

„Sie werden nach Châlons in das Gefängnis gebracht ...", sprach der Oberst weiter, aber der Graf hörte seine Worte nicht mehr.

Im Gefängnis von Châlons erwartete sie eine ganze Kompanie französischer Soldaten nur zu ihrer Bewachung, aber auch eine freudige Überraschung: Oberleutnant von Schierstaedt, mittlerweile medizinisch versorgt, war am Vortag eingeliefert worden. Er und Strachwitz mussten in Einzelhaft, die Mannschaftsdienstgrade durften in einer Zelle zusammenbleiben.

Eintönige und ereignislose Tage verrannen zäh wie Blei, bis eines frühen Morgens um halb drei Strachwitz' Zellentür aufgerissen wurde. Der Graf schreckte aus einem unruhigen Schlaf hoch. Ein Trupp französischer Soldaten hatte sich mit aufgepflanzten Bajonetten vor ihm aufgebaut. Hinter ihnen trat ein Offizier durch die Tür.

„Sprechen Sie Ihr letztes Gebet, und machen Sie sich bereit. Sie werden auf der Stelle standrechtlich erschossen."

Das konnte nicht sein, das durfte nicht sein, auch sie hatten das Recht auf einen Prozess vor einem Militärgericht. Strachwitz wurde zu seinen Männern in die Zelle geführt. Nun waren sie alle wieder beisammen, alle, außer von Schierstaedt. Nur kurz mussten sie warten, dann begann ihr letzter Marsch durch die noch dunklen Straßen der Stadt zum Exerzierplatz. Alles war ruhig, friedlich, nur ein Hund bellte, während die Glocke des Kirchturmes mit fünf hallenden Schlägen die Uhrzeit anzeigte.

Schnell hatten sie die letzten Häuser der Stadt hinter sich gelassen, schwenkten kurz darauf nach Osten und sahen trotz der Dunkelheit die weite Fläche des Exerzierplatzes. Die Todgeweihten mussten den ganzen Platz überqueren, bis sie zu einer Sandkuhle gelangten.

Dann bellte der französische Offizier einige kurze Befehle durch die Nacht. Jeder Gefangene war von vier Wachposten umringt, dreißig Meter vor ihnen ließ der französische Offizier das Erschießungskommando Aufstellung nehmen.

„Die warten nur noch auf das erste Büchsenlicht, Herr Graf", meinte Unteroffizier Mauer, dem der Sarkasmus immer noch nicht vergangen war. Strachwitz nickte finster.

Plötzlich knatterte ein Motorrad heran, hielt direkt auf den französischen Oberleutnant zu und bremste vor ihm scharf ab. Der Motorradfahrer, durch die drei Goldstreifen am Ärmel als Hauptmann zu erkennen, zeigte energisch auf die Deutschen. Ein Wortschwall prasselte auf den Oberleutnant nieder, der inzwischen stillgestanden war. Strachwitz lauschte verbissen, und er verstand immerhin soviel, dass die Hinrichtung aufgeschoben wurde und sie sofort zurück ins Gefängnis sollten.

„Noch einmal Glück gehabt, Männer", flüsterte Strachwitz zu seinen Leuten, während er langsam seine verspannten Muskeln lockerte. Am 14. Oktober 1914 kam es dann tatsächlich zu einer Verhandlung vor einem französischen Militärgericht. Allerdings stellte man den deutschen Soldaten weder einen Anwalt noch durften sie sich selbst verteidigen. Wegen Plünderung mit Waffengewalt, Bandenkrieg, Sabotageaktionen zur Zerstörung von Bahn- und Telegrafenlinien und Spionagetätigkeit wurden Strachwitz und seine Männer zur Degradierung und fünf Jahren Zwangsarbeit auf der Gefängnisinsel Cayenne verurteilt. Mit dieser Gerichtsentscheidung verloren sie gleichzeitig ihren Status als kriegsgefangene Soldaten nach der Haager Landkriegsordnung und wurden Kriminellen gleichgesetzt.

Für Strachwitz begann jetzt eine schwere Zeit, auch wenn die Deportation nach Cayenne vorerst nicht unmittelbar bevorstand. Sein Weg führte ihn durch die französischen Zuchthäuser von Lyon und Montpellier, dann schließlich auf die Insel Ré, von der die Gefängnisschiffe nach Cayenne gingen. Es ist unklar, welch glücklichem Umstand es Strachwitz zu verdanken hatte, dass er nicht nach Cayenne kam, sondern zunächst ins Zuchthaus von Riom und schließlich ins Gefängnis von Avignon. Dort wurde er zuerst in eine Einzelzelle gesperrt, die ihm angesichts des Gerichtsurteils wie das Paradies vorkam.

Doch Strachwitz musste in Avignon durch die Hölle gehen – Demütigungen, Folter und Qualen waren an der Tagesordnung. Er wurde mit stählernen Handschellen an andere Insassen gefesselt oder zwei Tage lang ohne Kleider an eine Wand gekettet, wo er den Spott und Hohn der französischen Kriminellen und ihrer Bewacher über sich ergehen lassen musste. Nach seiner Einzelhaft sperrte man ihn monatelang zu übelsten Gaunern und Kriminellen in Gemeinschaftszellen, die den Deutschen verachteten und quälten. Nur sein tiefer christlicher Glaube ließ ihn diese Zeit der Erniedrigung und körperlichen Misshandlungen überstehen.

Ein ganzes Jahr währte Strachwitz' Leidenszeit, dann wurde er eines Tages völlig unerwartet in eine deutsche Uniform gesteckt und nach Fort-Barreau verlegt. Die Aussicht, in ein Kriegsgefangenenlager für Offiziere zu kommen, besserte seine Laune augenblicklich. Hier würde er nicht mehr gequält werden, sondern sich unter anderen deutschen kriegsgefangenen Offizieren befinden, vielleicht kannte er sogar den einen oder anderen.

In Fort-Barreau erfuhr er zum ersten Mal nach langer Zeit die neuesten Nachrichten von den Kriegsschauplätzen. Nach den großen Siegen der ersten Monate, war die Westfront in einem Stellungskrieg erstarrt. Nur von der Ostfront wurden noch Erfolge gemeldet.

Nach einigen Tagen hatte sich Strachwitz soweit erholt, dass er schon wieder Pläne schmiedete. Er wollte ausbrechen, unbedingt zurückkehren zu seinem Regiment. Innerhalb kurzer Zeit fand er einige Gleichgesinnte, mit denen er die Flucht vorbereitete. Vierzehn Offiziere waren es, die von einem kleinen Raum unter ihrer Baracke aus, in monatelanger Arbeit einen engen Stollen durch den felsigen Untergrund trieben. Der Tag des Ausbruchs stand schon fest, als der Kommandant des Gefangenenlagers eine Inspektion der Baracken ansetzte. Der Stollen wurde natürlich gefunden und sofort zugeschüttet. Warum die Inspektion aber ausgerechnet zu diesem Zeitpunkt stattfand, blieb immer ein Geheimnis. War vielleicht sogar Verrat im Spiel?

Strachwitz wurde wieder einmal in Einzelhaft gesteckt, zusätzlich setzten ihn die Franzosen auf eine „schwarze Liste“, was ständige strenge Kontrollen zur Folge hatte. Aber er ließ sich dadurch nicht entmutigen, sondern schmiedete gleich den nächsten Plan für einen Fluchtversuch, den er diesmal aber alleine durchführen wollte.

Doch daraus wurde nichts. Weil Strachwitz als ausbruchswillig galt, brachte man ihn auf einen Mittelmeerdampfer, der die Strecke von Marseilles oder Toulon nach Saloniki befuhr. Gefesselt wurde er zusammen mit anderen Kameraden in den Bauch des Schiffes gepfercht. Brütende Hitze marterte die deutschen Soldaten, und ständig drohte die Gefahr, von einem deutschen U-Boot versenkt zu werden. Die Franzosen versuchten so, ihre Schiffe zu schützen, in der Hoffnung, dass die U-Boote vor einem Angriff zurückschreckten, um ihre Landsleute nicht in Gefahr zu bringen. Diese Geiselnahme verstieß gegen jedes Völkerrecht, aber in dem Stadium, in dem sich der Krieg mittlerweile befand, fragte danach niemand mehr.

Nach vier Fahrten kam Leutnant Strachwitz völlig unerwartet und bis zum Skelett abgemagert wieder nach Fort-Barreau, abermals in Einzelhaft. In den langen einsamen Tagen und Nächten hielt Strachwitz nur der Gedanke an Flucht aufrecht. Seinen Bewachern gegenüber zeigte er sich aber als gebrochener Mann, als gefügiger Gefangener. So wurde der scheinbar nun ungefährliche Offizier nach einiger Zeit wieder zu seinen Kameraden verlegt, wo er seinem Freund Oberleutnant von Lossow von seinen Fluchtplänen erzählte.

Lossow war im Zivilberuf Arzt, dazu noch ein begeisterter Bergsteiger, der den Mont Blanc von vielen Touren her kannte. So wurde das Mont Blanc-Massiv das erste Ziel der Flucht, und von dort aus war es nicht mehr weit in die neutrale Schweiz.

Doch zuvor galt es, den Körper zu stählen. Die beiden Freunde schliefen viel und trainierten eisern ihre Muskelkraft. Sie aßen alles, was ihnen in die Hände fiel, wobei ihnen zugute kam, dass in Fort-Barreau Lebensmittelpakete aus der Heimat verteilt wurden. Die Kameraden, denen das Vorhaben von Lossow und Strachwitz natürlich nicht verborgen blieb, halfen, so gut sie konnten. Sie steckten ihnen ihre eigenen Lebensmittelpakete zu, Major Göbel gab ihnen sogar französische Goldstücke, die er in einem seiner Pakete geschickt bekam. Damit konnten sie ihre Ausrüstung finanzieren, und für die Flucht würden die Sprachkenntnisse des Grafen schon ausreichen. Bald stand der Termin für den Ausbruchsversuch fest.

Während einer mondlosen Nacht kletterten beide auf die hohe Steinmauer des Forts. Obwohl sie die Zeit der Wachablösung abgewartet hatten, kam ihnen ein Posten in die Quere, der Strachwitz zu einem Sprung von der hohen Mauer zwang. Der Graf landete unsanft in einem Stacheldrahtverhau und verletzte sich die rechte Ferse. Davon ließ er sich aber nicht behindern. Sie mussten so schnell wie möglich weit weg vom Fort. Wenn ihr Verschwinden bemerkt wurde, wollten sie schon einen großen Vorsprung haben. So marschierten sie unablässig bei Nacht, Dörfer und Anwesen meidend. Tagsüber schliefen sie im Dickicht eines Waldes und sammelten neue Kräfte.

Nach vierzehn Tagen hatten sie ihr Ziel, den Mont Blanc, fast erreicht. Trotz Eis und Schnee erklommen sie die ersten Zweitausender der französischen Alpen. Hin und wieder konnten sie französische Gebirgsjäger bei ihren Übungen beobachten, um die sie dann sorgfältig herumschlichen. Der Marsch war anstrengend und kräftezehrend, dennoch hätten sie ihr Ziel erreicht, wenn sich nicht Strachwitz' Verletzung verschlimmert hätte. Eines Abends brach er kurz nach dem Abmarsch mit schmerzverzerrtem Gesicht zusammen.

„Ich kann nicht mehr“, sagte er.

Lossow zog Strachwitz hinter einen Felsvorsprung, wickelte dessen Gamaschen auf und sah sich das Bein des Freundes genauer an. Der Fuß war dick angeschwollen, zudem zog sich ein roter Streifen von der Wade bis zum Oberschenkel.

„Blutvergiftung“, flüsterte Lossow mehr zu sich selbst.

Ohne zu zögern, schnitt er die Wunde auf, reinigte sie sorgfältig und legte einen frischen Verband an. Schon nach einem Ruhetag ging es weiter. Strachwitz war nun schmerzfrei, und so kamen sie Anfangs rasch voran. In einem kleinen Bergdorf ergänzten sie ihre Lebensmittelvorräte. Strachwitz kaufte hauptsächlich Schokolade, die leicht zu transportieren und obendrein sehr nahrhaft war.

Als sie weitermarschieren wollten, traten die Schmerzen an Strachwitz' Ferse von Neuem auf, diesmal heftiger als je zuvor. Der Graf wollte so kurz vor dem Ziel nicht aufgeben, aber Lossow, der die Wunde untersuchte, schüttelte traurig den Kopf:

„So kommen wir nicht mehr weiter. Deine Wunde muss ausheilen.“

„Wie lange wird das dauern?“, fragte Strachwitz den Kameraden mit fieberglänzenden Augen.

Lossow zuckte mit den Schultern:

„Zehn bis vierzehn Tage mindestens, vielleicht noch länger.“

„Du könntest mich doch mitschleppen bis zur Schweizer Grenze, dann legst Du mich ab und holst Hilfe. Es ist doch nicht mehr weit", flehte Strachwitz den Kameraden an.

Aber von Lossow kannte die Gefahren des Mont Blanc-Gebietes, jederzeit konnte das Wetter umschlagen und ein Schneesturm aufziehen. Dann wären sie beide rettungslos verloren. Er schüttelte den Kopf:

„Das funktioniert nicht. Es ist viel zu riskant, in Deinem Zustand über den Mont Blanc zu wollen. Wir müssen aufgeben!"

Strachwitz war verzweifelt:

„Dann lass' mich hier liegen, geh' Du alleine!"

„Kommt nicht in Frage, ich lass' Dich jetzt nicht im Stich", antwortete der Arzt entrüstet, „jemand muss sich um Deine Verletzung kümmern!"

Lossow hob den Verletzten auf und schleppte ihn unter größter Anstrengung zu einer Schutzhütte, die nicht weit entfernt war. „Hier werden wir erstmal die Nacht verbringen, da kann ich Dich in Ruhe verarzten und einen neuen Verband anlegen", keuchte Lossow.

In der Nacht wurden die Schmerzen unerträglich. Strachwitz machte kein Auge zu, und sein Fieber stieg immer mehr. Erst im Morgengrauen fiel er in einen unruhigen Schlaf. Lossow hatte dem Verletzten die ganze Nacht über mit Schnee die heiße Stirn gekühlt. Als er bei Tagesanbruch vor die Tür trat, um frischen Schnee zu holen, fuhr ihm der Schreck in die Glieder. Keine fünfzig Meter vor ihm lief eine Frau mit einem etwa dreizehnjährigen Jungen direkt auf die Hütte zu. Lossow ging zurück in die Hütte, schloss die Tür. Was tun? Strachwitz war gerade wieder zu sich gekommen, auch er hatte Frau und Kind bemerkt.

„Wir müssen uns verstecken, wenn sie uns sehen, ist es aus!"

Er rutschte von der Schlafpritsche und versuchte sich unter ihr zu verstecken, aber da war der dicke Fellmantel im Weg. Lossow drückte sich hinter der Tür an die Wand, mehr Verstecke bot der kleine Raum nicht. Keine halbe Minute später traten Frau und Kind durch die Tür. Wie angewurzelt blieb die Frau vor Staunen oder Angst stehen. Der Junge riss sich dagegen von der Hand der Mutter los und rannte auf das Dorf zu. Nur wenig später schlichen französische Gendarme an die Hütte heran, umstellten sie und nahmen die beiden Flüchtlinge fest. An Flucht war wegen Strachwitz' schwerer Verletzung nicht zu denken. Jeder Widerstand war zwecklos.

Graf Strachwitz und von Lossow stand ein französisches Militärgericht bevor, das sie der Plünderung und des Diebstahls bezichtigte – für einen ausgebrochenen Kriegsgefangenen bedeutete das die Todesstrafe. Bei der Verhandlung stellte sich dann aber schnell heraus, dass es für eine derartige Anklage kaum Beweise gab. Die Justizbehörden hatten zusammen mit der Gendarmerie den genauen Fluchtweg der beiden Deutschen rekonstruiert, aber nirgendwo gab es Indizien für die ihnen vorgeworfenen Verbrechen, geschweige denn Beweise. Der ältere Richter war ein korrekter Mensch, der nur bewiesene Tatsachen gelten ließ. Damit blieb den beiden Offizieren die Todesstrafe, ja sogar das Zuchthaus erspart. Strachwitz wurde nach dem Prozess in das Offiziersgefangenenlager Carcassonne überstellt, wo er schnell Bekanntschaft mit anderen ausbruchswilligen Offizieren machte.

Doch vorerst war an eine neue Flucht noch nicht zu denken. Der Graf war von seiner schweren Blutvergiftung geschwächt und kam nur allmählich durch die Pflege eines deutschen Arztes wieder auf die Beine.

Doch kaum genesen, dachte er an nichts anderes als an einen neuen Ausbruchsversuch – und machte sich zusammen mit anderen deutschen Offizieren an die Planung.

Mit selbst gefertigten Feilen wollten sie die Gitter vor den Fenstern durchsägen, sich in den Hof abseilen, die Lagermauer erklimmen und so in die Freiheit fliehen. Der kühne Plan wurde aber durch einen Spitzel verraten, den die Lagerleitung in der Uniform eines deutschen Fliegeroffiziers eingeschleust hatte.

Die Strafe für die Fluchtvorbereitung war zwölf Tage verschärfter Arrest in einer engen Zelle, danach wurden die Offiziere in Einzelzellen verlegt.

Mittlerweile entzündete sich bei Graf Strachwitz wieder die noch nicht ganz verheilte Wunde an der Ferse, was eine neue Blutvergiftung zur Folge hatte.

Sein Zustand verschlechterte sich täglich, seine Bitte um ärztliche Behandlung wurde von der Gefängnisleitung ignoriert. Strachwitz fiel in einen fiebrigen Dämmerzustand, war nicht einmal mehr in der Lage, Nahrung zu sich zu nehmen. Zum Skelett abgemagert, ungewaschen und unrasiert lag er tagelang auf seiner Pritsche. In diesem lebensbedrohlichen Zustand fand ihn eine Schweizer Ärztekommission, die im Auftrag des Internationalen Roten Kreuzes die Gefangenenlager kontrollierte.

Die Ärzte forderten eine sofortige Überstellung des Schwerkranken an die Schweiz, wo er unter den Schutz des Roten Kreuzes gestellt werden sollte.

Da bei Strachwitz akute Lebensgefahr herrschte, drohten die Ärzte der Lagerleitung, Frankreich vor der Weltöffentlichkeit anzuklagen, falls der Patient sterben würde.

Die französischen Behörden gaben zwar nach, behielten sich aber vor, den Gefangenen nach seiner Genesung wieder zurückzufordern. Für die Franzosen war der „Fall Strachwitz" noch nicht abgeschlossen.

Als Graf Strachwitz nach Tagen der Bewusstlosigkeit erwachte, glaubte er, im Himmel zu sein. Er lag in sauberem Bettzeug, das Bett stand in einem schneeweiß gestrichenen Raum, durch dessen großes Fenster strahlender Sonnenschein hereinflutete. Als die Türe aufging und eine Krankenschwester hereintrat, schaute Strachwitz wohl sehr seltsam, denn die Schwester meinte im schönsten Schweizerdeutsch:

„Ich bin kein Engel. Sie liegen in einem Krankenhaus in Genf." Der Graf ließ seinen Kopf lächelnd in das Kissen sinken.

Er hatte es also doch geschafft. Er war in der Schweiz, wenn auch auf Umwegen. „Ich bin frei", sagte er mit einem leisen Lächeln in Richtung der Krankenschwester. Sie nickte schmunzelnd, während sie einen Krug mit frischem Wasser auf seinem Nachttisch abstellte.

Ja, er war wirklich frei, würde nicht mehr gejagt und gepeinigt werden. Sein zweiter Gedanke war dann, dass er so schnell wie möglich gesund werden und zu seinem Regiment zurückkehren wollte. Noch wusste der junge Leutnant allerdings nicht, dass er von den Schweizer Behörden ständig überwacht wurde. Er war nach wie vor französischer Kriegsgefangener und durfte keinesfalls zurück nach Deutschland.

Als es Strachwitz besser ging, traf er bedeutende Persönlichkeiten der damaligen Zeit: die Königin von Griechenland, eine Schwester des deutschen Kaisers, besuchte ihn. Der Großherzog von Mecklenburg und der Großherzog von Hessen, die seinerzeit in Genf weilten, luden ihn ein.

Auch der Erzbischof von München und Freising, Kardinal Faulhaber, der sich auf der Durchreise in Genf befand, empfing den Grafen und versprach, sich über den Vatikan für eine bessere Behandlung der deutschen Kriegsgefangenen in Frankreich einzusetzen. Allen musste Strachwitz detailliert seine Abenteuer und Erlebnisse erzählen.

Einige Wochen später war der Graf wieder so weit hergestellt, dass er aus dem Krankenhaus entlassen werden konnte. Seine Freude auf eine baldige Heimreise nach Deutschland war riesig, als ihn der behandelnde Arzt zu einem Gespräch zu sich holte.

„Herr Graf, ich muss Ihnen leider etwas mitteilen, was man Ihnen während Ihrer Genesung vorenthalten hat", eröffnete der Arzt das Gespräch in mitfühlendem Ton und fuhr fort, „die französische Regierung hat einen Auslieferungsantrag gestellt, dem wir nachkommen müssen, da Sie in Frankreich rechtskräftig zu fünf Jahren Zwangsarbeit verurteilt sind."

Strachwitz schaute den Arzt ungläubig an, es hatte ihm schier die Sprache verschlagen.

„Sie müssen verstehen, wir Ärzte werden natürlich Ihre Auslieferung so lange wie möglich aufschieben, können sie aber nicht ewig verhindern", so der Arzt weiter. „Sie werden morgen aus dem Krankenhaus in die Erholung entlassen, müssen sich aber darüber im Klaren sein, dass sie bei Tag und Nacht von zwei Beamten der Schweizer Abwehr bewacht werden. Sie sind frei, solange Sie sich auf Schweizer Boden befinden, die Schweiz aber dürfen sie nicht verlassen."

Lächelnd fügte er dann noch hinzu:

„Wenn Frankreich Ihre Auslieferung verlangt, finden Sie vielleicht selbst noch Mittel und Wege, um sie zu verhindern. Ich glaube, Freunde und Helfer haben sie genug. Schließlich wird dieser Krieg einmal zu Ende gehen."

Betroffen verabschiedete sich Strachwitz von dem Arzt. Er war also frei – und auch wieder nicht. Ein Gefangener im goldenen Käfig! Für die Zeit seiner Erholung fand der junge Offizier Quartier bei der Gattin eines früheren Ministers, Frau Roth, die ihm ein Zimmer in ihrer Villa in Luzern zur Verfügung stellte. So konnten ihn auch seine Mutter und Schwester besuchen, die ihn betreuten und mit ihm stundenlange Spaziergänge durch die Parkanlagen unternahmen.

Doch Strachwitz hatte nur einen Gedanken: Wie konnte er nach Deutschland fliehen, ohne die Schweiz in Schwierigkeiten zu bringen, die ihm quasi das Leben gerettet hatte?

Aber noch bevor in ihm ein richtiger Plan heranreifen konnte, traf die offizielle Rückforderung der Franzosen für den kriegsgefangenen Leutnant Graf Strachwitz ein, der umgehend nach Frankreich zu überstellen sei.

Sowohl das Internationale Rote Kreuz als auch die Schweizer Behörden mussten nun dieser Forderung nachkommen.

Frau Roth informierte Strachwitz über seine bevorstehende Auslieferung.

Der schüttelte aber nur den Kopf und sagte: „Niemals werde ich nach Frankreich zurückkehren, niemals!"

„Aber die Grenzen nach Deutschland sind abgeriegelt und werden streng überwacht", antwortete Frau Roth.

„Ich komm' schon durch!"

„Nein, ich weiß etwas Besseres, ohne dass Sie die Schweiz in eine Zwangslage bringen", grinste Frau Roth. Strachwitz blickte die Frau fragend an.

„Sie lassen sich als geisteskrank erklären und in eine Irrenanstalt einliefern, dann verlieren die Franzosen das Interesse an Ihnen."

Strachwitz sah Frau Roth verdattert an:

„Ich soll verrückt spielen?"

Aber der Gedanke hatte etwas für sich. Vier Tage lang übte Strachwitz das „Verrücktsein", angeleitet durch ein Buch. Er probte epileptische Anfälle, ließ sich von einem Stuhl auf den Boden fallen und warf sich mit schluchzenden Lauten hin und her. Weiter ging es mit apathischem Augenstieren, teilnahmslosem Gesichtsausdruck und Störungen des Bewegungsapparates.

Außerdem wurde er auch noch von Gedächtnisausfällen geplagt. Schließlich konnte er sich getrost einer ärztlichen Untersuchung unterziehen, die mit seiner Einweisung in die Irrenanstalt Herisau endete.

Doch das Leben in der geschlossenen Abteilung machte Strachwitz schwer zu schaffen.

Der tägliche Umgang mit psychisch Schwerkranken schlug ihm aufs Gemüt, ging über seine Kräfte, sodass er trotz seines tiefen Glaubens sogar an Selbstmord dachte.

„Sie können mit mir machen, was sie wollen – meinetwegen mich auch den Franzosen ausliefern –, aber holen Sie mich hier heraus! Sonst werde ich wirklich verrückt!", schrieb er niedergeschlagen an Frau Roth.

Wenige Tage, nachdem er diese Gedanken formuliert hatte, wurde Strachwitz erlöst.

Die Anstaltsleitung eröffnete ihm, dass er nach Intervention aus Deutschland entlassen werden würde. Der Krieg war zu Ende!

Die Zwischenkriegszeit: in allen Sätteln gerecht

Erst jetzt erfuhr Strachwitz vom Kriegsgeschehen der letzten Monate. Die Meldungen waren für ihn ein Schock. Deutschland hatte den Krieg verloren, der Kaiser war abgedankt und ins Exil nach Holland gegangen. Hunger und Entbehrungen der Kriegszeit, aber auch die Enttäuschung über die militärische Niederlage entluden sich in Deutschland in revolutionären Erschütterungen. Der Thronverzicht von Kaiser Wilhelm II. und die Ausrufung der Republik am 9. November 1918 durch Philipp Scheidemann entsprachen den politischen Wünschen vieler Deutscher, doch trotz aller Bemühungen um Eindämmung revolutionärer Bestrebungen, nahm die nahezu friedliche Revolution eine blutige Wendung – die radikale Linke wollte eine kommunistische Rätediktatur nach dem Vorbild der russischen Oktoberrevolution mit Gewalt erzwingen.

Den ersten Eindruck von den neuen Verhältnissen in Deutschland erlebte Strachwitz an der deutsch-schweizerischen Grenze bei Konstanz. Er stieß hier auf einen deutschen General, der diesen Dienstgrad bereits in der Kaiserlichen Armee inne hatte und nun die rote Kokarde an seiner Mütze trug. Die Disziplinlosigkeit und Arroganz der revolutionären Garden konnte der Graf nicht ertragen. Enttäuscht und verbittert reiste er zu Freunden nach München weiter, wo der „Unabhängige Sozialdemokrat" Kurt Eisner vom Münchner Arbeiter- und Soldatenrat zum ersten Ministerpräsidenten der neuen bayerischen Republik gewählt worden war. Strachwitz hielt es auch in München nicht lange aus, er wollte nach Hause. Er rief einen Freund in Berlin an und bat, ihn mit der alten Strachwitzschen Garde du Corps-Uniform auf dem Anhalter Bahnhof in Berlin abzuholen.

Schon am folgenden Tag traf er in Berlin ein, zog sich noch auf dem Bahnhof um und ging dann in voller Ausgehuniform durch die Straßen der Stadt. In diesen unruhigen Zeiten, in denen Soldaten die Schulterstücke und Kokarden heruntergerissen wurden, war dies nicht ungefährlich. Aber alles ging gut. Sogar der rote Wachposten am Brandenburger Tor wagte es nicht, den Grafen in seiner weißen Friedensuniform anzuhalten.

Im Hotel „Bristol" traf Strachwitz auf alte Kameraden, die ihn informierten, dass einige Garde-Kavallerie-Regimenter um Berlin zusammengezogen wurden, um gegen die Revolutionäre zu kämpfen, die sich im Zeitungsviertel verschanzt hatten.

Die Regierung unter dem Sozialdemokraten Friedrich Ebert hatte in den Berliner Kämpfen 1918 reguläre Truppen um militärische Hilfe gebeten, nachdem sie von meuternden Soldaten der Volksmarinedivision am 23. Dezember 1918 festgesetzt worden war.

„Daher ihre Bemühungen um die Garde-Kavallerie-Division", meinte Strachwitz, während seine Freunde nur nickten, „wir müssen die Regierung Ebert unterstützen, um die bolschewistische Gefahr zu bannen."

Während die ehemaligen Offiziere weiter im „Bristol" berieten, tobte auf der Straße „Unter den Linden" ein Schusswechsel zwischen regierungstreuen Truppen und kommunistischen Revolutionären. Strachwitz konnte nicht mehr nur diskutieren, er musste handeln. Er zog eine feldgraue Uniform an, setzte einen Stahlhelm auf und lief zur MG-Bedienung.

„Kämpft Ihr mit mir gegen die Kommunisten?"

Erstaunt sahen die Männer auf. Sie kannten den Leutnant nicht, aber sein ganzes Auftreten imponierte ihnen. Einer der Soldaten drehte sich eine Zigarette und zündete sie umständlich an. Er schien der Wortführer der Männer zu sein, die sich als Vorhut der Garde-Kavallerie-Division vorstellten.

„Ich bin eh' schon dabei."

„Ick ooch", meldete sich ein Berliner.

„Wie viele seid ihr?", fragte Strachwitz.

„Etwa 600 Mann", antwortete der Wortführer.

Strachwitz war wieder mitten im Krieg, diesmal in einem Bürgerkrieg. Am 1. Januar 1919 erfolgte die Gründung der Kommunistischen Partei Deutschlands. Ihr Ziel war der Umsturz und die Diktatur des Proletariats nach sowjetischem Vorbild. Die Regierung Ebert wollte dies verhindern.

Nun marschierten regierungstreue Soldaten gegen ihre Kameraden, die sich den Revolutionären angeschlossen hatten. Nach tagelangen Kämpfen wurde die rote Volksmarine-Division im königlichen Schloss niedergerungen, das Zeitungsviertel und die Gegend um den Schlesischen Bahnhof befreit. Vier Wochen später war der Umsturzversuch beendet.

Hyacinth Graf Strachwitz, der während der Gefangenschaft mit dem Eisernen Kreuz II. und I. Klasse ausgezeichnet worden war, wollte nun so schnell wie möglich in seine Heimat nach Oberschlesien zurück, die er seit dem 30. Juli 1914 nicht mehr gesehen hatte.

Als er in Groß Stein ankam, spürte er auch hier sofort einschneidende Veränderungen. Das Stammschloss der Grafen Strachwitz war von französischen Offizieren besetzt. Sie gehörten zu einer interalliierten Kontrollkommission, die den Schutz der oberschlesischen Bevölkerung gegen polnische Übergriffe übernommen hatte. Dazu war ein Kontingent aus französischen, englischen und italienischen Truppen in Oberschlesien stationiert worden. Doch galt ihr Schutz wirklich der deutschen Bevölkerung?

Nach der herzlichen Begrüßung durch die Eltern und Geschwister führte der alte Graf seinen Sohn in ein Nebenzimmer, das er sich als Büro eingerichtet hatte.

„Glaube ja nicht, dass General Le Rond, der französische Befehlshaber der interalliierten Truppen, die deutsche Bevölkerung unterstützt – im Gegenteil, er hilft den Polen, die schon fast ganz Oberschlesien und damit das Industriegebiet unter ihre Kontrolle gebracht haben."

„Ich habe auch Engländer im Haus gesehen", meinte der Sohn.

„Ja, aber es sind nicht viele. Ihr erster Kommandeur hieß Ottley, der aber schnell wieder abgelöst wurde, da er sich für die Belange Oberschlesiens und der deutschen Bevölkerung eingesetzt hat. Ihm folgte ein Colonel Cockerell, der inzwischen mit dem Anführer der polnischen Insurgenten, Korfanty, befreundet ist und ihn unterstützt, wo er nur kann."

„Und die Italiener?", wollte der junge Graf wissen.

„Ach, sie haben nur ein kleines Kontingent hier. Ihr Kommandeur ist General Marinis, ein kluger und politisch weit blickender Offizier. Er ist eigentlich der Einzige, der seinen Auftrag ernst nimmt und sich auch für die deutsche Sache einsetzt. Einige seiner Soldaten wurden schon in Kämpfe mit Franzosen und Polen verwickelt und sind gefallen", antwortete der alte Graf versonnen.

„Und was machen unsere Leute? Gibt es hier keine deutschen Soldaten?", fragte der junge Leutnant ernst.

„Deutsche Soldaten dürfen nicht in das von der interalliierten Kommission festgelegte Schutzgebiet, ebenso wenig wie polnische Soldaten. Die deutschen Politiker in Oberschlesien können sich kaum durchsetzen. Landrat Dr. Lukaschek und die verdienstvollen Herren Dr. Urbanek, Dr. Quester, Dr. Ernst und vor allem Prälat Ulitzka machen eine Eingabe nach der anderen an die Alliierten, um damit die geschundene Bevölkerung Oberschlesiens zu vertreten."

Der junge Graf war sprachlos. Doch sein Vater fuhr fort:

„An General Le Rond prallen alle Eingaben ab, obwohl die interalliierte Kommission die Polen offiziell aufgefordert hatte, die Waffen niederzulegen und auf die weiteren Beschlüsse der Siegermächte zu warten. Korfanty ging nur zum Schein auf die Forderung der Alliierten ein, nur wenig später waren die Polen wieder da, natürlich im Einverständnis mit Le Rond."

Der alte Graf zog seinen Sohn am Jackenärmel zu sich heran und flüsterte ihm ins Ohr:

„Inzwischen haben einige Leute die Sache selbst in die Hand genommen und trotz Verbotes illegale Waffenlager angelegt. Einige wurden verraten und von den Franzosen eingesperrt."

„Die Lage ist also fast hoffnungslos, Vater", sagte der junge Graf traurig.

„Ja, meine Junge. Die wollen uns mit Gewalt an die Polen verscherbeln", antwortete der Vater.

„Wir müssen was dagegen tun", drängte der junge Leutnant.

„Erstmal müssen wir uns um die persönlichen Dinge kümmern, mein Sohn. Du musst das Gut übernehmen, weil mir allmählich die ganze Arbeit über den Kopf wächst. Du bekommst meinen besten und erfahrensten Oberinspektor, der Dich auf den Beruf des Landwirtes vorbereiten wird. Er wird Dich hart heran nehmen, damit Du schnell und gründlich lernst."

Gegen den väterlichen Befehl konnte auch der tapfere und kampferprobte junge Leutnant keinen Widerspruch einlegen. Er musste sich fügen und in die strenge landwirtschaftliche Lehre des Oberinspektors eintreten. Doch trotz der harten Arbeit als Landwirt, schloss er sich dem Heimatschutz, dem „Oberschlesischen Selbstschutz" an. Mit Freunden räumte er ein von Kommunisten angelegtes Waffenlager aus. Die Beute versteckte er in der Nähe des Schlosses, quasi vor den Augen der Franzosen.

Doch nicht nur sein Hauptberuf als Landwirt und sein Nebenberuf als Soldat hielten den jungen Grafen in Atem. Am 25. Juli 1919 heiratete er, fast 26jährig, Alexandrine Freiin Saurma-Jeltsch, die am 2. September 1896 in Potsdam geboren worden war und von ihrem Mann zärtlich „Alda" genannt wurde. Neun Monate darauf, am 4. Mai 1920, erblickte ein Junge, der natürlich als Erstgeborener den Vornamen Hyacinth erhielt, das Licht der Welt.

Auch seine familiären Verpflichtungen hielten Graf Strachwitz allerdings nicht davon ab, weiter politisch tätig zu sein. Mehrmals warb er für die Verteidigung Oberschlesiens Freiwillige an, was strengstens verboten war. Insgesamt viermal wurde er dabei erwischt und von den Franzosen ins Zuchthaus von Oppeln geworfen. Auch sein Vater musste für einige Zeit ins Gefängnis.

Obwohl der französische General Le Rond die Familie Strachwitz respektierte, kam es nie zu einem echten Vertrauensverhältnis zwischen den beiden. Graf Strachwitz hielt die Italiener für die einzig echten neutralen Truppen, weshalb er den Kontakt zu ihnen suchte und auch allmählich ihr Wohlwollen gewann.

Die Gräben zwischen den französischen Truppen und der Familie Strachwitz wurden dagegen immer tiefer, was natürlich auch an dem grundsätzlichen Misstrauen des jungen Grafen, aufgrund seiner Erlebnisse in französischer Gefangenschaft, lag. Eines Tages fuhr eine französische Wagenkolonne wild schießend durch das Dorf zum Gutshof der Strachwitz. Nach einem heftigen Streit zwischen dem jungen Grafen und dem kommandierenden französischen Offizier, wollte dieser das junge Grafenpaar auf der Stelle erschießen lassen. Lediglich das beherzte Eingreifen von Graf Hermann Gayers Rentamtmann rettete den beiden das Leben. Er alarmierte nämlich die Italiener, die sofort anrückten und die Franzosen zum Abzug veranlassten.

Inzwischen war das Jahr 1921 angebrochen, und in Oberschlesien warfen bedeutende Ereignisse ihre Schatten voraus. Volksabstimmungen im Gefolge des Versailler Vertrags mussten in mehreren deutschen Gebieten entscheiden, zu welchen Staaten diese geschlagen werden sollten. Insbesondere die Ostgrenze Deutschlands war dabei umstritten. Nach dem Versailler Vertrag hatten große Gebiete (Polnischer Korridor, Freie Stadt Danzig, Memelland) ohne Abstimmung abgetreten werden müssen. Bei zwei Abstimmungen im Juli 1920 entschieden sich im Abstimmungsgebiet Marienwerder, im restlichen Westpreußen sowie im Abstimmungsgebiet Allenstein in den südlichen Kreisen Ostpreußens jeweils deutlich über 90 Prozent der Bevölkerung für einen Verbleib bei Deutschland.

Nach Unterzeichnung des Versailler Vertrages marschierten 1919 französische Truppen unter General Le Rond in Kattowitz, Oberschlesien ein. Sie symphatisierten mit den polnischen Aufständischen.

Deutsche Truppen besetzen 1919 mit Hilfe eines Straßen-Panzerwagens Bogutschütz. Dieser nur schwach gepanzerte Panzerwagen auf einem Lkw-Fahrgestell hatte nach jeder Seite ein bewegliches Maschinengewehr.

Eine Parade deutscher Selbstschutzkämpfer marschiert an General Hoefer vorbei.

Unten links:
Auch die Engländer stellten Besatzungstruppen in Schlesien. Im Bild die Beerdigung eines von Polen getöteten englischen Soldaten in Oppeln.

Unten rechts:
Eine Erklärung des oberschlesischen Großgrundbesitzes. Die Grafen Strachwitz sind in dieser Erklärung auch aufgeführt.

Erklärung
des
oberschlesischen Großgrundbesitzes.

In der Schicksalsstunde unserer Heimat drängt es uns, unsere Treue zum angestammten Vaterlande vor aller Welt erneut zu bekunden. Oberschlesien, durch jahrhundertelange Bande mit dem Deutschen Reiche auf das Innigste verknüpft, hat unter seinem Schutz und Schirm sich zu seiner heutigen kulturellen Blüte entwickelt. Dankbar und treu stehen wir weiter zu Deutschland, in der Gewißheit, daß — mögen noch so schwere Stürme über das Reich dahinbrausen — Oberschlesien nur bei Deutschland in gegenseitigem Verstehen und gemeinsamer Arbeit einer glücklichen Zukunft entgegengeht.

Der Großgrundbesitz des oberschlesischen Abstimmungsgebietes:

Für den Kreis **Cosel**:
Landesältester von Dittrich, Czienskowitz.

Für den Kreis **Beuthen**:
Graf Schaffgottsch, Koppitz.

Für den Kreis **Hindenburg**:
Graf Ballestrem, Ruda.

Für den Kreis **Kattowitz**:
Graf Edwin Henckel von Donnersmarck.

Für den Kreis **Kreuzburg**:
Landesältester von Jordan, Jordansdorf.

Für den Kreis **Leobschütz**:
Landesältester v. Prittwitz-Gaffron, Kasimir.

Für den Kreis **Lublinitz** (mit Ausnahme von 6 Gütern):
Karl Gottfr. Prinz zu Hohenlohe-Ingelfingen.
Ludwig Karl Graf v. Ballestrem, Kochtschütz.

Für den besetzten Teil des Kreises **Neustadt** mit Ausnahme der Herrschaft **Oberglogau**:
Gustav von Wittenburg, Schlogwitz.

Für den Kreis **Oppeln**:
Graf von Garnier, Turawa.

Für den Kreis **Pleß**:
Hans Heinrich Fürst von Pleß.

Für den Kreis **Ratibor**:
Generalmajor z. D.
von Wrochem-Gellhorn, Schonowitz.

Für den Kreis **Rosenberg**:
Freiherr von Fürstenberg, Thule.

Für den Kreis **Rybnik**:
Viktor Herzog von Ratibor.

Für den Kreis **Groß-Strehlitz**:
Graf Brühl-Renard.
Graf Strachwitz, Groß-Stein, Landschaftsdirektor.

Für den Kreis **Tarnowitz**:
Freiherr von Fürstenberg, Kopanina.

Für den Kreis **Tost-Gleiwitz**:
Landesältester von Ruffer, Rudzinitz.
Graf Welczek, Laband.

General Hoefer, der einarmige Führer des deutschen Selbstschutzes in Oberschlesien (in der Bildmitte) mit seinem Stab.

Der Annaberg, das Wahrzeichen Oberschlesiens. Unter hohen Verlusten wurde dieser wichtige polnische Stützpunkt des Maiaufstandes 1921 von deutschen Freikorpskämpfern zurückerobert.

Schottische Hochländer bewachen den Bahnübergang bei Groß Stein. Im Vordergrund ein englisches Maschinengewehr mit Tellermagazin aus dem I. Weltkrieg.

Das Foto zeigt eine Stacheldrahtsperre in Kattowitz während des polnischen Aufstandes 1921. Die Straßenbahn konnte an diesem Punkt nicht mehr weiterfahren.

Eine von aufständischen Polen gesprengte Brücke bei Oppeln.

Mitglieder des Oberschlesischen Selbstschutzes in verschiedenartigen Uniformen haben sich an Maschinengewehren in Kattowitz postiert.

Auch der Bahnhof von Groß Stein wurde von den polnischen Aufständischen gesprengt.

Mitglieder des Oberschlesischen Selbstschutzes in Zivilkleidung (zum Teil mit Armbinden), haben sich an den Trümmern des Bahnhofs von Groß Stein zu einem Gruppenfoto zusammengefunden.

Deutsche Flüchtlinge aus Oberschlesien im Jahre 1921. Diese Szene sollte sich 1945 in erheblich größerem Ausmaß wiederholen.

Auch ein Herrenhaus in Groß Stein wurde von den polnischen Aufständischen gesprengt.

Oben links:
Ein polnischer Grenzposten bewacht die neu geschaffene Grenze.

Oben rechts:
Die Karte zeigt die Gebietsverluste der Provinz Oberschlesien in den Jahren 1920 bis 1922.

Das Foto zeigt Schloß Groß Stein, den Stammsitz von Hyacinth Graf Strachwitz. Die Aufnahme stammt wahrscheinlich aus dem Jahr 1925.

Für 1921 war eine weitere Abstimmung in der preußischen Provinz Schlesien vorgesehen, wobei größtenteils die Oberschlesier entscheiden sollten, ob sie bei Deutschland bleiben oder künftig zu Polen gehören wollten.

Die oberschlesische Bevölkerung sehnte die Abstimmung herbei. Bis Anfang 1921 hatten die Auseinandersetzungen in Oberschlesien bereits über 3.000 Menschen das Leben gekostet. Am 20. November 1920 ermordeten polnische Nationalisten den Leiter des Bundes der Oberschlesier, Theofil Kupka, der einen autonomen oberschlesischen Staat mit sowohl deutscher als auch polnischer, aber vor allem schlesischer Identität anstrebte.

Nach langem Warten wurde die längst überfällige Volksabstimmung vom interalliierten Kontrollrat auf den 20. März 1921 anberaumt. Schon lange vor dem Abstimmungstag arbeitete die polnische Propaganda auf Hochtouren, während General Le Rond den in ganz Oberschlesien erscheinenden deutschen Zeitungen eine äußerst harte Zensur auferlegte oder sie sogar verbot.

Schon am Abend des Abstimmungstages stand der deutsche Wahlsieg fest. 59,6 Prozent der Bevölkerung hatten für Deutschland, 40,4 % für Polen gestimmt. In 664 Gemeinden votierte die Mehrheit für Deutschland, in 597 für Polen. Der Versailler Vertrag beinhaltete auch die Möglichkeit einer Aufteilung des Gebietes. Am 20. Oktober 1921 entschied deshalb eine Botschafterkonferenz in Paris, dass das Gebiet aufzuspalten sei, wobei das Deutsche Reich und Polen jeweils einen Anteil entsprechend dem Wahlergebnis erhalten sollten. So verblieb dann auch der größere, westliche Teil Oberschlesiens bei Deutschland, während der Osten um Kattowitz mit seinen wertvollen Kohlegruben an Polen kam.

Doch noch einmal zurück in den Frühsommer 1921. Vor allem die propolnische Seite hatte sich immer gegen den britisch-italienischen Gebietsaufteilungsvorschlag, die sogenannte Percival-de-Marinis-Linie, der drei Viertel Oberschlesiens, darunter alle Industriezentren, bei Deutschland belassen wollte, gestellt und wollte den Ausgang der Abstimmung nicht akzeptieren. In der Nacht vom 2. auf den 3. Mai 1921, dem polnischen Nationalfeiertag, brach der polnische Aufstand los. Ziel war es, vollendete Tatsachen zu schaffen und durch die Besetzung von ganz Oberschlesien das Abstimmungsergebnis zu wenden. Der Führer der polnischen Insurgenten, Korfanty, spekulierte darauf, dass sich die Alliierten nicht auf die Seite der Deutschen stellen würden.

Schon nach wenigen Tagen hatten Korfantys Truppen das gesamte Abstimmungsgebiet überrannt und um das oberschlesische Industriegebiet einen dichten Ring schwer bewaffneter Soldaten gelegt. Korfanty rekrutierte seine Männer aus allen Teilen und gesellschaftlichen Schichten Polens, unter ihnen befanden sich Arbeiter, Polizisten, Studenten, Lehrer und Professoren, Künstler, aber auch ein kleineres Kontingent Randoberschlesier, denen er Güter und Land versprochen hatte.

Graf Strachwitz wurde durch Schüsse aus dem Schlaf gerissen und stolperte ans Fenster. Die Straßen waren voller Flüchtender aus den Nachbarorten, die berichteten, dass die ersten polnischen Kolonnen bereits im Anmarsch seien. Rasch trommelte er einige Männer zusammen, und nur Minuten später stand eine Kutsche mit zwei vorgespannten Pferden vor der Schlosstreppe. Strachwitz' Eltern und seine hochschwangere Frau, den Sohn auf dem Arm, stiegen ein, und schon trieb der junge Graf die Pferde an. Ziel war das sichere Oppeln. Die zwanzig Kilometer bis dorthin fuhr Strachwitz im zügigen Trab, jede Abkürzung, die er kannte, nutzend. Auf der Hauptstraße wurde auf die Kutsche geschossen, aber Strachwitz konnte ausweichen und über einen Umweg ohne weitere Vorkommnisse die Stadt erreichen.

In Oppeln herrschte völliges Chaos. Der Überfall der Polen hatte unter der deutschen Bevölkerung, die sich seit der Abstimmung in Sicherheit wähnte, Angst und Schrecken ausgelöst. Immer mehr füllte sich der Ort mit Flüchtenden. Hier konnte man jedenfalls nicht bleiben. So fuhr Strachwitz weiter nach Breslau, wo er Eltern, Frau und Kind bei Bekannten unterbringen konnte.

Strachwitz hielt sich dort nicht lange auf. Keine zwölf Stunden später war er zurück, um mit Kameraden einen Stab zu bilden und eine Kampfgruppe aufzustellen, obwohl die deutsche Reichsregierung das Problem auf dem Verhandlungsweg lösen wollte. Zunächst ging es nach Falkenberg, wo eine Sammelstelle des Selbstschutzes eingerichtet war. Doch die Mobilmachung war schwieriger als gedacht. Es fehlte an Verpflegung und Bewaffnung. Aber Strachwitz und seine Mitstreiter verzagten nicht. Die Mehrzahl der Männer konnten mit Gewehren ausgerüstet werden, anschließend wurden sie in Bataillone und Kompanien eingeteilt. An Freiwilligen war kein Mangel. Zudem schloss sich ihnen das Freikorps Oberland aus dem Reichsgebiet an, das sich hauptsächlich aus Studenten, Schülern und oberbayerischen Bauern zusammensetzte. Der Gegenschlag konnte beginnen. In Krappitz trafen sich die Selbstschutzführer und die aus Berlin vom Oberkommando der Reichswehr entsandten Generäle Hoefer und von Hülsen.

Nach einem kurzen Lagevortrag stellte sich General Hoefer in die Mitte des Raumes.

„Berlin ist mit einem bewaffneten Widerstand nicht einverstanden", machte Hoefer deutlich klar, „damit befehle ich, dass jeder Vormarsch und Gefechte mit Polen zu unterlassen sind, die Versammlung ist hiermit geschlossen." Damit verließ er den Raum und die empörten Führer des Selbstschutzes.

„Wenn die Regierung nicht dazu in der Lage ist, dann werden wir die Bevölkerung schützen", rief einer erregt.

General von Hülsen, der zurück geblieben war, hob beschwichtigend die Hand:

„Meine Herren! Wir werden nicht die deutschen Menschen, die für Deutschland gestimmt haben, den Polen überlassen. Ich denke, wir greifen sofort an."

Damit hatte sich von Hülsen gegen die Weisungen der Reichsregierung gestellt und war seinem Vorgesetzten, General Hoefer, in den Rücken gefallen, der später allerdings doch die gesamten militärischen Operationen des Selbstschutzes und der Freikorps in Oberschlesien führen sollte.

Die Selbstschutzführer einigten sich schnell auf einen militärischen Gegenschlag. In aller Eile fuhren die Offiziere zu ihren Einheiten zurück, um die Angriffsbereitschaft der beiden Freikorps von Hülsen und Schweidnitz herzustellen. General von Hülsen wies Strachwitz den gefährdetsten Geländeabschnitt zu. Er sollte Groß Stein einnehmen, um dann weiter nach Groß Strehlitz vorzustoßen. Hülsen wusste nur zu genau, dass in Groß Stein das Stammschloss der Grafen Strachwitz lag und dass der junge Graf alles nur Erdenkliche tun würde, um sein Schloss zu verteidigen.

Schon am folgenden Tag gegen 14.00 Uhr überquerten Strachwitz und seine Truppen die Oder. Wenig später griffen sie das von Polen besetzte Groß Stein an und nahmen es nach einem kurzen Feuergefecht gegen acht polnische Kompanien ein. Strachwitz betrat nach Tagen seinen Gutshof wieder und holte die polnische Flagge vom Haupthaus herunter. Im letzten Augenblick war es ihm gelungen, die Polen daran zu hindern, die im Hof aufgeschichteten wertvollen Bilder und Möbel anzuzünden.

Strachwitz' Sieg bei Groß Stein hatte die Polen überrascht. Korfanty verlegte sofort frische Truppen ins Krisengebiet. Bald verfügte er über etwa fünfzig- bis sechzigtausend schwer bewaffneter Freischärler, aber auch freiwillige reguläre Soldaten, die dazu noch von Artillerie unterstützt wurden. Rasch besetzten sie die wichtigsten Plätze und bildeten neue Brückenköpfe.

Die polnischen Soldaten sprengten die meisten Eisenbahnbrücken, die Oberschlesien mit dem Reich verbanden, sie jagten die Menschen aus den Dörfern und das Vieh aus den Ställen. Und General Le Ronds Truppen, die die Deutschen vor den polnischen Übergriffen schützen sollten, standen zwar mit gezogenen Waffen da, sahen aber dem Treiben ansonsten nur zu. Den Freikorps- und Selbstschutzmännern fehlte es wiederum an Waffen und Munition. Oft überfielen sie polnische Patrouillen oder Wachen und beschafften sich so die notwendigen Kampfmittel.

Die Reichsregierung hatte inzwischen die Grenzen von Deutschland nach Oberschlesien abgeriegelt, der umgekehrte Weg war von den interalliierten Truppen dicht gemacht worden.

Der Selbstschutz war vollkommen isoliert, der Kampf schien aussichtslos. Da geschah ein Wunder. Der polnische Überfall und die lasche Haltung der Reichsregierung führten bei der Bevölkerung im Reich zu einer beispiellosen Solidarisierung mit den deutschen Landsleuten in Oberschlesien. Aus allen Teilen Deutschlands kamen Freiwillige nach Oberschlesien. Engländer und Italiener ignorierten die Grenzbrecher, französische Absperrungen wurden geschickt umgangen. Auf dem gleichen Wege wurden Waffen, Munition und Proviant nach Oberschlesien eingeschmuggelt. Einzelne deutsche Gruppen spezialisierten sich darauf, polnische Waffenlager auszuheben. Obwohl der Selbstschutz täglich zahlenmäßig stärker wurde, blieben die polnischen Truppen an Zahl und Ausrüstung aber immer noch weit überlegen. Inzwischen hatten die polnischen Aufstandstruppen den deutschen Brückenkopf bei Cosel genommen und waren kurz davor, den Brückenkopf Krappitz einzudrücken und am linken Oderufer Fuß zu fassen. Nur ein überraschender deutscher Angriff an anderer Stelle konnte die Polen noch stoppen. General von Hülsen schlug vor, den Annaberg einzunehmen. Der Annaberg war das Wahrzeichen Oberschlesiens und mittlerweile von den Polen besetzt und stark befestigt worden. Er hatte nicht nur hohen ideellen, sondern auch strategischen Wert, denn von hier aus konnte man das Land weit überblicken und jede Bewegung wahrnehmen.

General von Hülsen, der den Oberbefehl im Süden Oberschlesiens innehatte, verfügte über einige Reserven, mit denen er einen Angriff wagen wollte. Als Kerntruppe stand ihm das bayerische Freikorps Oberland zur Verfügung, das sich, von den Polen unbemerkt, bei Krappitz und Gogolin gesammelt hatte.

Um Mitternacht, am 21. Mai 1921, griff das Freikorps den Annaberg an. Zur gleichen Zeit schlich Graf Strachwitz mit zwei Bataillonen seiner zusammengewürfelten Selbstschutz-Einheiten in den Rücken der Polen. Nach kurzem und heftigem Kampf erreichte er als erster den Gipfel des Annaberges, der nun ohne großen Widerstand von den Polen aufgegeben wurde. Strachwitz und seine Männer erbeuteten sechs Geschütze, zahlreiche MGs und Gewehre. Zudem fiel ihnen jede Menge an Munition und Ausrüstung in die Hände.

Die Reaktion der Polen ließ allerdings nicht lange auf sich warten. Bereits am folgenden Tag griffen sie an beiden Flügeln die deutschen Verbände an, ihr Gegenstoß wurde allerdings abgewehrt. Als die deutschen Einheiten zur Verfolgung ansetzten, befahl General Le Rond die sofortige Einstellung der deutschen Offensive, bei Zuwiderhandlung würde er die französischen Truppen im Rücken der Deutschen einsetzen. Zur gleichen Zeit erklärte Korfanty, dass er bereit sei, alle Maßnahmen der interalliierten Kommission zu akzeptieren.

Nun meldete sich auch die polnische Regierung zu Wort, die bislang offiziell geschwiegen hatte. Sie drohte mit einer offenen Intervention und ließ reguläre Truppen an der deutschen Grenze aufmarschieren. Die tschechische Regierung, die ebenfalls Vorteile aus dem oberschlesischen Konflikt ziehen wollte, schloss sich dem polnischen Vorgehen an.

Der Vermittlungsversuch des italienischen Generals Marinis, der für das Selbstbestimmungsrecht der Oberschlesier eintrat, wurde von seinem französischen Kollegen Le Rond rundweg abgelehnt. Zwischen Franzosen und Italienern war nun ein offener Streit ausgebrochen. Auf deutscher Seite hoffte man nun inständig, dass ein Eingreifen der Engländer den Konflikt lösen würde.

Doch die nächste Initiative ging wieder von polnischer Seite aus. Korfanty erklärte, dass seine Truppen ohne Wenn und Aber den Schutz Oberschlesiens übernehmen würden, zugleich forderte er die Räumung des Annaberges durch die Deutschen. Um weitere bewaffnete Zusammenstöße zu verhindern, errichteten die Alliierten eine neutrale Zone, die weder von Deutschen noch von Polen betreten werden durfte. Während sich die Deutschen daran hielten, setzte sich Korfanty über die Anordnung hinweg. Sein Ziel war, die Stadt Cosel an der Oder einzunehmen, von hier aus nach Krappitz

Die Erstürmung des Annaberges 21. Mai 1921

Die Erstürmung des Annaberges am 21. Mai 1921 wurde später in der NS-Zeit propagandistisch ausgenutzt. Die im Gemälde abgebildeten Kämpfer wurden mit Hakenkreuzen an den Helmen dargestellt. Ob dies auch wirklich so war, ist nicht überliefert.

vorzustoßen und dann den Annaberg wieder zu besetzen. Dass alle seine Operationsziele innerhalb der neutralen Zone lagen, störte Korfanty wenig.

General von Hülsen sah durch die polnische Aktion seine eigenen Truppen bedroht. Er beschloss, selbst nach Cosel zu fahren, um den italienischen Kommandanten der Stadt, Oberstleutnant Salvioni, aufzufordern, gegen die Aufständischen vorzugehen.

Doch von Hülsens Bemühungen schienen zunächst ins Leere zu laufen. Salvioni rechtfertigte sich, dass er einen Befehl des Generals Le Rond habe, sein Bataillon in die Kaserne zurückzuziehen, wenn Polen in die Stadt einrückten. Hülsen versuchte darauf, den italienischen Oberstleutnant bei seiner Ehre zu packen:

„Und was werden Sie tun, Oberstleutnant?"

Oberstleutnant Salvioni hatte aufgehört zu lächeln, richtete sich halb von seinem Stuhl auf und entgegnete mit stolzem Gesichtsausdruck: „Herr General ... Ich werde mich nicht an den Befehl Le Ronds halten, der sich ausschließlich gegen die Deutschen richtet. Ich werde kämpfen wie es meine soldatische Ehre fordert!"

General von Hülsen atmete auf. Salvioni würde die neutrale Zone gegen die Polen sichern, und er selbst konnte derweil den Gegenschlag organisieren. Der deutsche Gegenangriff folgte in den frühen Morgenstunden des 4. Juni. Die deutschen Freikorps und Selbstschutzverbände warfen die starken polnischen Einheiten bei Kandrzin und Slawentzitz aus ihren Stellungen. Dabei gelang es Graf Strachwitz und seinen Männern, eine feindliche Artilleriebatterie zu erobern. Kurzerhand ließ der Graf die Geschütze umdrehen und beschoss die fliehenden Polen mit deren eigenen Waffen.

Hülsen erkannte die Gunst der Stunde und befahl die Verfolgung des angeschlagenen Gegners. Er wollte die Aufständischen vor Erreichen des oberschlesischen Industriegebietes stellen und sie endgültig schlagen.

Der deutschen Aktion folgte aber eine erneute Intervention der Alliierten. Sie forderten den sofortigen Abbruch der deutschen Offensive und die Aufnahme von Verhandlungen, die der britische General Percival leiten sollte. Gleichzeitig befahl Le Rond seinen Truppen, sich vor die Deutschen zu schieben, um den Rückzug der Polen zu decken. Während all dieser militärischen Scharmützel fanden in Oppeln Verhandlungen zwischen der interalliierten

Kommission und den deutschen Vertretern Oberschlesiens, angeführt von Prälat Ulitzka, statt. Allen war klar, dass sie langwierig und kompliziert werden würden. Le Rond warf Ulitzka vor, dass sich die deutschen Verbände selbst bewaffnet und damit den polnischen Aufstand provoziert hätten.
Prälat Ulitzka seufzte, bevor er Le Rond kurz und bündig erwiderte: „Wir Deutschen haben uns, nachdem die interalliierte Kommission komplett versagt hat, selbst einen Schutz gegeben. Wir können auf ihn nicht verzichten, bis die Gefahr für uns und unser Land beseitigt ist. Herr General, die interalliierten Truppen sollen ein zuverlässiger Schutz für uns Deutsche sein. Gewiss haben die Italiener ihre Pflicht getan. Von den Engländern haben wir leider nicht viel gesehen. Aber von Ihren Soldaten wissen wir, dass sie Seite an Seite mit den Polen gegen uns gekämpft haben."

Le Rond war völlig entgeistert. Wütend donnerte er:

„Sie als Priester sollten keine Hetzreden halten. Sie hetzen hier zum Krieg!"

Ulitzka blieb vollkommen ruhig und entgegnete höflich:

„Herr General, Sie müssen mich nicht über meine Pflichten belehren. Auch ich will den Frieden, aber einen echten und gerechten Frieden!"

Le Rond war völlig außer sich. Schimpfend brach er die Gespräche ab und verließ polternd den Raum.

Währenddessen gingen die Kämpfe weiter. Die Polen hofften auf französische Hilfe und gingen erneut in die Offensive. Schließlich hatten sie noch das Industriegebiet in ihrer Hand, das sie nicht kampflos aufgeben wollten.

Doch offenbar hatte Ulitzkas mutiges Auftreten vor den Alliierten großen Eindruck hinterlassen. Auf deren Druck endete der polnische Aufstand am 5. Juli 1921 mit einem Waffenstillstandsabkommen. Korfanty musste sich beugen und befahl die Beendigung der Kämpfe. Trotz scharfer Kritik polnischer Militärs, unterzeichnete er 1922 in Genf ein Abkommen, das etwa zweidrittel des oberschlesischen Gebiets Deutschland zusprach und eindrittel Polen. Für ihn persönlich war dies ein großer Erfolg.

Nach Beendigung der Kampfhandlungen beschloss die interalliierte Kontrollkommission, eine neue Demarkationslinie zu ziehen, die Polen nicht nur das vertraglich festgelegte Gebiet bei Pleß und Tarnowitz, sondern noch einen großen Teil des oberschlesischen Industriegebietes zuschlug. Zusätzlich setzte sich General Le Rond für die polnischen Forderungen nach den Städten Gleiwitz und Hindenburg mit ihren bedeutenden Gruben und Hüttenwerken ein. Die Demarkationslinie wurde schließlich ostwärts von Hindenburg gelegt. Beim Deutschen Reich verblieb der flächen- und bevölkerungsmäßig größere, jedoch eher agrarisch strukturierte Teil Oberschlesiens, die großen Industriekomplexe des Landes fielen an Polen.

Bei den Kämpfen um seine oberschlesische Heimat hatte sich Hyacinth Graf Strachwitz, wie im Weltkrieg, mehr als einmal ausgezeichnet. Er unternahm mit seinen Männern verwegene Attacken gegen polnische Stellungen oder führte Melde- und Aufklärungsritte hinter den gegnerischen Linien durch. Für seine Leistungen erhielt er den Schlesischen Adlerorden II. und I. Klasse mit Eichenlaub und Schwertern verliehen. Auch der jüngere Bruder des Grafen, Manfred Graf Strachwitz, hatte sich von der Reichswehr beurlauben lassen, um an den Kämpfen in seiner oberschlesischen Heimat teilnehmen zu können. Er wurde schwer verwundet, als er an der Spitze seiner Kompanie die polnischen Stellungen bei Krizova stürmte. In diesem Gefecht zeichnete sich auch eine Frau besonders aus. Unter großer Lebensgefahr trug das Fräulein von Arnim Schwerverwundete aus dem Kugelhagel der Polen in Sicherheit.

Der polnische Aufstand war abgewehrt. Die Polen zogen ab, und wenig später verließen auch die interalliierten Truppen das leidgeprüfte Oberschlesien.

Doch die turbulenten Tage brachten Strachwitz nicht nur Lebensgefahr, sondern auch große Freude. Am 30. Juli 1921 brachte seine Ehefrau Alexandrine in Lorzendorf bei Breslau eine Tochter zur Welt, die auf den Namen Alexandrine Aloysia getauft, seit ihrer Geburt aber nur Lisalex genannt wurde.

Um das Glück vollkommen zu machen, ernannte das Reichswehrministerium Strachwitz 1921 völlig überraschend zum Oberleutnant, und zwar rückwirkend ab 1916.

Der Friede war nach Oberschlesien zurückgekehrt. Graf Strachwitz übernahm wieder die Verwaltung des väterlichen Land- und Forstbesitzes, sein Vater führte weiterhin das Gut. Zunächst mussten die Schäden, die in Schloss und Ort Groß Stein entstanden waren, beseitigt werden, dann galt es, für die Bauern im Kreis Groß Strehlitz zu sorgen, vernünftig für sie zu wirtschaften und sie bei Behörden zu vertreten.

Schließlich musste sich der Graf auch um seine größer werdende Familie kümmern. Am 22. März 1925 wurde nämlich das dritte Kind der Familie Strachwitz auf dem Rittergut Schedlitz, später Alt Siedel, Kreis Groß Strehlitz geboren, der Sohn Hubertus Arthur, der in der Familie später nur noch Harti genannt wurde.

In dieser Zeit hatte sich Hyacinth Graf Strachwitz mit seinem Vater überworfen. Während der Vater auf Schloss Groß Stein blieb, zog die junge Familie nun auf das nur wenige Kilometer entfernte Rittergut Alt Siedel. Zwischen den Jahren 1924 und 1933 gründete Strachwitz mit eigenen Mitteln zwei Molkereigenossenschaften, denen sich die umliegenden Bauern rasch anschlossen, als sie die Vorzüge dieser Einrichtung erkannt hatten.

Neben diesen vielen Verpflichtungen fand der Graf immer wieder Zeit, um sich fortzubilden. Er studierte einige Semester Forstwirtschaft und ließ sich zudem von Forstmeister Greschik instruieren. All diese Kenntnisse führten dazu, dass ihn die Waldbesitzer in Oberschlesien mit dem Verkauf ihres Holzes an Papierfabriken beauftragten.

Mit Beharrlichkeit und Energie führte Strachwitz die modernsten Methoden auf den Gebieten der Forst- und Landwirtschaft in Oberschlesien ein. Dabei halfen ihm die Position als Vorsitzender des

Ein Gruppenbild der Familie Strachwitz vor dem Stammsitz Groß Stein, aufgenommen um das Jahr 1925. In der Mitte steht Hyacinth Graf Strachwitz, links außen ist sein Vater zu sehen.

Nach Beendigung der Unruhen gönnt man sich einen Badeurlaub. Erster von links Hyacinth Graf Strachwitz, vierte von links seine Ehefrau „Alda".

Das Rittergut „Schedlitz“, später „Alt Siedel“ genannt, das der Familie Strachwitz gehörte.

Das Rittergut „Alt Siedel“, auf dem sich Graf Strachwitz bis Anfang 1945 die meiste Zeit aufhielt.

Oben links:
Hyacinth Graf Strachwitz, mit seinen Kindern. Links steht sein ältester Sohn Hyacinth, rechts sein jüngster Sohn Hubertus, genannt „Harti“. In gebückter Haltung seine Tochter Alexandrine.

Oben rechts:
Die drei Kinder von Hyacinth und Alda Strachwitz, Hyacinth, Alexandrine, genannt „Lisalex“ und Hubertus-Arthur, genannt „Harti“.

Im Jahr 1931 wurde zur 10-jährigen Befreiung des Annabergs eine Gedenkfeier veranstaltet.

Die noch lebenden Geschwister Strachwitz im Park des Schlosses Groß Stein (ca. 1935). Hintere Reihe von links: Manfred, Margarethe, genannt „Daisy“, Elisabeth. Vorne von links: Aloysia, wie die Mutter auch „Isa“ genannt und Hyacinth.

Der Stammsitz der Familie Groß Stein in Oberschlesien.

Forstausschusses für Oberschlesien und seine Mitgliedschaft bei der Landwirtschaftskammer.

Im Jahre 1929 übernahm Graf Strachwitz dann endgültig den Besitz seines Vaters, zuerst als Generalbevollmächtigter, kurz darauf in eigener Verantwortung. Damit wurde er zu einem der vermögendsten Land- und Forstbesitzer Schlesiens. Zusätzlich zu den Gütern des Schlosses Groß Stein gehörten ihm nun auch noch ein Kalkwerk und Steinbrüche in Groß Stein und Klein Stein und je eine Brennerei in Groß Stein (92.894 l Ausstoß) und Alt Siedel (116.386 l Ausstoß). Von den insgesamt 4109 ha Besitz waren 1182,6 ha Acker, 69,9 ha Wiesen, 26,3 ha Weiden, 6,1 ha Wasser, 2737,3 ha Wald, 10 ha Park und 6,6 ha Gärten, 35 ha Ödland und 19,4 ha Gebäude und Höfe, zudem gehörten zu seinem Besitz 16 Wege. Die Saatgutwirtschaft des Grafen bestand aus Forstsamen, Saatroggen, -gerste, -mais, -kartoffeln, -lupinen und Braugerste. An Tieren hatten die Strachwitz Schwarzwild, Niederungsvieh, Fohlen, deutsche Edelschweine, Merinofleischschafe und Fische.

Zu all dem kam noch das Rittergut Alt Siedel, das eine Gesamtfläche von 583 ha hatte, wovon 278 ha Acker, 13,5 ha Weiden, 3,5 ha Gärten, 279 ha Wald, 1,5 ha Wasser und 5 ha Gebäude waren. Und auch das Rittergut Einsiedel in Oberschlesien mit einem Eichenvorwerk und weiteren Ländereien gehörte zu den Besitztümern der Strachwitz.

In der Meinung, die land- und forstwirtschaftlichen Interessen seiner oberschlesischen Heimat besser durchsetzen zu können, stellte Strachwitz 1931 bei der Reichsleitung der NSDAP in München einen Aufnahmeantrag. Im Jahr 1932 trat er in die Breslauer Ortsgruppe der NSDAP mit der Mitgliedsnummer 1.405.652 ein.

Am 17. April 1933 wurde Strachwitz mit der Nummer 82.857 Mitglied der SS. Es reihte sich nun für ihn eine Beförderung an die andere, bis er 1936 SS-Sturmbannführer wurde. Im gleichen Jahr wurde er auch zum Rittmeister der Reserve der deutschen Reichswehr befördert.

Inzwischen waren die Jahre der Wiederaufrüstung angebrochen. Das Heer wurde vergrößert und modernisiert, wobei der neu entstandenen Panzerwaffe die größte Aufmerksamkeit geschenkt wurde. Das Personal dafür rekrutierte man aus den Kavalleristen, die ihre Pferde abgeben mussten und zu Panzersoldaten umgeschult wurden.

Im Oktober 1935 begann die Aufstellung des Panzerregiments 2, das der 1. thüringischen Panzerdivision zugeteilt wurde. Das Kraftfahrlehr-Kommando Ohrdruf unter Major Keltsch bildete die I. Abteilung des Panzerregiments 2, die II. Abteilung rekrutierte man hauptsächlich aus der 2. Kompanie der Kraftfahrt-Abteilung 4 in Magdeburg und dem schlesischen Reiterregiment 7. Sie unterstand Major Voigt. Am 20. Oktober 1935 zog das Panzerregiment 2 feierlich in die neue Garnisonsstadt Eisenach ein. Oberstleutnant von Prittwitz und Gaffron übernahm den Befehl über das neu gebildete Regiment. Nur wenige Tage später trafen die neuen Rekruten – die ersten Wehrpflichtigen seit Wiedereinführung der Wehrpflicht – in den Kasernen ein. Die Soldaten der I. Abteilung stammten aus Sachsen und Thüringen, die der II. Abteilung aus Schlesien.

Hyacinth Graf Strachwitz, der Reserveoffizier im Breslauer Reiterregiment 7 war, hatte sich zur Panzerwaffe versetzen lassen. Im Mai 1936 nahm er zum ersten Mal an einem Manöver teil, und zwar auf dem am Rande des Thüringer Waldes gelegenen Truppenübungsplatz Ohrdruf. Anschließend wurde das Panzerregiment 2 nach und nach auf den Schießplatz Putlos an die Ostsee verlegt. Mitte Juli bis Anfang August 1937 folgte für ihn die zweite Reserveübung, diesmal auf dem schlesischen Truppenübungsplatz Neuhammer. In diesen Tagen besuchten hochrangige Vorgesetzte, wie die Kommandierenden Generäle des Panzerkorps und des VIII. Armeekorps, General der Panzertruppe Lutz und General der Kavallerie von Kleist, sowie General der Infanterie von Rundstedt und Generaloberst von Brauchitsch die Übungen des Panzerregiments.

Den Abschluss des Manövers bildete ein zweitägiges Sportfest in Neuhammer. Die verschiedensten Wettbewerbe wie 5 x 100 Meter-Staffeln der verschiedenen Dienstgrade, technische Wettbewerbe am Panzer, Schießen aus dem Panzer, ein Offiziersvierkampf mit Geländefahrt auf einem Motorrad, Pistolenschießen, ein Zwei-Kilometer-Geländelauf, 100-Meter-Schwimmen, ein Fünfkampf in den leichtathletischen Disziplinen und verschiedene Geschicklichkeitswettbewerbe wurden dabei durchgeführt. Der sportbegeisterte Strachwitz absolvierte diese Disziplinen, trotz seines Alters, mit großem Erfolg.

Nach einem kurzen Heimaturlaub wurde Strachwitz auf den Truppenübungsplatz Königsbrück bei Dresden befohlen, wo sich seit dem 28. August die gesamte 1. Panzerdivision, der das Panzerregiment 2 angehörte, zu den bevorstehenden Herbstübungen versammelt hatte. Während dieses Manövers wurde der Divisionskommandeur, General der Kavallerie Freiherr von Weichs, der zwei Jahre zuvor die Division aufgestellt und sie zu einem kampfkräftigen Instrument gemacht hatte, verabschiedet.

Am 18. September fuhr das Panzerregiment 2 zu Übungen in neun Transportzügen von Königsbrück nach Fürstenberg in Mecklenburg und schließlich in den Raum Neustrelitz. Den Abschluss des Manövers bildete der Großangriff der 1. und 3. Panzerbrigade und mehrerer Bombengeschwader in Gegenwart von Hitler und Mussolini, die die Übung von einem Gefechtsstand am Schmooksberg bei Laage aus beobachteten. Am 30. September traf das Regiment wieder in Eisenach ein, und noch am selben Tag verließ der erste Jahrgang der neuen Wehrpflichtigen, der nun seine zweijährige Dienstpflicht erfüllt hatte, unter Musikklängen die Kaserne. Auch Graf Strachwitz fuhr nach Hause, um sich wieder der Arbeit auf seinem Gut zu widmen.

Kurz vor Beginn des Einmarsches in Österreich im März 1938 wurde der Graf wieder zum Regiment gerufen. Im Anschluss an eine im April 1938 durchgeführte Besichtigung wurden die Soldaten eifrig gedrillt, denn schon im Mai 1938 hatten die Einheiten zu zeigen, dass sie im Exerzieren, in Gefechtsmanövern und Märschen gut ausgebildet worden waren. Während der Pfingstfeiertage wurde das Regiment anlässlich eines Ulanentreffens in Hanau in die Tradition des Thüringischen Ulanenregiments Nr. 6 gestellt, die es nun zusätzlich zur Tradition des preußisch-schlesischen Reiterregiments 7 weiterführte. Nach einem großen Sportfest im Sommer 1938 in den Kasernen von Eisenach und auf der Katzenaue fanden die Sommermanöver und Schießübungen in Jüterbog und Putlos statt.

Das stolze Panzerregiment 1 in Erfurt war wie das Panzerregiment 2 eines der Keimzellen der deutschen Panzerwaffe. Hier eine Fahrübung mit dem leichten Panzer I,, der aber schon im Polenfeldzug 1939 veraltet war.

Zu den nachfolgenden Herbstübungen wurde das Panzerregiment 2 in voller Stärke auf den Truppenübungsplatz Grafenwöhr verlegt, wo die ersten Übungen zunächst zusammen mit der Leibstandarte SS Adolf Hitler stattfanden. Das Manöver endete mit einer großen Divisionsübung am 20. September 1938. Fast 300 Offiziere, unter ihnen der Kommandierende General des XVI. Armeekorps (mot.), General der Panzertruppe Guderian, hatten an ihm teilgenommen.

Nur wenige Tage darauf, am 27. September, zog die Kriegsgefahr am Horizont auf – die Sudetenkrise begann. Schon wurden Teile des Panzerregiments 2 nach Amberg verlegt. Mit der Unterzeichnung des Münchener Abkommens wurde die Krise beigelegt, das Sudetenland war dem Deutschen Reich zugeschlagen worden.

Am 2. Oktober 1938 um 05.30 Uhr marschierte das Regiment vom Truppenübungsplatz Grafenwöhr in Richtung Falkenstein, und einen Tag später überschritt es als erster deutscher Truppenteil bei Klingenthal die Grenze zur Tschechoslowakei. Am 5. Oktober erreichte man Chodau bei Karlsbad, wo dem Regiment ein herzlicher Empfang bereitet wurde. Am folgenden Tag ging es weiter über Karlsbad in das Städtchen Saatz, wo der Regimentsstab und die I. Abteilung Quartier bezogen, die II. Abteilung blieb währenddessen in Kaaden. Nachdem der Aufruhr um das Sudetenland beigelegt worden war, kehrte das Regiment am 16. Oktober wieder nach Eisenach zurück. Kurz darauf wurde Oberst von Prittwitz und Gaffron als Brigadekommandeur nach Wien befohlen. Als Nachfolger übernahm Oberstleutnant Keltsch das Panzerregiment 2 und Major Manfred Graf Strachwitz, der jüngere Bruder des Grafen, die I. Abteilung.

Die ruhigen Zeiten der nächsten Monate wurden Anfang März 1939 unterbrochen, als Teile der 1. Panzerdivision zur Besetzung der „Rest-Tschechei" herangezogen wurden. Am 13. März verließen die verstärkten 1., 4., 5. und 8. Kompanien unter der Führung von Oberstleutnant Voigt im Bahntransport Eisenach. Auf dem Güterbahnhof von Oppeln blieben die vier Kompanien vorerst in Bereitschaft, kehrten aber schon am 20. März 1939 ohne vorher abgeladen zu haben nach Eisenach zurück.

Kurz nach Ostern wurde das Regiment nach Berlin befohlen, wo es herausgeputzt und verstärkt durch schwere Panzer anderer Regimenter an der großen Wehrmachtsparade am 20. April 1939, Hitlers Geburtstag, teilnahm.

Der Sommer 1939 verging in Jüterbog, Putlos und Altengrabow mit zahllosen Übungen. Krieg lag in der Luft. In der Eisenacher Kaserne trafen immer mehr Reservisten ein. Weitere Fahrzeuge, Waffen und neues Gerät wurden bereitgestellt, die Munitionsvorräte aufgestockt. Es kam zu Umorganisationen, wie zur Auflösung der 3. und 7. Kompanie. Auch das Panzerregiment 2 verlor eine Reihe von Offizieren, Unteroffizieren und Mannschaften an die neue Panzer-Ersatzabteilung 1 in Erfurt.

Am 21. August 1939 verließen die Einheiten der 1. Panzerdivision ihre Standorte in Thüringen und Hessen. Per Eisenbahn ging es nach Schlesien, wo die Division in der Nacht vom 24. auf den 25. August zwischen Rosenberg und Oppeln in Oberschlesien ankam. Für den folgenden Tag erwarteten die Kommandeure in ihren Notquartieren die Parole „Fall Weiß", die auch tatsächlich um 16.15 Uhr ausgegeben wurde. Schon um 18.00 Uhr rückten die Verbände der 1. Panzerdivision in den Bereitstellungsraum Grunsruh ein und konnten um 22.00 Uhr die volle Einsatzbereitschaft melden. Die Soldaten fieberten den kommenden Stunden nervös entgegen. Gegen 23.00 Uhr ging bei den vordersten Einheiten allerdings ein neuer Befehl ein: „Eröffnung der Feindseligkeiten verboten. Jede Bewegung anhalten. Truppen zurückziehen. Rückwärtsbewegung muss bis 02.30 Uhr beendet sein."

War der Krieg abgewendet worden? Hatte die Vernunft gesiegt? Die Soldaten wussten es nicht.

An diesem 26. August 1939 war auch Major Hyacinth Graf Strachwitz beim Regiment eingetroffen. Als ältester Reserveoffizier führte er die Versorgungstruppe, was zu den wichtigsten Aufgaben gehörte – das Regiment brauchte ständig massenhaft Nachschub an Munition, Brennstoff, Verpflegung und Ersatzteilen. Keiner war für diese Aufgabe besser geeignet als Strachwitz, der sich während der vielen Manöver einen Ruf als hervorragender Organisator erworben hatte.

Doch bald sollten seine Vorgesetzten merken, dass in ihm auch ein hervorragender Truppenführer steckte.

Die ersten Jahre des Zweiten Weltkriegs

Im Sommer 1939 bestand das Panzerregiment 2 aus vier leichten und zwei mittleren Kompanien mit insgesamt 54 Panzern I, 62 Panzern II, sechs Panzern III, 28 Panzern IV und sechs Befehls-Panzerwagen. Am Abend des 28. August 1939 zog das Regiment Richtung Osten, Ziel war ein Waldlager bei Klein-Lassewitz.

Am 1. September 1939 war die Hoffnung auf Frieden vorbei. Der „Fall Weiß" trat ein. Truppen der Wehrmacht marschierten ohne vorherige Kriegserklärung in den Westteil Polens ein. Auch das Panzerregiment 2 überschritt an diesem Tag bei Grunsruh die Grenze zu Polen und erreichte um die Mittagszeit das Flüsschen Lisswarthe, das überquert wurde. Noch am selben Abend wurde die Stadt Klobutzko ohne größeren Widerstand eingenommen. Im Morgengrauen des 2. September stürmte das Regiment weiter nach Jala, wo die ersten Verluste hingenommen werden mussten. Bei Gidle und Plauno überschritt man die Warthe und zog in Richtung Radomsk vor. Am 5. September wurde Petrikau, erneut unter Verlusten, erobert. Über Wolborz und Zawada kam das Regiment am 8. September an die Weichsel bei Góra Kalwaria, wo es bis zum 10. September rasten durfte.

In diesen Tagen bat der Regimentskommandeur Oberst Keltsch den Grafen zu sich.

„Strachwitz, ich muss Sie leider abgeben", eröffnete der Oberst das Gespräch, „Sie sind wegen ihres Organisationstalents von der Brigade angefordert worden."

Strachwitz war überrascht, wollte etwas erwidern, da fuhr der Oberst schon fort:

„Sie können sich aber freuen, denn ich habe Sie in Anerkennung Ihrer Verdienste und soldatischen Leistungen für die Spange zum Eisernen Kreuz II. Klasse eingereicht. Schließlich sind Sie der erste Verpflegungs- und Nachschuboffizier des Regiments, der in Kämpfe verwickelt war."

Strachwitz dankte herzlich und verabschiedete sich von seinem Vorgesetzten. Schon wenig später meldete er sich bei der Panzerbrigade 1, wo ihn der Kommandeur, Generalmajor Schaal, empfing:

„Graf Strachwitz, Sie werden den gesamten Nachschub der Brigade koordinieren. Ihr Vorgänger ist wegen Verwundung ausgefallen und liegt im Lazarett. Ihre Versetzung zu uns ist schon vom Divisionskommandeur General Schmidt befürwortet worden."

Am 11., 12. und 13. September setzte die Division die 5. Panzerkompanie unter der Führung von Oberleutnant Peter von Butler zusammen mit einem Schützenbataillon zur Erweiterung des Brückenkopfs ein. Dabei konnte die 5. Kompanie eine 21-cm-Mörser-Batterie einnehmen. Anschließend ging es über den Fluss Bzura auf Kozlov Biskupi zu, das ebenfalls erobert wurde. Danach wurde die Kampfgruppe bis in das große Waldstück bei Debsk zurückgenommen.

Am 17. September folgten Kämpfe südlich von Wyszogrod. Anschließend wurde das Panzerregiment 2 herausgelöst und in Richtung Warschau in Marsch gesetzt, wo es aber nicht zum Einsatz kam. Nach Beendigung des Polenfeldzuges bezog das Regiment am 23. September im Gebiet von Tomaszow-Lubelski Quartier.

Strachwitz hatte sich mittlerweile in seine neue Funktion eingearbeitet – der Nachschub funktionierte reibungslos. Am 5. Oktober 1939 bekam er die Spange zum Eisernen Kreuz II. Klasse verliehen. Bereits am 3. Oktober 1939 war die 1. Panzerdivision zum Rückmarsch in die Heimat befohlen, schon am 12. Oktober waren alle Verbände an ihren Heimatstandorten versammelt. Während Graf Strachwitz einen längeren Urlaub auf seinem Rittergut Alt Siedel verbrachte – Schloss Groß Stein hatte er der Wehrmacht als Lazarett überlassen –, wurden in den Kasernen Fahrzeuge, Waffen und sonstige Geräte instandgesetzt.

Als Strachwitz Ende des Jahres wieder zur Division zurückkehrte, war diese in den Raum Dortmund verlegt worden, der Stab war in Düsseldorf untergekommen. Vorerst blieb die 1. Panzerdivision als schnelle Division in OKH-Reserve, musste aber innerhalb weniger Stunden marsch- und einsatzbereit sein. Für alle stand fest: das nächste Ziel lag im Westen.

Ende Februar 1940 verabschiedete sich der Divisionskommandeur, Generalleutnant Rudolf Schmidt, der als Kommandierender General ein Korps übernahm. Neuer Kommandeur der 1. Panzerdivision wurde Generalmajor Kirchner, der zuvor die 1. Schützenbrigade der Division geführt hatte. Strachwitz lag zu dieser Zeit mit einer Hirnhautentzündung vom 1. bis 9. März im Lazarett.

Am 3. März 1940 wurde die Division in die südliche Eifel und an die Mosel verlegt, der Divisionsstab zog in das Hotel „Union" in Cochem ein. Hier wurde die 1. Panzerdivision dem XIX. Armeekorps unterstellt, dem auch noch die 2. und 10. Panzerdivision angehörten und das unter dem Kommando von General Guderian stand. Hier bekam das XIX. Armeekorps (mot.), das zur Panzergruppe von Kleist gehörte, seinen ersten Auftrag: Durchbruch zwischen Charleville-Mézières und Carignan, danach Abdrehen nach Westen und Vorstoß auf die Somme-Mündung und schließlich auf die Kanalküste.

Die Soldaten warteten nun täglich auf den Startschuss. Alles war bis ins Einzelne vorbereitet, durchdacht und geplant. Sobald die Parole „Fall Gelb" eintraf, sollte die 1. Panzerdivision die Grenze bei Wallendorf nach Luxemburg überschreiten, zuerst die belgischen Grenzsperren bei Martelingen durchbrechen und dann eine zweite Widerstandslinie bei Neuenburg einnehmen. Ziel war das Maasufer nordwestlich von Sedan. In dieser Zeit der gespannten Erwartung musste Strachwitz wegen einer Fußverletzung erneut vom 28. April bis 9. Mai 1940 ins Lazarett.

9. Mai 1940, 13.15 Uhr. Der Divisionsstab saß gerade beim Mittagessen als General Kirchner per Funkspruch den Befehl erhielt: „Fall Gelb – 10. Mai 1940 – 05.35 Uhr!"

Um 18.00 Uhr brach die gesamte Panzergruppe von Kleist auf, zu der außer dem XIX. Armeekorps (mot.) noch das XXXXI. Armeekorps (mot.) unter General Reinhardt und das XIV. Armeekorps (mot.) unter General von Wietersheim gehörten. Auf allen möglichen Wegen strebten die motorisierten Schützen und Panzer in breiter Front der Grenze entgegen. Kein Mond, keine Sterne erhellten die Nacht. An vorderster Front fuhr die 1. Panzerdivision, sie hatte die modernste Ausrüstung im ganzen Heer. Bald hatten die Vorausabteilungen der Division Wallendorf erreicht.

Unter den Soldaten befand sich auch Graf Strachwitz, der gerade aus dem Lazarett entlassen worden war. Ein junger Offizier der Abteilung trat an ihn heran.

„Herr Graf, Sie kennen doch die Franzosen aus dem Kriege?"

Strachwitz überlegte kurz:

„Die Franzosen sind gute und begeisterungsfähige Soldaten, die sich in jeder Situation tapfer schlagen. Zwar sind sie in der Verteidigung weniger zäh als unsere Männer, dafür im Angriff hervorragende Kämpfer. Ihre Stärke ist die Artillerie. Sie schießt genau und zielsicher und hat im Kriege wesentlich zum Sieg der Alliierten beigetragen."

Nach einem kurzen Zug an der Zigarette fuhr er fort:

„Ich glaube nicht, dass wir hier einen schnellen Sieg wie gegen die Polen wiederholen können. Trotzdem denke ich, werden wir es schaffen. Aber es wird hart werden – sehr hart!"

„Ich habe gehört, dass Sie im Kriege in französischer Gefangenschaft waren und dort ein schweres Los erleiden mussten. Sie müssen doch die Franzosen hassen", bohrte der junge Offizier weiter.

Strachwitz blickte erstaunt auf:

„Hass gegen die Franzosen empfinde ich keinen. Der französische Soldat ist während der Schlacht mein Gegner, den ich bekämpfen werde. Ergibt er sich oder gerät er verwundet in Gefangenschaft, hört er auf, mein Gegner zu sein – wie jeder andere Soldat auch!"

Der Offizier wandte sich erstaunt ab, doch der Graf hielt ihn zurück:

„Wir dürfen keine Unterschiede machen, vergessen Sie meine Worte nie."

Doch nun war keine Zeit mehr für lange Gespräche. Um 05.35 Uhr überschritten deutsche Truppen die luxemburgische Grenze. Auch die hinter den Vorausabteilungen folgenden Panzerverbände und Strachwitz mit seinen Nachschubeinheiten setzten sich allmählich in Bewegung. Wie erwartet, kamen die Divisionen des XIX. Armeekorps rasch und ungehindert durch Luxemburg. Bereits am Vormittag gegen 10.00 Uhr kam man an der belgischen Grenze an. Der erste Widerstand war gebrochen worden. Bis zum Abend erreichten die 1. und 2. Panzerdivision die Linie Menu Fontaine – Fauvillers, die 10. Panzerdivision die Linie Rulles – St. Marie. Am 11. Mai 1940 stießen die 1. und 2. Panzerdivision weiter vor und durchbrachen bei Bouillon und Neufchâteau die zweite belgische Widerstandslinie. Anschließend wurde die 10. Panzerdivision näher an die 1. herangezogen, um gemeinsam mit der 2. Panzerdivision in die Ardennen einzubrechen und auf Sedan zu marschieren.

Als Guderians Panzerkorps bei Bouillon die Semois überschritt und so die zweite Widerstandslinie überrannte, waren die Alliierten so überrascht, dass sie in der Kürze der Zeit vor der Maas keine neue Verteidigungslinie mehr aufbauen konnten.

Am folgenden Tag begann der Vormarsch aber zu stocken. Wegen der schwierigen Wegeverhältnisse kamen die nachfolgenden Teile der Division kaum vorwärts. An der Brücke bei Bodange stauten sich hinter der I. Abteilung des Artillerieregiments 73 die Panzer und Nachschubfahrzeuge der 1. Panzerdivision. Erst nach Stunden ging es wieder voran.

Unaufhörlich feuerte der Divisionskommandeur, General Kirchner, seine Soldaten an:

„Vorwärts Männer! Schnell, wir müssen weiter! Vorwärts!"

Ohne Rücksicht auf die nachfolgenden Versorgungseinheiten rollte die 1. Panzerdivision weiter. Die Verzögerung der letzten Stunden war schnell vergessen, der zeitliche Rückstand rasch aufgeholt.

Der Kampf um Belgien und Frankreich war nun in vollem Gange. Von den 135 Divisionen der Deutschen Wehrmacht, darunter zehn Panzerdivisionen, die seit zwei Tagen im Gefecht standen, hatten die schnellen Verbände des Panzerkorps Guderian als erste deutsche Einheiten den Boden Nordfrankreichs erreicht. Die Panzer und Schützenpanzerwagen mit dem weißen Eichenblatt als taktischem Zeichen der 1. Panzerdivision rollten an der Spitze.

Das Ziel, im Handstreich die Maas zu überwinden, wurde allerdings nicht mehr erreicht. Französische Kommandos konnten die Maasbrücken noch rechtzeitig in die Luft sprengen.

Trotz heftigen gegnerischen Störfeuers marschierten die 1. und die 10. Panzerdivision in der Nacht zum 13. Mai ohne Probleme nordostwärts von Sedan auf. Als am folgenden Tag die Sonne strahlend über dem Maastal aufging, waren die Schützenbataillone in Stellung und warteten. Um 08.00 Uhr begannen die Angriffe von Stuka- und Kampffliegerverbänden der Luftflotte 3 auf französische Befestigungsanlagen, Artilleriestellungen und Truppenansammlungen. Um 15.30 Uhr brach ein halbstündiger Feuerschlag der deutschen Artillerie auf die feindlichen Stellungen herein, danach flogen erneut Stukas an, deren Bomben direkt am gegenüberliegenden Ufer, das noch von alliierten Truppen gehalten wurde, explodierten.

Punkt 16.00 Uhr setzten die ersten Sturm- und Schlauchboote über die Maas. Die Sturmkompanie des Kradschützenbataillons 1 überwand den Fluss im ersten Anlauf und besetzte das andere Ufer nördlich Monte d'Iges. In Windeseile folgten die anderen Kompanien des Bataillons und die 1. Kompanie des Pionierbataillons 37, die den ersten Brückenkopf bildeten. Schwungvoll ging es voran,

Feldstellungen und Bunker der Franzosen wurden überrannt, die Besatzungen niedergekämpft.

Bereits am späten Nachmittag überschritten die Bataillone des Schützenregiments 1 die Bahnlinie Donchéry – Sedan und kämpften sich erfolgreich durch die Außenbezirke des Festungsbereiches der Stadt hindurch. Das auf dem linken Flügel der Division stehende Infanterieregiment Großdeutschland kam dagegen ungleich schwerer voran, nur langsam arbeitete es sich durch Sedan.

Gleichwohl war die ganze Aktion ein voller Erfolg. Gegen 21.30 Uhr beglückwünschte der Kommandierende General Guderian auf dem vorgeschobenen Gefechtsstand der 1. Panzerdivision Generalmajor Kirchner zu dem grandiosen Vormarsch, der noch immer nicht zu Ende war. Die vordersten Einheiten der Division waren zwischenzeitlich in den Bois de la Marfée eingedrungen und standen damit inmitten der gegnerischen Artilleriestellungen.

Dieser 13. Mai 1940 sollte zu einem der stolzesten Tage der 1. Panzerdivision werden. Ihr war es gelungen, als erste die Maas zu überqueren, eine Bresche in die französischen Verteidigungsstellungen zu schlagen und den Durchbruch durch die Verlängerung der von den Franzosen als uneinnehmbar gehaltenen Maginot-Verteidigungslinie zu erzwingen.

Der Korpsbefehl vom 14. Mai 1940 brachte der 1. Panzerdivision dann neue Aufgaben: „Angriff bis Chéhéry – Maisoncelle – Villers. Abdrehen über Vendresse auf Réthel unter Sicherung der Südflanke durch Infanterieregiment Großdeutschland in Gegend Stonne."

Noch in der Nacht überwand fast die gesamte 1. Panzerdivision über die Kriegsbrücke von Gaulier die Maas. Hier erlebte Graf Strachwitz in den Morgenstunden schwere Luftangriffe. Mit Todesverachtung griffen die Staffeln der französischen Luftwaffe an. Immer wieder stießen die „Morane" und „Potez" auf die Brücke zu und warfen ihre Bomben. Französische Jagdflieger feuerten im Tiefflug ihre Garben auf die deutschen Fahrzeuge, die sich am Ufer stauten. Das Wasser rings um die Brücke schien zu kochen, die Brücke selbst wurde allerdings wundersamerweise nicht beschädigt. Schweißüberströmt standen die Flakkanoniere an ihren Geschützen, und wieder und wieder taumelten französische Flugzeuge zur Erde.

Inmitten der Fliegerangriffe und des Kampfgetümmels schrie Strachwitz seinen Männern Befehle zu. Er dirigierte Fahrzeuge von der Brückenauffahrt weg, scheuchte Soldaten in Deckung und führte einen Lastwagen, der Flakmunition transportierte, zu den Geschützstellungen. Zwischen den berstenden Bomben und dem Rattern der Maschinengewehre stand Graf Strachwitz wie ein Fels in der Brandung, strahlte Ruhe und Gelassenheit aus, die schnell auf die Soldaten übergriff.

Mit allen Mitteln versuchte die französische Luftwaffe, die behelfsmäßigen Maasbrücken zu zerstören, aber es gelang ihnen nicht. Trotz des schweren Feuers schoben sich unaufhörlich deutsche, gepanzerte Verbände und Fahrzeuge über die Brücke in Richtung Süden. Alleine an den Übergangsstellen wurden an diesem 14. Mai weit über sechzig Flugzeuge abgeschossen. Aber die deutschen Truppen stießen auch auf dem anderen Ufer der Maas auf Widerstand, diesmal auf dem Boden. Ebenso entschlossen wie die Luftwaffe warfen sich die französischen Panzer den deutschen Angriffsspitzen entgegen. Mit aller Kraft begann nun der französische Gegenangriff. Die Pioniere des Panzer-Pionierbataillons 37 und des Sturm-Pionierbataillons 43 verteidigten zäh den wichtigen Verkehrspunkt Chéhéry gegen die zahlreichen Feindpanzer – und waren dabei erfolgreich. Bei Bulson stand die Panzerbrigade 1 seit 08.00 Uhr in erbittertem Kampf mit angreifenden schweren französischen Panzern vom Typ B-2. Stundenlang wogte der Kampf hin und her, bis deutsche Stukas in den Kampf eingriffen und für die Entscheidung sorgten. Als sich die Franzosen am Mittag zurückzogen, ließen sie mehr als 70 zerstörte Panzer auf dem Schlachtfeld zurück.

Ungeachtet der zunehmenden Bedrohungen von den Flanken und des noch nicht entschiedenen Kampfes südlich Bulson – Chéhéry, befahl General Kirchner der Masse der 1. Panzerdivision, noch am selben Tag nach Westen abzudrehen und den Vorstoß über den Ardennenkanal fortzuführen.

Überraschenderweise ließen die französischen Angriffe am Nachmittag spürbar nach. Die Franzosen wollten keinesfalls die Höhen von Stonne südlich Sedan verlieren und warfen deshalb die eilends herangeführten Reserven einzeln in den Kampf. So verzettelten sie sich aber in Einzelaktionen und beraubten sich selbst ihrer Schlagkraft. Der Gegenangriff der 2. französischen Armee konnte abgewehrt und schließlich bei Vendresse endgültig gebrochen werden.

An diesem 14. Mai kämpften fünfeinhalb französische Divisionen gegen deutsche Kräfte in Stärke von eineinhalb Divisionen. Die 1. Panzerdivision hatte allen Grund stolz auf sich zu sein. Trotz der ununterbrochenen Gegenwehr der Franzosen, war es ihr gelungen, ihren Einbruchsraum nicht nur zu behaupten, sondern sogar erheblich zu erweitern und durch den Vorstoß nach Westen die dortigen Angriffsvorbereitungen des Gegners zu zerschlagen. Der Plan des Oberbefehlshabers der 2. französischen Armee, General Huntziger, war damit gescheitert.

Am nächsten Tag stand das Gros der 1. Panzerdivision zum weiteren Vormarsch nach Westen bereit. Der französische Widerstand schien durch das Panzerkorps Guderian gebrochen. Die 1. und die 2. Panzerdivision kamen jetzt schnell voran. Die 10. Panzerdivision und das Infanterieregiment Großdeutschland sahen sich zwar noch den ganzen Tag über starken Gegenangriffen der Franzosen ausgesetzt, konnten aber gegen Abend den Widerstand brechen. Guderian dachte nun schon an die nächsten Ziele.

Dessen blitzschnelle moderne Panzerführung war ganz nach dem Geschmack des Grafen Strachwitz. Während des weiteren Vormarsches in Frankreich gewann er eine Erkenntnis, die später zur Devise aller modern denkender Panzerführer erhoben wurde:

„Panzer müssen von vorne geführt werden."

Strachwitz wollte sich in diesen Tagen nicht mehr mit seiner Rolle als Nachschuboffizier begnügen, er wollte an den Feind. Seine Fernpatrouille von 1914 ging ihm nicht aus dem Kopf. Auch seinen Soldaten entging nicht, dass in ihm immer noch der ehemalige Kavallerist steckte. Immer wieder brach er auf eigene Faust zu Erkundungen auf. So kam es mehr als einmal vor, dass er mit seinem Kübelwagen plötzlich näher an den französischen Linien war als die eigenen Kampftruppen.

Einer dieser Alleingänge führte Strachwitz, seinen Fahrer und einen Begleitoffizier eines Tages urplötzlich vor eine französische Kaserne. Der Graf überlegte kurz und meinte dann zu seinen beiden Begleitern:

„Wir können jetzt nicht mehr umkehren, sonst knallen die uns ab. Wir müssen jetzt kaltschnäuzig sein. Fahren Sie mal an den Wachposten 'ran."

Der französische Posten vor dem Wachhäuschen traute seinen Augen nicht, als er den deutschen Offizier in seiner schwarzen Panzeruniform sah. Als er seinen Posten bezogen hatte, war die Front noch über dreißig Kilometer entfernt, und von einem deutschen Durchbruch in dieser Gegend war keine Rede. Noch bevor er reagieren konnte, hörte er die Stimme des Grafen im besten Französisch:

„Holen Sie den Offizier vom Dienst!"

„Oui, Monsieur", antwortete der Franzose kopfschüttelnd, salutierte und verschwand in den Kasernenhof. Strachwitz stieg aus dem Kübelwagen aus und zündete sich seelenruhig eine Zigarette an. Was würde der Posten tun? Würde er Alarm schlagen? Oder würde er wirklich den Offizier vom Dienst holen?

Nur Sekunden später kam der Posten zusammen mit einem französischen Hauptmann zum Tor zurück. Der Hauptmann baute sich vor dem deutschen Major auf, der ihn vergnügt anlächelte.

„Lassen Sie ihre Einheit ohne Waffen antreten. Sie sind meine Gefangenen.", erklärte ihm der Graf nun sehr ernst.

Der Franzose sah ihn fassungslos an, doch Strachwitz ließ ihn überhaupt nicht zu Wort kommen:

„Capitaine, tun Sie was ich Ihnen sage. Jeder Versuch eines Widerstands ist zwecklos."

Verlegen blickte der Franzose den Wachposten neben ihm an. Eigentlich musste er jetzt seine Vorgesetzten informieren, aber der Kommandeur war beim Stab zu einer Besprechung, sodass er nun die undankbare Aufgabe hatte, eine Entscheidung zu treffen. Immer noch grübelte der Capitaine. Wo blieben eigentlich die Soldaten und Panzer des deutschen Panzermajors? War alles nur ein Bluff?

Während der Hauptmann noch schwieg, meldete sich Strachwitz noch einmal zu Wort: „Beeilen Sie sich! Jeden Augenblick wird meine Panzereinheit auftauchen, dann kann ich nicht mehr für Ihre Sicherheit garantieren. Sie dürfen keine Zeit mehr verlieren!"

Zwar war der französische Offizier immer noch misstrauisch, aber offenbar war seine Angst, dass die Situation eskalieren könnte, größer. Er gab sich geschlagen und zeigte mit einem kurzen Kopfnicken an, dass er verstanden hatte. Er winkte den Trompeter herbei, der seine Kameraden weckte. Sekunden später strömten französische Soldaten, wie befohlen ohne Waffen, aus den Unterkünften und stellten sich zum Appell auf. Am rechten Flügel standen die Offiziere, die die drei Deutschen erstaunt anschauten.

Der Capitaine trat vor seine Männer, hielt eine kurze Ansprache und meldete Strachwitz mit brüchiger Stimme:

„Herr Major, sechshundert französische Soldaten begeben sich in Gefangenschaft!"

Langsam schritt Strachwitz mit dem französischen Offizier die Front ab. 1.200 erstaunte Augen beobachteten ihn dabei. Als der Graf am anderen Ende der Reihe angekommen war, fiel sein Blick auf eine lange Kolonne funkelnagelneuer Spezialtransporter der französischen Nachrichteneinheit. Der Conté, wie er mittlerweile von seinen Freunden genannt wurde, hatte sich entschlossen. Er wollte versuchen, die französischen Soldaten mit ihren Fahrzeugen in Gefangenschaft zu führen. Er gab seinem Begleitoffizier einen Wink:

„Ich fahre voraus. Sie übernehmen das Schlussfahrzeug der Kolonne, damit keiner abhaut."

„Jawohl, Herr Graf", antwortete der Offizier, dem mittlerweile klar geworden war, dass sie hier ein ganz großes Ding drehten.

Strachwitz drängte zur Eile, und schon eine Viertelstunde später setzte sich die Kolonne in Bewegung. Voraus fuhren der Graf und der französische Hauptmann den Linien der 1. deutschen Panzerdivision entgegen, die sie nach einer knappen Stunde erreichten. Schnell sprach sich bei der Division das Husarenstück des Grafen herum. Im Stab der 1. Panzerdivision schüttelten die Offiziere schmunzelnd ihre Köpfe. General Kirchner konnte sich überhaupt nicht mehr beruhigen:

„Strachwitz – dieser Teufelskerl!"

Auch wenn diese Tat natürlich einzigartig war, zeichnete sich Strachwitz noch mehrmals in den folgenden Jahren durch persönlichen Mut, ideenreiche Planung und blitzschnelles Handeln aus. „Man kann mit einigen wenigen, aber guten Leuten enorme Erfolge erzielen", war einer seiner Grundsätze, den er später noch als Truppenkommandeur und Führer größerer Verbände beibehielt.

Kurz nach der Gefangennahme der französischen Nachrichtenabteilung stieß die 1. Panzerdivision bei Calais auf die Kanalküste vor. Am Morgen des 23. Mai lag das weite, flache, von Kanälen durchzogene Land vor ihnen. Links ragten die Kirchtürme von Calais empor, und hinter ihnen sah man das Meer, den Ärmelkanal. Über der Hafenstadt lagen schwere dunkle Rauchwolken, die noch von den letzten deutschen Bombenangriffen stammten. Zunächst stießen die vorgeschobenen Kampfgruppen der 1. Panzerdivision noch auf hartnäckigen Widerstand britischer Truppen. Erst als der gebrochen war, konnte die gesamte Division von Südosten her auf Calais zumarschieren. Am Abend nahm die Gruppe Krüger den Vorort Coulogne ein. Damit war der Weg nach Calais frei. Die endgültige Eroberung dieser wichtigen Hafenstadt übernahm nun die 10. Panzerdivision. Die 1. Panzerdivision sollte, so Guderians Befehl, nach Norden in Richtung Gravelines weiterfahren.

Bei Kriegsbeginn war Hauptmann Graf Strachwitz als Nachschuboffizier (Ib) bei der Panzerbrigade 1 in der 1. Panzerdivision eingesetzt. Hier an seinem Pkw während eines Haltes mit einem Panzeroffizier.

Fahrzeugkolonnen der 1. Panzerdivision beim Vormarsch auf den staubigen Straßen in Polen im September 1939.

Ein Beiwagenkrad mit einem Sanitätsdienstgrad hält bei einem Panzerspähwagen der 1. Panzerdivision und erkundigt sich nach der Lage.

Eine Fahrzeugkolonne der 1. Panzerdivision durchfährt einen kleinen polnischen Ort. Viele kleinere polnische Ortschaften verfügten zu dieser Zeit noch nicht über ein befestigtes Straßensystem.

Eine Fahrzeugkolonne bei einem Halt in einer polnischen Ortschaft. Rechts im Bild ein leichter Funkspähwagen mit aufgestellter Rahmenantenne. Die Pkws sind mit Laub getarnt. Jedoch war die Gefahr, aus der Luft angegriffen zu werden, zu diesem Zeitpunkt noch sehr gering.

Polnische Gefangene kommen einem Panzer II mit 2 cm-Kanone entgegen. Die 1. Panzerdivision hatte in Polen ihre erste Bewährungsprobe zu bestehen.

*Westfeldzug:
Die 1. Panzerdivision beim Vormarsch durch die Ardennen, einem als panzerungünstig geltenden bewaldeten Höhenrücken an der belgischen Grenze.*

Auch hier war Hauptmann Graf Strachwitz als Nachschuboffizier (Ib) bei der Panzerbrigade 1 der 1. Panzerdivision eingesetzt. Durch Straßensprengungen versuchten die Belgier und Franzosen, den deutschen Vormarsch aufzuhalten.

Belgische und französische Gefangene, die sich der 1. Panzerdivision ergeben haben, an einer Sammelstelle am Fuße der Ardennen.

Ein gefallener Soldat wurde am Straßenrand beerdigt. Ein zerbrochenes Gewehr steckt neben dem Holzkreuz in der Erde. Der Helm auf dem Kreuz zeigt an, dass es sich um das Grab eines französischen Soldaten handelt.

Die belgisch-französische Grenze wird überschritten. Nachschub-Lkws der Panzerbrigade 1 rollen nach vorn.

Der hinhaltende Widerstand der Franzosen führt dazu, dass immer wieder Kämpfe um Ortschaften entbrennen.

Der Stab der 1. Panzerdivision sitzt auf Klappstühlen im Schatten eines Baumes. Generalleutnant Kirchner, Kommandeur der 1. Panzerdivision, mit einer Landkarte in der Hand.

Ein Militär-Pkw der Marke „Adler“ mit dem Stander der 1. Panzerdivision wird während des Frankreichfeldzuges im Juni 1940 von einem jungen Mann fotografiert.

Dieser schwere französische Panzer vom Typ „Char B1" hätte den deutschen Panzern gefährlich werden können. In das 7,5 cm-Kasemattengeschütz (das untere Geschütz) dieses Panzers, wurde eine Granate von außen hineingesteckt.

Ein leichter Panzer II der 1. Panzerdivision überquert einen Flusslauf bei Le Thilot. Durch eine überlegene Taktik in der Führung gepanzerter Verbände sowie besserer Nachrichtenverbindungen zwischen den Panzern, gelang es der Deutschen Wehrmacht trotz zahlenmäßiger Unterlegenheit die französischen und englischen Streitkräfte zu schlagen.

Nachschubkolonnen der 1. Panzerdivision überqueren eine Pontonbrücke der Pioniere, vermutlich über die Aisne.

Durch die Sprengung von Brücken versuchten die Franzosen, den deutschen Vormarsch aufzuhalten.

Die Panzer III der 1. Panzerdivision hatten während des Frankreichfeldzuges große Marschleistungen zu vollbringen. Motoren, Ketten und Laufrollen wurden dabei extrem beansprucht. Eine Panzerbesatzung bei einer Marschpause kurz vor dem Ende des Westfeldzuges.

Der Waffenstillstand wird auch von Kommandeur General Kirchner mit Champagner gefeiert. Hier in gelöster Stimmung mit anderen Offizieren seiner 1. Panzerdivision.

Offiziere des Stabes der 1. Panzerdivision freuen sich über den verkündeten Waffenstillstand. In der Mitte des Bildes ist der Adjutant der Division Wenck zu erkennen, der als Führer der Armee Wenck zum Ende des Krieges bekannt geworden ist.

Verladung von Fahrzeugen der 1. Panzerdivision für den Rücktransport. Hauptmann Graf Strachwitz hatte seine Aufgabe als Nachschuboffizier der 1. Panzerdivision gemeistert und schied im Oktober 1940 aus der 1. Panzerdivision aus.

Major Graf Strachwitz wurde ab Oktober 1940 Kommandeur der I. Abteilung des Panzerregiments 2, das zur 16. Panzerdivision wechselte. Im Frühjahr 1941 verlegte diese Division in den Balkanraum. Graf Strachwitz begrüßt nach der Ankunft in Bukarest rumänische Offiziere.

Ein Panzer III der 16. Panzerdivision bei einer Parade in Bukarest. Rumänien war mit Deutschland verbündet und einer der wichtigsten Öllieferanten. Innenpolitisch waren die Verhältnisse instabil und die deutschen Truppen halfen, einen Putsch zu unterbinden.

Oben links:
Der Übergang von Rumänien nach Bulgarien über die Donau-Schiffbrücke bei Giurgiu.

Oben rechts:
Ein Offizier der Luftwaffe weist einen Offizier der Panzertruppe ein.

In Bulgarien, das traditionell deutschfreundlich war, wurde die 16. Panzerdivision freudig begrüßt.

Oben links:
Zar Boris von Bulgarien begrüßt Major von Doering, den Kommandeur des II./Schützenregiments 79 bei der Parade in Sofia.

Oben rechts:
Deutsche Soldaten im Gespräch mit einem alten Bulgaren, der bereits zu Zeiten der k. u. k. Monarchie auf deutsch-österreichischer Seite gedient hat.

Parade der 16. Panzerdivision in Sofia. Im Bild: Einheiten des Schützenregiments 79 beim Vorbeimarsch.

Noch in der Nacht erreichte die Spitze der Panzerbrigade 1, das der 1. Panzerdivision unterstellte Infanterieregiment (mot.) Großdeutschland und die Panzeraufklärungsabteilung 4 die kanalisierte Aa südlich von Gravelines. Damit standen diese Truppenteile nur noch knapp sechzehn Kilometer südwestlich von Dünkirchen.

Wieder einmal hatte sich Strachwitz selbstständig gemacht und war zusammen mit einem Leutnant auf Erkundungstour gegangen. Durch die französischen und britischen Linien hindurch stießen die beiden „Patrouillengänger" bis kurz vor Dünkirchen vor, wo sie am Strand die Einschiffung des britischen Expeditionskorps sahen.

Eilig meldete der Conté seine Beobachtungen an die Division, die aber ihrerseits schon durch die Luftaufklärung über alles informiert worden war. Der Graf kannte die deutsche Frontlinie und wusste nur zu gut, dass die 1. Panzerdivision bereits mehrere Brückenköpfe am anderen Ufer der Aa gebildet hatte. Wenn man jetzt rasch vorstieße, würde man die Einschiffung verhindern können. Die wenigen Kilometer Entfernung bis zum Verladestrand waren rasch zu überwinden.

Aber der I a, Major i. G. Wenck, zuckte nur griesgrämig mit den Schultern:

„Ihre Aufklärungsergebnisse sind hervorragend, Graf. Wir wissen bereits, was sich in Dünkirchen abspielt. Wir möchten da auch gerne hin, dürfen aber nicht."

„Was soll das heißen?", fragte Strachwitz.

„Der Befehl kommt direkt aus dem Führerhauptquartier und lautet: „Panzer halt", brummte Wenck, „ausgerechnet jetzt, wo wir die Briten so gut wie eingekesselt haben und sie eigentlich nur noch ins Meer jagen oder gefangennehmen müssen. Glauben Sie mir, Strachwitz, Guderian hat einen Wutanfall bekommen."

Der Graf traute seinen Ohren nicht. Wie konnte sich die oberste Führung eine solche Chance nur entgehen lassen?

Als Hitler drei Tage später die Panzer wieder anrollen ließ, war es für einen Handstreich zu spät. Das Gros der in Westeuropa kämpfenden britischen Truppen war mittlerweile nach England zurückgebracht worden. Auch vierzigtausend französische Soldaten erreichten englischen Boden. Nur die 1. und 2. marokkanische Division der Franzosen deckten den Rückzug der Engländer unter großen Opfern. Die Reste beider Divisionen gerieten am 4. Juni in Dünkirchen in Gefangenschaft.

Frankreich war aber dennoch nicht besiegt.

Am Abend des 2. Juni verlegten die ersten Teile der 1. Panzerdivision über Arras – Cambrai – Hirson nach Réthel. Der zweite Teil der Schlacht um Frankreich stand bevor. Strachwitz kehrte zurück zu seiner Stammeinheit, dem Panzerregiment 2, wo er sich wieder um den Nachschub kümmerte.

Diesmal erhielt die 1. Panzerdivision den Auftrag, zwischen der 2. Panzerdivision rechts und dem XXXXI. Armeekorps (mot.) links die Aisne zu überqueren und nach Süden durchzubrechen. Das erste wichtige Angriffsziel war der Marne-Kanal, der rund hundert Kilometer vor der 1. Panzerdivision lag. Die französischen Verteidiger der Weygand-Linie hatten im Ostabschnitt die Aisne und den parallel laufenden Aisne-Kanal als Deckung vor sich – ein doppeltes Hindernis für die deutschen Angreifer. An wichtigen Stellen der Front, vor allem bei Réthel, hatte die französische Armee zudem Brückenköpfe auf dem Nordufer behaupten können.

Der deutsche Plan hatte verschiedene Varianten: Die Stoßrichtung der Panzergruppe Guderian ermöglichte ein Eindrehen ihrer Korps nach Westen, um den noch um Paris versammelten Feind zu umfassen, aber auch nach Osten, um die Maginot-Linie im Rücken aufzubrechen. Schließlich konnte man sich auch nach Süden wenden, um bis an die Schweizer Grenze zu gelangen. Damit bestand die Möglichkeit, alle feindlichen Kräfte, die ostwärts von Maas und Mosel in der Maginot-Linie verblieben waren, einzukesseln.

Am 5. Juni trat die Heeresgruppe B unter Generaloberst von Bock mit der 6., 7. und 10. Armee von der Atlantikküste bis zur Aisne zum Angriff an. Die Franzosen hatten ihre Abwehrfront tief gegliedert und verteidigten sie tapfer, was den deutschen Vormarsch immer wieder ins Stocken geraten ließ.

Die Spannung bei der Heeresgruppe A unter Generaloberst von Rundstedt, wo die beiden Panzergruppen von Kleist und Guderian mit insgesamt acht Panzerdivisionen bereitgestellt waren, stieg zusehends, vor allem als bekannt wurde, dass das XV. Armeekorps (mot.) unter General Hoth die Linien der 10. französischen Armee bereits durchbrochen hatte. Aber auch der 7. Juni verging, ohne dass der Angriffsbefehl kam. Erst am folgenden Tag gegen 16.00 Uhr wurde der Angriff auf den 9. Juni festgesetzt. Drei Tage zuvor, am 6. Juni 1940, hatte Graf Strachwitz für seine tollkühnen Spähunternehmungen die Spange zum Eisernen Kreuz I. Klasse verliehen bekommen.

In der Nacht vom 9. auf den 10. Juni überschritten die beiden Panzerregimenter der 1. Panzerdivision die Aisne, um am 10. Juni ab 06.30 Uhr nach Süden vorzustoßen. Im schnellen Vormarsch ging es über Neuflize nach Juniville, wo es zu einem kurzen Panzerkampf kam, bei dem mehrere französische Tanks vernichtet werden konnten. Über La Neuveville lief der Vormarsch weiter nach Bétheniville und St.-Hilaire-le-Petit. Am 12. Juni nahm das Panzerregiment den Truppenübungsplatz Mourmelon ein. Zum ersten Mal bemerkten die deutschen Soldaten nun, dass der Widerstand der französischen Truppen nachließ, ihr Kampfeswille gebrochen schien. Immer häufiger ergaben sich französische Soldaten, meist in größeren Gruppen. In den folgenden Tagen erreichten die Truppen der 1. Panzerdivision den Rhein-Marne-Kanal, wo sie im Kampf gegen französische Kolonialtruppen einen Brückenkopf bilden konnten, um von dort aus auf St.-Dizier vorzustoßen. Am 15. Juni kapitulierte die Festung Langres vor dem Panzerregiment 2, am nächsten Tag wurde Besançon besetzt. Weiter ging es in Eilmärschen bis Belfort, das ebenfalls nach kurzem Kampf kapitulierte. Damit war der Frankreichfeldzug für das Regiment siegreich beendet. Bis zum 3. Juli 1940 machte das Regiment in Doubs Quartier. Vom 3. bis 8. Juli hielt es sich in Saint Denis, einer nördlichen Vorstadt von Paris, auf, um an einer Truppenparade in der französischen Hauptstadt teilzunehmen. Hitler sagte die Parade dann allerdings ab, um die Franzosen nicht noch mehr zu verstimmen. Das Regiment wurde ab dem 21. Juli in den Raum Orléans geschickt, wo es über vier Wochen blieb. Viele Regimentsangehörige nahmen die Möglichkeit wahr, in Urlaub nach Hause zu fahren. In diesen Tagen musste das Regiment zwei Panzerkompanien und den Stab der I. Abteilung unter Major Manfred Graf Strachwitz abgeben. Aus diesen Truppenteilen und Abgaben anderer Panzerregimenter wurden vier Schwimm-Panzerabteilungen für das Unternehmen Seelöwe, die geplante Landung in England, aufgestellt. Wenig später verlegte das Panzerregiment 2 mit der Eisenbahn nach Ostpreußen, wo es im Raum Heiligenbeil ein festes Quartier bezog.

Am 2. Oktober 1940 wurde das Panzerregiment 2 vollkommen überraschend der neu aufgestellten 16. Panzerdivision unterstellt. Mitte Oktober 1940 rollte es unter großem Jubel der Bevölkerung durch Eisenach, um zu seinem alten Standort zurückzukehren.

Hyacinth Graf Strachwitz hatte sich nach dem Ende des Frankreichfeldzuges weiter für den Truppendienst entschieden. Er hatte Freude an der Führung von Panzerverbänden, deren Beweglichkeit und Stoßkraft ihn so sehr beeindruckten. Als er hörte, dass das Panzerregiment 2 der 16. Panzerdivision unterstellt worden war, meldete er sich umgehend beim Divisionskommandeur Generalmajor Hans Hube.

„Na, mein lieber Graf, was haben Sie denn auf dem Herzen?", fragte Hube fröhlich.

„Herr Generalmajor, ich möchte unbedingt eine Panzerkompanie führen", antwortete Strachwitz wie aus der Pistole geschossen.

Hube schlug dem Conté krachend auf die Schulter:

„Gut Strachwitz, Sie übernehmen die I. Abteilung!"

Dem Grafen war die Freude anzusehen, als er Hube verließ; das war ja ganz nach seinen Vorstellungen gelaufen. Er nahm sofort die Zügel in die Hände, forcierte zunächst die Ausbildung seiner Panzermänner und weckte ihren Sportsgeist. Er wies seine Männer auf den brandneuen Panzer III mit 5-cm-Kampfwagenkanone ein. In zahllosen Übungen sorgte er dafür, dass sich die Panzerkompanien aufeinander einspielten. Besonders den jungen Ersatz behielt der Graf im Auge. Die Neuankömmlinge wurden auf bewährte Panzerbesatzungen verteilt, die ihre Erfahrungen bereits im Polen- und Frankreichfeldzug gesammelt hatten. Ebenso wichtig war für Strachwitz, dass seine Männer ein enges und kameradschaftliches Vertrauen zu den Schützen der motorisierten Verbände aufbauten, die die schweren Tanks begleiteten.

Überraschend wurde Ende Dezember 1940 die 16. Panzerdivision zur Lehrtruppe ernannt und über Bayern, Österreich und Ungarn nach Rumänien verlegt. Der Regimentsstab der I. Abteilung unter Oberst Breusing und Major Graf Strachwitz wurde in Mediaş einquartiert, die II. Abteilung, von Major Sauvant geführt, in Schäßburg. Die Schützenregimenter und andere Einheiten der 16. Panzerdivision zogen in die deutschen Dörfer Siebenbürgens mit dem Zentrum Hermannstadt. Andere Teile der Division ließen sich im deutschen Banat um Temesvár nahe der jugoslawischen Grenze nieder. In diesen Tagen waren oft rumänische Offiziere zu Gast, die die Übungen der Panzerwaffe besuchten und so Einblick in die deutsche Taktik bekamen. Offiziere der 16. Panzerdivision wurden im Gegenzug als Berater den rumänischen Kommandeuren zugeordnet.

Trotzdem war der Dienst in Rumänien eintönig. Zwar sollte die 16. Panzerdivision im Ernstfall die Sicherung der rumänischen Ölfelder von Ploieşti übernehmen, die für die deutschen Streitkräfte von kriegsentscheidender Bedeutung waren, ansonsten standen aber nur Ausbildung und Manöver auf der Tagesordnung.

Im März 1941, es war ein sonniger Tag, wurde Graf Strachwitz zum Regimentsadjutanten, Oberleutnant von Kleist, gerufen:

„Herr Graf, ich habe eine gute Nachricht für Sie. In Cosel soll eine Ersatzeinheit aufgestellt werden, die vor ihrer Frontverwendung noch zusammengefügt werden muss. General Hube ist der Meinung, dass Sie hierfür besonders geeignet sind. Er nimmt auch an, dass Sie gerne in die Nähe ihrer Heimat zurückkehren möchten."

Damit hatte er recht, und Strachwitz fuhr zufrieden nach Hause. Er konnte sich allerdings nur 24 Stunden an seinen eigenen vier Wänden erfreuen, denn ein Telegramm rief ihn umgehend zur 16. Panzerdivision zurück. Bei seiner Ankunft empfing ihn General Hube sofort.

„Es tut mit leid, dass ich Sie so schnell wieder zurückrufen musste. Aber ich habe den Befehl, eine Panzerabteilung an das Regiment Großdeutschland abzugeben, die es für einen Angriff auf Jugoslawien verstärken soll. Nähere Einzelheiten werden Sie später erfahren. Ich habe ihre Abteilung ausgewählt, weil ich denke, dass Sie der richtige Mann für diese Aufgabe sind."

Vorausgegangen war in der Nacht vom 26. auf den 27. März 1941 ein Staatsstreich in Belgrad, der die Regierung stürzte, den deutschfreundlichen Prinzregenten Paul außer Landes trieb und einen Seitenwechsel hin zu England vorsah. Daraufhin entschloss sich Hitler, nicht nur die italienischen Bundesgenossen in Albanien und Griechenland zu unterstützen, sondern auch Jugoslawien anzugreifen. Zu diesem Zweck wurden die schnellen Verbände der Panzergruppe 1 unter Generaloberst von Kleist auf die jugoslawische Hauptstadt Belgrad angesetzt.

Während der Regimentsstab und die II. Abteilung von Ploieşti über Umpina, Bukarest, Sinaia, Giurgiu und schließlich nach mehrtägigen Märschen in den Raum Plovdiv in Bulgarien verlegten, zog die I. Panzerabteilung nach Temesvár im Banat, wo sie dem Infanterieregiment Großdeutschland unterstellt wurde.

Die I. Abteilung war gerade aufmarschiert, als der Angriffsbefehl für den 6. April 1941 kam. Der Auftrag für die Panzerabteilung Strachwitz lautete: „Durchstoß mit IR (mot.) Großdeutschland über Werschetz in Richtung Belgrad. Rechter Nachbar die SS-Division Das Reich, linker Nachbar die 11. Panzerdivision. Angriffsbeginn 09.00 Uhr." Pünktlich um 09.00 Uhr setzte zur Vorbereitung des

Vormarschs schweres Artilleriefeuer ein. Bereits um 10.30 Uhr wurde die jugoslawische Grenze überschritten. Die Verteidigungslinien, bestehend aus Schützenlöchern, Bunkern und einem Panzergraben, waren nur schwach besetzt und konnten rasch eingenommen werden. Die meist älteren Gefangenen erzählten den Panzermännern, dass die Masse der Verteidiger bereits am Vortag abgezogen worden war. So ging es ohne nennenswerten Widerstand zügig voran, bis zum deutschen Städtchen Werschetz, wo die Bevölkerung die einrückenden Soldaten mit einer Musikkapelle und Blumen empfing und sie mit Wein und Brot bewirtete.

Das Ziel war allerdings Belgrad, und das sollte so schnell als möglich erreicht werden. Während die erschöpfte Infanterie in Karlsdorf eine Ruhepause einlegte, rollten die Panzer, begleitet von Kradschützen, unermüdlich weiter. Erst an der Donau waren sie zum Halt gezwungen, die Brücke bei Pančevo war gesprengt worden.

Hier an der zerstörten Brücke von Pančevo traf der Graf auf Verbände der schlesischen 11. Panzerdivision, bei der sich sein ältester Sohn Hyacinth befand. So trafen sich Vater und Sohn fern der Heimat.

Aber Strachwitz hatte keine Zeit für familiäre Sentimentalitäten; er musste die Überquerung der Donau organisieren. Und daran ging er sofort mit großem Eifer. Er wollte am Ufer ankernde Donauschiffe unter Dampf bringen, sie mit Maschinengewehren zur Verteidigung bestücken, die Panzer und Infanterie darauf verladen und sie so über die Donau verschiffen. Seine Männer hatten schon mit der Arbeit begonnen, als plötzlich der Befehl eintraf, alle Aktivitäten einzustellen. Noch ahnte niemand, dass für die Panzerabteilung Strachwitz der Balkanfeldzug hier enden sollte, denn vorerst ging es zurück in den Raum Temesvár.

Die Masse der 16. Panzerdivision, die bislang noch keine Feindberührung hatte, hoffte in diesen Tagen, dass sie doch noch zum Einsatz käme. Am 10. April gab General Hube dann allerdings bekannt, dass die Division in diesem Feldzug nicht mehr benötigt werde und sich erneut im Raum Plovdiv sammeln solle.

Anfang Mai 1941 verließ der Kommandeur, Oberst Breusing, das Regiment und wurde durch Oberstleutnant Sieckenius ersetzt, und Ende Mai hieß es, von Bulgarien und Rumänien Abschied zu nehmen. Die Einheiten der 16. Panzerdivision marschierten über den Schipkapass bis zur Donau. Bei Giurgiu wurde die Division verladen, danach ging es durch Ungarn, Mähren und Böhmen zurück nach Deutschland, und zwar in die Gegend von Breslau, Schweidnitz, Neisse und Ottmachau in Oberschlesien. Das Panzerregiment 2 wurde in Ratibor einquartiert, wo es sich wieder mit der I. Abteilung vereinigte. Nun stand zunächst die Instandsetzung der Fahrzeuge und aller anderen Geräte auf dem Programm.

Für Strachwitz gab es in diesem Sommer noch eine besonders schöne persönliche Überraschung. Am 9. Juni 1941 wurde ihm der rumänische Orden Coroana României verliehen, über dessen kunstvolle Ausführung er sich sehr freute. Mitte Juni 1941, die Geräte waren gerade wieder einsatzbereit, erreichte die Division ein neuer Einsatzbefehl. In beschwerlichen Märschen musste die 16. Panzerdivision bei Groß Wartenberg die deutsch-polnische Grenze überschreiten. Die endlosen Kolonnen der Division rollten

Oberstleutnant Rudolf Sickenius übernahm Anfang Mai 1941das Regiment von Oberst Breusing.

über Kempen, Wieluń in den Raum Konski. Über Wotów, Odrowąż und Bzin erreichte man am 19. Juni 1941 den Raum Ożarów – Ostrowiec an der Weichsel, wo es in die Quartiere ging. Die Männer grübelten, was auf sie zukommen würde. Die Gerüchteküche brodelte, denn keine zweihundert Kilometer östlich lag die deutsch-sowjetische Grenze. Indessen verlegte Division auf Division an die deutsche Ostgrenze. Artillerie- und Flakgeschütze richteten ihre Rohre in den Himmel. Noch glaubten die Landser nicht an einen Krieg mit Russland. Man dachte eher an einen Marsch durch die Sowjetunion hindurch, um die englischen Truppen im Nahen Osten anzugreifen und so Rommels Afrikakorps entgegenzukommen.

Aber ganz offenbar stand ein Kampfeinsatz direkt bevor. Die Vorbereitungen liefen auf Hochtouren. Alle Arbeiten wurde getarnt verrichtet, überall wurden die Wachen verstärkt. Aber erst der Besuch des Feldmarschalls von Reichenau, des Befehlshabers der 6. Armee, brachte Klarheit. Er tauchte urplötzlich bei der 4. Kompanie des Panzerregiments 2 auf, um seinen Sohn zu besuchen, der dort als Leutnant diente. Bei dieser Gelegenheit verkündete er der angetretenen Kompanie, dass am 22. Juni 1941 Sowjetrussland angegriffen werde. Jetzt war also Licht im Dunkel.

1941 – Der Krieg mit der Sowjetunion beginnt

Der 22. Juni 1941 war ein Sonntag. Pünktlich um 03.30 Uhr, gerade als die Morgendämmerung anbrach, begann ein gewaltiger Artillerieschlag gegen die Sowjetunion, der den noch dunklen Himmel im Osten feuerrot färbte.

Die 16. Panzerdivision gehörte zur Heeresgruppe Süd unter Feldmarschall von Rundstedt. Sie sollte mit der 6. und 17. Armee und der Panzergruppe 1 hinter den Flügeln der beiden Armeen auf Kiew vorstoßen und danach die Flanke des Gegners aufrollen, um ihn am Dnjepr einzukesseln. Endziel war es dann, das wirtschaftlich wichtige Donezbecken zu besetzen und das Erdölgebiet im Kaukasus einzunehmen.

Auf allen Fahrzeugen prangte das weiße K der Panzergruppe 1, die unter der Führung von Generaloberst von Kleist stand. Nach schwierigem Marsch erreichte das Panzerregiment 2 ein größeres Waldgebiet westlich von Krystynopol. General Hube hatte die Division mittlerweile in fünf Marschgruppen aufgeteilt. Die erste Gruppe bildete das Panzerregiment 2 unter der Führung von Oberstleutnant Sieckenius, die zweite Gruppe das Kradschützenbataillon 16 unter Oberstleutnant Reimann. Hauptmann Zinkel mit der III. Abteilung des Artillerieregiments 16 führte die dritte Gruppe und Oberst Wagner mit der Schützenbrigade 16, bestehend aus den Schützenregimentern 64 und 79, die vierte. Major Contzen befehligte die Versorgungseinheiten als fünfte Gruppe. Dahinter marschierten die restlichen Divisionstruppen. Im Laufe des Tages rückten die Marschgruppen nacheinander ab, immer hinter der 11. Panzerdivision her, die die Spitze übernommen hatte. Durch hoch aufgewirbelten Staub donnerten die Panzer und Kraftwagen Tag und Nacht nach Osten. Die Wolga, zwar noch tausend Kilometer entfernt, war das Ziel.

Über den Bug und Frampol ging es zunächst bis nach Sokal. In den polnischen und ukrainischen Dörfern begrüßte die Bevölkerung die deutschen Soldaten als Befreier von der sowjetischen Besatzung.

Obwohl das Panzerregiment noch keinerlei Feindberührung gehabt hatte, häuften sich bereits die Ausfälle. Immer wieder standen am Straßenrand liegengebliebene Kampfwagen. General Hube, der an der Spitze des Panzerregiments 2 fuhr, wurde von Strachwitz beiseite genommen:

„Der feine Sand der unbefestigten Rollbahnen dringt in die Motoren und Getriebe, die das auf Dauer nicht aushalten, Herr General."

Hube kannte die Probleme, aber er konnte nur die Instandsetzungsstaffel und Wartungstrupps nach vorne ziehen, um defekte Fahrzeuge sofort zu reparieren. Näher und näher kam die 16. Panzerdivision nun an das eigentliche Kampfgebiet. Schon waren überall Schützengräben und Bunker zu sehen, dazwischen lagen zerfetzte Leichen und demoliertes Kriegsmaterial.

Am Morgen des 26. Juni 1941 meldete ein Heeres-Aufklärungsflieger starke sowjetische Panzerkräfte in der Gegend der 16. Panzerdivision. Das Panzerregiment 2 hielt sofort über Popowce auf den sumpfigen Ikwa-Abschnitt zu, wo der Gegner erwartet wurde. Die Demarkationslinie lag bereits 125 Kilometer hinter ihnen im Westen. Noch am diesseitigen Ufer der Ikwa, auf den Höhen von Dunajew stießen die Deutschen auf feindliche Panzer. In breiter Front griffen die Sowjets an, und nur wenig später hatte das Panzerregiment 2 nach einem Jahr wieder Feindberührung. Der ganze Ikwa-Abschnitt war binnen weniger Sekunden eine feuerspeiende Hölle. Überall donnerten Kanonen, stieg der Rauch der Detonationen hoch. Schon bald blieben die ersten sowjetischen Panzer schwarz qualmend liegen. „Das sind T-26, Herr Graf", meldete Leutnant Pohl, der Adjutant von Graf Strachwitz.

Der Major gab keine Antwort, blickte konzentriert durch sein Fernglas. In dem nun schon hinter ihnen liegenden Waldstück hatte er mehrere russische Panzerrudel gesehen.

„Die wollen uns in den Rücken fallen", murmelte Strachwitz verblüfft.

Er befahl der mit Panzern IV ausgestatteten 4. schweren Kompanie unter Hauptmann Krajewski zu wenden und den Feind sofort anzugreifen. Eine Panzerschlacht tobte, wie sie das Regiment bisher noch nicht erlebt hatte. Überall waren Explosionen zu sehen, glühte der Stahl brennender Panzer.

Mitten in diesem Inferno sah der Graf, wie feindliche Infanterie seine Panzerspitze angriff. Plötzlich waren die Rotarmisten überall und die Deutschen umzingelt – man war mitten im Nahkampf. Ein Geschoss streifte Strachwitz' linken Arm, aber für eine intensive Versorgung war keine Zeit, die heftig blutende Wunde konnte nur notdürftig verbunden werden. Nach hartem Kampf wehrten die deutschen Soldaten den russischen Infanterieangriff ab. Aber die Schlacht war noch nicht vorbei. Die Russen kämpften weiter aufopferungsvoll, unerbittlich und zäh, auch in aussichtsloser Lage. Immer wieder preschten die leichten sowjetischen Panzer vor und schossen ihre Garben in schneller Folge. Erst nach stundenlangem hin und her wogendem Kampf erlahmte allmählich der Widerstand der Sowjets. Am Abend war der Feind dann zurückgeworfen.

Während die Schlacht tobte, war es dem Kradschützenbataillon 16 gelungen, einen Brückenkopf bei Berecze am anderen Ufer der Ikwa zu bilden. Es stand somit nur noch wenige Kilometer vor Kremenz.

Der Abend brachte aber auch eine denkbar schlechte Nachricht. Vergeblich warteten die deutschen Soldaten auf Sprit, Munition und

Verpflegung. Eine weitere sowjetische Panzerkampfgruppe hatte die nachfolgenden Truppen und Versorgungsstaffeln in schwere Kämpfe verwickelt und den Kontakt zu den vorauseilenden Kameraden abgeschnitten. Erst durch den Einsatz der Panzerjägerabteilung 16 konnten die Russen zurückgeworfen werden. Durch diese Verzögerung wurde das Panzerregiment erst am 28. Juni mit Nachschub versorgt. Noch am selben Tag stieß das Regiment nach Westen vor, um den Anschluss an die Division wieder herzustellen. Dabei trafen die deutschen Panzer zum ersten Mal auf die sowjetischen T-34-Panzer, die den eigenen Fahrzeugen an Feuerkraft und Robustheit überlegen waren. Auch einige Kolosse der Typen KW-I und KW-II waren in den russischen Einheiten zu sehen, gegen die der Panzer III mit seiner mickrigen 5-cm-Kanone nur wenig ausrichten konnte. Lediglich die 8,8-cm-Flak und Artillerie waren diesen Stahlriesen gewachsen.

Trotzdem konnten Strachwitz und seine Männer am späten Nachmittag des 29. Juni die Ortschaft Werba einnehmen. Allerdings trafen sie nur wenige Kilometer hinter diesem Ort auf neuerlichen sowjetischen Widerstand. In der Abenddämmerung griffen die Russen von den Höhen nördlich Plaszowa an, wo sie sich in gut ausgebauten Stellungen verschanzt hatten. Der Conté schluckte, die Übermacht der Sowjets war gigantisch. Hier konnte nur noch ein eiliger Rückzug helfen. Fast panikartig, unter erheblichen Verlusten an Soldaten und Material, setzten sich die deutschen Truppen ab. Werba war wieder in der Hand des Gegners.

Von diesem Rückzug ließen sich die deutschen Verbände aber nicht entmutigen. Die Schützenbrigade 16, die sich südlich eingeigelt hatte, verließ noch in der Nacht ihre Gräben und eilte wieder gen Norden.

Am folgenden Tag begann mit Luftwaffenunterstützung erneut ein Angriff auf Werba, das durch zwei Spitzen, davon eine im Rücken des Gegners, genommen werden sollte. Aber die Sowjets setzten ihre gigantischen 52-Tonnen-Panzer KW-II ein, an denen die Granaten der Panzer III wie Erbsen abprallten. Erst nachdem schwere Flak und Artillerie vorgezogen wurden, gelang es, einige der Ungetüme abzuschießen und bis an den Rand von Werba vorzustoßen.

Am Morgen des 1. Juli griff die II. Abteilung unter der Führung von Major Sauvant die Ortschaft an. Erneut entbrannte ein heftiger Kampf, bei dem Sauvants Panzer bis zum Abend insgesamt fünfundzwanzig feindliche Fahrzeuge vernichten konnten. In Werba selbst tobte der Häuserkampf zwischen deutschen und russischen Schützen. Die Schlacht zog sich bis zum Abend hin. Erst nach zähem Kampf wichen die Sowjets langsam nach Dubno zurück. Werba war wieder in der Hand der 16. Panzerdivision und blieb es auch.

Schon in diesen ersten Tagen des Ostfeldzuges spürten alle, welch' hervorragender Panzerführer der Graf, von vielen auch „Heia" genannt, war. Immer wieder stieß er an der Spitze seiner Panzer vor, überrollte russische Stellungslinien oder Schützenverbände, kämpfte gegen überlegene feindliche Panzereinheiten und unterstützte die eigenen Schützenregimenter. – Und fast immer blieb er siegreich! Am 2. Juli begannen die Sowjets einen Entlastungsangriff aus nördlicher Richtung auf die Linie Dubno – Rovno. Der Befehlshaber der Panzergruppe 1, Generaloberst von Kleist, wies die gesamte 16. Panzerdivision an, in Richtung Osten zu schwenken und den Vormarsch auf den Horyn-Abschnitt zu beginnen. Dieser Befehl betraf natürlich auch das Panzerregiment 2. Nach dem Buch „Die Geschichte der 16. Panzerdivision" fasste General Hube am Abend dieses Tages die Ereignisse folgendermaßen zusammen:

„Die 16. Panzerdivision hat in den letzten Tagen nach allen Seiten fechtend gegen stark überlegene feindliche Panzer- und motorisierte Kräfte gekämpft und, ihrem Auftrag entsprechend, den Gegner geschlagen und dabei 293 Fahrzeuge vernichtet."

Den Sowjets gelang es trotzdem, den deutschen Vormarsch aufzuhalten. Schließlich hatten die russischen Truppen den deutschen Verbänden nicht nur Verluste zugefügt und sich Respekt verschafft, sondern hatten auch Zeit gewonnen und sich von den deutschen Panzervorstößen nicht verwirren lassen. Dabei hatten die Russen allerdings hohe Verluste an Menschen und Material hinnehmen müssen. Trotzdem war es den Truppen der Roten Armee gelungen, ihre Soldaten geschlossen hinter den Slutsch, den oberen Bug und den Dnjestr zurückzuführen.

Bei heißem Sommerwetter ging der Vormarsch der 16. Panzerdivision, gegliedert in zwei Kampfgruppen, weiter. Am Morgen des 3. Juli zog das Regiment durch Kremenz, wobei im Ort ein Lager mit Millionen Eiern erbeutet wurde. In den folgenden Wochen gab es deswegen Eierspeisen aller Art.

Am Nachmittag des gleichen Tages setzte schlagartig Gewitterregen ein, weswegen das Regiment über aufgeweichte Wege auf Borki vorrollen musste. Am 4. Juli griff die Kampfgruppe Höfer die Ortschaft Lachowce diesseits des Horyn an, mit dem Auftrag, einen Brückenkopf bei den Orten Mokra und Wola zu bilden. Voraus fuhr die I. Panzerabteilung unter Strachwitz, unterstützt durch die 8. Kompanie des Schützenregiments 64 unter Leutnant Ellerts. Im ersten Ansturm fielen die Orte. Der Feind wich auf das jenseitige Ufer des Horyn zurück, das er mit starken Kräften besetzt hielt. Anschließend griffen die Sowjets mit Artillerie und Kampfflugzeugen in die Schlacht ein und belegten die deutschen Nachschubtruppen mit schwerem Feuer. Die eigene Artillerie traf verspätet auf dem Kampffeld ein und konnte nichts mehr Nennenswertes tun. Erst am Abend brachten Transportflugzeuge den ersehnten Nachschub, vor allem an Munition. Trotzdem hatte die Nachhut der Sowjets ihr Ziel, die Deutschen aufzuhalten, erreicht. Unerwartet bauten die Russen in den Morgenstunden des 6. Juli ihre Stellungen ab und zogen sich zurück. Graf Strachwitz und Major Höfer entschlossen sich, sofort die Verfolgung aufzunehmen. Der Horyn-Abschnitt konnte endlich eingenommen werden. Bei diesen Kämpfen wurde Major Sauvant verwundet. Für ihn übernahm Hauptmann Thiede die II. Abteilung.

Weiterhin bereiteten die grundlosen morastigen Wege große Schwierigkeiten, besonders im Hinblick auf die Versorgung der vorderen Kampfgruppen. Deswegen gliederte man die Kampfgruppe

Höfer in drei Untergruppen um, von denen eine Graf Strachwitz führte.

Am 7. Juli fiel Ostropol, wenig später Starokonstaninow, wo es zu schweren Kämpfen mit eingegrabenen Panzern und Panzerabwehrgeschützen kam. Am 10. Juli gelang in erbitterten Nahkämpfen bei Lubar der Durchbruch durch die Stalinlinie. Beim Vormarsch südlich von Krasnopol und in der Stadt selbst verloren die Nachschubkolonnen der Division zahlreiche Fahrzeuge durch einen Fliegerangriff und Artilleriebeschuss, dennoch ging es weiter auf der Rollbahn Süd in Richtung Berditschew und Uman. Den aus Bessarabien vor der deutschen 11. Armee und den verbündeten Ungarn und Rumänen zurückweichenden sowjetischen Verbänden sollte unbedingt der Rückzug abgeschnitten werden.

Da die Zahl der Panzer mittlerweile durch Beschuss oder technische Ausfälle extrem zusammengeschmolzen war, wurden alle noch vorhandenen in einer Abteilung zusammengefasst, die von Major Graf Strachwitz geführt wurde.

Bei dieser Operation zeigte der Conté eine seiner Finessen, die er öfters anwandte. Er ließ seine Panzer mit Kanonen auf sechs Uhr fahren, damit die Russen glaubten, es handele sich um eigene Kräfte. So konnte er sowjetische Panzerrudel regelrecht überfallen und vernichten oder in die feindlichen Linien einbrechen und dort Unheil anrichten. Zudem wusste Strachwitz meisterhaft, das vor seinen Panzern befindliche Gelände auszunutzen und die Angriffsrichtungen fast jeder sowjetischen Offensive vorauszuahnen.

Inzwischen war der Stab des Panzerregiments 2 unter Oberstleutnant Sieckenius mit der Führung einer Kampfgruppe beauftragt worden, zu der neben den Panzern auch Schützen, Artillerie, Pioniere und Flak gehörten. Um 17.00 Uhr am 21. Juli stieß die Kampfgruppe Sieckenius von Nordosten kommend auf Monastyr' vor. Um diese Ortschaft kämpfte die Division vier Tage lang, wobei der Ort teilweise mehrmals am Tag den Besitzer wechselte. Verzweifelt versuchten die Sowjets dagegenzuhalten, aber es gelang den Soldaten der 16. Panzerdivision immer wieder, die Oberhand zu behalten, wenn auch oft genug unter großen Verlusten.

Kaum waren die Kämpfe um Monastyr' beendet, mobilisierte die Panzergruppe 1 ihre letzten Kräfte, um auf Perwomaisk, 90 Kilometer südöstlich von Uman, vorzustoßen. Die nach Osten flüchtenden Russen sollten so gestellt werden.

Bereits am 30. Juli stieß die 16. Panzerdivision aus dem Raum Talnoje – Katerinopol' kommend weiter in Richtung Süden. Nowoarchangelsk, Jampol am Sinjucha und Olschanka wurden erobert. Gleichzeitig nahm die 17. Armee von Westen aus die Verfolgung der zurückweichenden russischen Truppen auf, um deren Übergang über den Bug südlich der Stadt Uman zu verhindern. Das Ziel dieser Operation war die Einkesselung und Vernichtung des Feindes im Raum Uman durch die Panzergruppe 1 und die 17. Armee.

Wie wenig Graf Strachwitz sich und seinen eigenen Körper schonte, zeigte der 29. Juli. An diesem Tag wurde er am Kopf, einen Tag später durch Splitter am rechten Arm verwundet. Obwohl er nur notdürftig versorgt werden konnte, blieb er bei seinen Soldaten und führte sie tapfer in die grausame Schlacht. Erst als der Feind zurückgeschlagen war, ließ er sich von einem Arzt behandeln.

Am 31. Juli trat die Division erneut an, um weiter nach Südosten vorzustoßen. Das Panzerregiment 2 durchfuhr zunächst das Kampffeld der 9. Panzerdivision und hielt dann weiter auf Lyssaja-Gora zu, wo es wieder auf stärkeren Widerstand traf. Trotz des miserablen Wetters fiel Lyssaja-Gora aber am 2. August schnell in deutsche Hand.

Bereits am 1. August wurde Uman genommen, und damit begann die Kesselschlacht, denn schon am 2. August reichten sich die von Westen kommende 1. Gebirgsdivision und die von Osten kommende 9. Panzerdivision an der Sinjucha die Hand und umzingelten den Feind.

Am 3. August stieß die 16. Panzerdivision über Kalinowka auf die Bugbrücke bei Perwomaisk vor. Wie immer fuhr Major Graf Strachwitz mit seiner I. Panzerabteilung an der Spitze, als sein Führungspanzer einen Artillerievolltreffer erhielt. Der „Panzergraf" stieg zusammen mit den drei anderen Überlebenden – lediglich der Funker fiel – leicht verwundet aus dem qualmenden Wrack und hatte noch so viel Frechheit, zusammen mit seinen Kameraden den demolierten Panzer gegen russische Infanterie zu verteidigen. Als ein anderer Tank herangerollt kam, stieg er dort sofort ein und fuhr wieder mitten ins Getümmel.

Die Panzer und Schützen drangen nun, trotz des dichten Sperrfeuers, in die Stadt Perwomaisk ein. Blutige Häuserkämpfe begannen. Brände loderten und Schuttberge von zerborstenen Gebäuden türmten sich auf. MG-Garben fegten durch Straßen und in die kleinsten Winkel.

Graf Strachwitz' Panzer war mittlerweile bis zu den Brücken der Stadt vorgedrungen. Greifbar nahe lag die noch unversehrte, etwa hundert Meter lange Holzbrücke. Strachwitz erkannte durch das Fernglas braungekleidete Gestalten, die sich am Brückengeländer zu schaffen machten.

„Die Russen wollen die Brücke sprengen, wir müssen das verhindern", brüllte Strachwitz durch den tosenden Kampflärm, „Feuer gezielt auf die Russen!"

Salven aus Maschinenpistolen und Karabinern peitschten in Richtung Brücke. Einige Russen fielen im deutschen Feuer, andere flüchteten in die nahen Häuser. Im Feuerschutz von Strachwitz' Panzern stürmten Pioniere zur Brücke. Rasch wurden Zündleitungen mit der Drahtschere gekappt, Sprengstoffkisten und sogar Bomben fielen ins Wasser. Auch die Ladungen an der Brückendecke wurden schnell entfernt. Die Brücke war gerettet. Aber noch bissen sich die Sowjets mit Zähnen und Klauen am gegenüberliegenden Ufer fest. Nur wenige deutsche Soldaten gelangten unversehrt über die Brücke, um dort einen kleinen Brückenkopf zu bilden. Aber es gab ja noch den Grafen. Im ersten Panzer seiner Abteilung vorausfahrend, donnerte er über die Brücke, die in der Folge im Handstreich genommen wurde. In der Nacht blieb es relativ ruhig. Strachwitz'

Der Russlandfeldzug 1941 brachte der Deutschen Wehrmacht nochmals große Erfolge.
Ein Panzer III begleitet von Infanteristen beim Vormarsch.

Die Weiten Russlands machten vor allem den Infanteristen zu schaffen. Daher nutzten sie jede Gelegenheit, mitgenommen zu werden.

Oben links:
Eine Panzerkolonne auf der staubigen Rollbahn in Russland.

Oben rechts:
Infanterie mit Granatwerfern warten auf den Einsatzbefehl. Die Bodenplatte, das Rohr und die Stützen eines Granatwerfers wogen schwer. Im Hintergrund ist eine 5 cm-Pak zu sehen.

Ein brennender russischer Panzer von Typ „BT-5“. Sein Fahrwerk glich dem des russischen Panzers „T 34“, der zum Schrecken der Deutschen Soldaten werden sollte.

Die Propaganda brachte immer wieder Siegesmeldungen und Bilder von rollenden Panzern auf dem Vormarsch. Jedoch musste vor allem die Infanterie die Erfolge erkämpfen. Oben links eine Panzer III Kolonne, oben rechts ein Panzer IV mit 7,5 cm-Stummelkanone.

Eine Heinkel He 111 über dem Hafengelände von Nikolajew am Schwarzen Meer. Bis hier stieß die 16. Panzerdivision vor. Dann musste sie umkehren, um an der großen Kesselschlacht von Kiew teilzunehmen.

Deutsche Infanterie arbeitet sich im russischen Artilleriefeuer vor.

Die Luftaufnahme zeigt die Zitadelle der ukrainischen Hauptstadt Kiew während der Kämpfe im September 1941.

Oben links:
Deutsche Panzersoldaten untersuchen einen abgeschossenen russischen Panzer „T 26".

Oben rechts:
Ein Schaubild der Kesselschlacht von Kiew im September 1941. Sie wurde die größte des Jahres 1941 und brachte ungeheure Gefangenenzahlen ein.

Dies Bild zeigt anschaulich die Massen sowjetischer Gefangener, die einer ungewissen Zukunft entgegengehen. Sehr viele von Ihnen überlebten das Jahr 1941 nicht, weil sie verhungerten.

Major Graf Strachwitz führte die I. Abteilung des Panzerregiments 2 der 16. Panzerdivision auch in der Kesselschlacht von Kiew. Seine Führungserfolge und persönliche Tapferkeit brachte ihm am 25. August 1941 das Ritterkreuz des Eisernen Kreuzes ein. Der Divisionskommandeur Generalmajor Hube (rechts im Bild) bei der Verleihung am 5. September 1941.

Der Hauptmann einer Nahaufklärerstaffel gratuliert Graf Strachwitz zu dieser Auszeichnung. Graf Strachwitz hat am Nacken noch ein Pflaster von einer seiner vielen Verwundungen. Links im Hintergrund der Kommandeur des Panzerregiments 2, Oberstleutnant Sieckenius, der auch bald das Ritterkreuz erhalten sollte.

Major Graf Strachwitz im Gespäch mit seinem Adjutanten.

Graf Strachwitz mit Major von Krafft von der Luftwaffe, bei Kiew am 8. September 1941.

Oben links:
Der etwas korpulente General Hube war bei den Soldaten seiner 16. Panzerdivision überaus beliebt. Hier in lässiger Haltung mit Monokel im Auge, in einem Schützengraben.

Oben rechts:
General Hube in seinem Befehls-Schützenpanzerwagen, davor mit Fernglas General der Flieger von Richthofen, der das VIII. Fliegerkorps befehligte.

Dem Regimentskommandeur des Panzerregiments 2, Oberstleutnant Sieckenius, wurde am 17. September 1941 das Ritterkreuz verliehen. Das Foto zeigt die Verleihung durch General Hube.

Oben links: Oberstleutnant Rudolf Sieckenius, der Regimentskommandeur von Graf Strachwitz 1941-42.

Oben rechts: General der Panzertruppe Hans Hube, ein überaus erfolgreicher Führer gepanzerter Verbände, der nach der Verleihung der Brillanten, am 21. April 1944 auf dem Rückflug zur Front beim Absturz seiner Maschine ums Leben kam.

Generalmajor Hube (mit Schirmmütze) gibt seinem Panzerregimentskommandeur Oberstleutnant Sieckenius Anweisungen für den weiteren Kampfverlauf.

Die zwei frischgebackenen Ritterkreuzträger der Division. Oberstleutnant Sieckenius und Major Graf Strachwitz erhielten die hohe Auszeichnung kurz nacheinander.

Von Graf Strachwitz sind leider nur sehr wenige Einsatzaufnahmen überliefert. Hier steht er neben seinem Befehlspanzer III, umringt von Kameraden, im Oktober 1941 mit einer Karte in Händen.

Die Luftaufnahme zeigt den berühmten Roten Platz von Charkow, das im Oktober 1941 von der Deutschen Wehrmacht erobert wurde. Bis August 1943 war die Stadt Schauplatz schwerer Kämpfe.

Dieses eindrucksvolle Bild vermittelt einen sehr guten Eindruck von der Gefahr, der ein Infanterist ausgesetzt war, wenn sich ein solch schwerer sowjetischer Panzer „KW-I" seinem Schützengraben näherte. Der Panzer im Bild war jedoch bereits außer Gefecht gesetzt worden.

Links:
Das Panzerregiment 2 hatte mehrere erfolgreiche Panzerkommandanten, deren I. Abteilung Major Graf Strachwitz 1941/1942 führte.

Rechts:
Oberfeldwebel Karl Gros von der 1. Kompanie des Panzerregiments 2 wurden am 26. Juni 1942 das Deutsche Kreuz in Gold und am 14. Dezember 1943 das Ritterkreuz verliehen.

Links: Oberleutnant Claus Müller wurde als Chef der 6. Kompanie des Panzerregiments 2 am 1. Dezember 1941 das Deutsche Kreuz in Gold und am 7. Oktober 1942 das Ritterkreuz verliehen.

Rechts: Hauptmann Graf von Brühl wurde als Chef der 8. Kompanie des Panzeregiments 2 am 2. Juli 1942 das Deutsche Kreuz in Gold und am 3. November 1942 das Ritterkreuz verliehen.

Panzersoldaten entdeckten eine Kühlhalle mit Konserven und Eiern, sogar das Bier war genießbar. Nun gab es zuerst einmal zwei Tage Ruhe, die Menschen und Maschinen auch dringend brauchten.

Die Kesselschlacht von Uman war siegreich beendet. Obwohl die Rotarmisten bewundernswert tapfer, zäh und aufopferungsvoll kämpften, blieben ihre Ausbruchsversuche vergeblich. Zwei sowjetische Armeen mit zehn Schützen- und fünf Panzerdivisionen waren vernichtet worden. Etwa 100.000 russische Soldaten gerieten in deutsche Gefangenschaft. Zudem meldete der Wehrmachtsbericht eine Beute von 317 Panzern und 858 Geschützen. Generalmajor Hube erhielt für seine herausragenden Leistungen bei der Führung der 16. Panzerdivision das Ritterkreuz zum Eisernen Kreuz. In den ersten sechs Wochen des Feldzuges im Osten war die Panzergruppe 1 und mit ihr die 16. Panzerdivision 700 Kilometer tief in Feindesland eingedrungen und hatte zusammen mit den anderen Armeen der Heeresgruppe Süd die erste große Kesselschlacht des Zweiten Weltkriegs siegreich gestaltet. Aber das eigentliche Ziel war der Dnjepr. Der war noch nicht erreicht, und die Zeit drängte.

Am 5. August vereinigte sich das Panzerregiment 2 mit den aus Westen kommenden ungarischen Truppen, zwei Tage später konnte die Stadt Wosnesensk im Handstreich genommen werden. Am 8. August rollten die Kampfgruppen der Division weiter nach Osten, drehten anschließend ab nach Norden in Richtung Kriwoj Rog, wo für zwei Tage gerastet wurde. Hier traf am 11. August nachmittags ein Funkspruch bei der Division ein, der das neue Angriffsziel befahl: Nikolajew am Schwarzen Meer.

Bei diesen Verfolgungskämpfen verbreitete Strachwitz bei der Roten Armee Angst und Schrecken. Weit hinter den gegnerischen Linien griff er bereitstehende Reserven an und zerschlug sie.

Am 10. August musste der Conté eine unfreiwillige Pause einlegen. Seine Wunde am Arm hatte sich so stark entzündet, dass er sich im Feldlazarett auskurieren musste. Aber wer „Heia" Strachwitz kannte, wusste nur allzu gut, dass er es dort nicht lange aushielt. Schon am 12. August entließ er sich kurzerhand selbst und kehrte zu seinen Männern zurück, die in der Zwischenzeit von Oberleutnant von Kleist geführt worden waren.

In der Zwischenzeit war die 16. Panzerdivision über Novy Bug, wo sich harte Kämpfe entwickelten, auf Nikolajew zumarschiert. Bereits am Abend des 12. August sammelte sich die Division zum Angriff auf diese Hafenstadt, und zwar mit dem halbwegs genesenen Grafen. Am frühen Morgen des nächsten Tages griff die Division an, stieß aber schnell auf den heftigen Widerstand der schweren Schiffsartillerie der sowjetischen Marine. Heftige und verlustreiche Kämpfe, bei denen erstmals sowjetische Flugzeuge massiert eingriffen, brachten die nächsten Tage. Weder die Sowjets noch die Deutschen wichen auch nur einen Meter zurück. Ganz allmählich gelang es den deutschen Truppen aber, den Widerstand in der Stadt zu brechen. Das war eigentlich auch nur eine Frage der Zeit, denn im Norden und Osten standen die 16. Panzerdivision und das Waffen-SS-Regiment Leibstandarte SS Adolf Hitler und im Westen die Ungarn und Rumänen. Die Stadt war faktisch eingeschlossen. Am Abend des 16. August war Nikolajew endgültig fest in deutscher Hand. Die Eroberung dieser Stadt war einmal mehr ein großer Erfolg für die 16. Panzerdivision, und die Männer konnten voller Stolz auf ihren zurückgelegten Weg schauen. Sie hatten die Kämpfe bei Werba und Dubno, um die Stalinlinie bei Ljuban, bei Monastyr' und Perwomaisk siegreich bestritten. Und nun war auch Nikolajew erobert.

Während die 16. Panzerdivision bei Nikolajew kämpfte, eroberten die anderen Verbände der Panzergruppe 1 den ganzen Dnjepr-Bogen von Tscherkassy bis Saporoshje. Bei Saporoshje und Dnjepropetrowsk waren bereits Brückenköpfe am anderen Ufer des breiten Flusses gebildet worden. Im Süden verfolgte die Leibstandarte SS Adolf Hitler die aus Nikolajew entkommenen sowjetischen Einheiten bis nach Cherson.

Am 21. August verlegte die 16. Panzerdivision in einem langwierigen Landmarsch über Novy Bug und Bobrinez in den Raum südlich von Kirowograd. Die Panzerkompanien trafen hier seit langer Zeit wieder mit den Trossteilen zusammen, die nun endlich die notwendigen Reparaturen an den Fahrzeugen durchführen konnten.

Der 25. August 1941 sollte ein heißer Sommertag werden. Günther Fraschka schreibt über ihn in seinem Buch „Der Panzergraf":

Bereits am Morgen brach geschäftige Betriebsamkeit beim Panzerregiment 2 aus. General Hube hatte sich zur Besichtigung des Panzerregiments 2 angesagt. Nachdem der Graf ihm gemeldet hatte und in seiner Begleitung die Front der Panzersoldaten abgeschritten hatte, trat der Divisionskommandeur in die Mitte des von den Männern gebildeten offenen Vierecks zu einer Ansprache:

„Männer des Panzerregiments 2!

Als das Regiment im Oktober vorigen Jahres in den Verband der 16. Panzerdivision übertrat, ging ihm bereits ein großer Ruf voraus. Ich wusste, dass das Regiment in Polen und in Frankreich Hervorragendes geleistet hatte, überall an entscheidender Stelle hatte mitwirken können, um die beiden großen ersten Feldzüge des Krieges gewinnen zu helfen. Groß waren daher auch die Erwartungen, die ich selbst als euer Kommandeur und die auch die anderen Einheiten meiner Division an euch gestellt haben.

Nun kam vom 22. Juni dieses Jahres an die Zeit, in der sich das Panzerregiment 2 im Rahmen der jungen 16. Panzerdivision erneut bewähren sollte. Das Regiment hat diese Bewährungsprobe hervorragend bestanden. Acht Wochen fast ununterbrochener Kämpfe liegen hinter uns und damit der erste Teil des Feldzuges gegen die bolschewistische Armee. Tief in Russland stehen wir. Ein großer Teil der feindlichen Truppen, besonders der feindlichen Panzerdivisionen, ist vernichtet, der Feind überall im Rückzug, zur Verteidigung gezwungen.

Heute bin ich nun zum Regiment gekommen, um euch ein besonderes äußeres Zeichen des Dankes und der Anerkennung durch den Obersten Befehlshaber der Wehrmacht zu übergeben. Euer bewährter Abteilungskommandeur, Graf Strachwitz, hat das Ritterkreuz des Eisernen Kreuzes verliehen erhalten.“ Nunmehr wandte sich der General an Strachwitz selbst.

„Major Graf Strachwitz! Sie haben bereits in Polen die Spange zum Eisernen Kreuz II. Klasse, in Frankreich die zum Eisernen Kreuz I. Klasse erworben. Ihre hervorragenden Leistungen in diesen beiden Feldzügen haben mich veranlasst, Ihnen eine Panzerabteilung anzuvertrauen. Sie haben diese Abteilung im Kampf überall hervorragend geführt und sich als der bewährte Abteilungskommandeur dieses bewährten Regiments gezeigt.

Im Iwka-Abschnitt sind Sie im Nahkampf mit russischer Infanterie verwundet worden. Sie haben trotz dieser Verletzung nicht ausgesetzt, die Abteilung weitergeführt und sind trotzdem beim nächsten Angriff Ihrer Abteilung voran gefahren.

Sie haben weiter bei Werba, Ljubar und bei Starokonstantinow persönlich den hervorragenden Anteil an dem erzielten Erfolg zu verzeichnen. Sie sind bei Kalinowka ein weiteres Mal verwundet worden, als ihr Kampfwagen vom Feind getroffen wurde. Trotzdem sind Sie erneut bei der Abteilung geblieben und mit ihr in den sowjetischen Stützpunkt Perwomaisk eingedrungen, mit als erster über die Bugbrücke vorgestoßen und haben aus eigenem Entschluss mit wenigen Panzern eine feindliche, aus etwa 300 Fahrzeugen bestehende Kolonne überholt und vernichtet. Dabei wurden zahlreiche feindliche Geschütze außer Gefecht gesetzt.

Sie sind schon vorher bei Monastyr' und beim Angriff auf den Bahnhof Ihrer Abteilung in vorbildlicher Weise voran gefahren und haben mit Ihrer Abteilung den Namen Ihres Panzerregiments und den der 16. Panzerdivision auch bei Uman in hervorragender Weise aufrechterhalten.

So sind Sie als beispielhafter Kommandeur trotz Ihres Lebensalters, das jenes Ihrer Männer bei weitem übersteigt, überall vorne gewesen. Sie haben immer, ohne zu murren, die schwersten Anstrengungen persönlich ertragen, Sie sind ein Mann, den sich jeder Soldat des Panzerregiments zum Vorbild nehmen kann.

Mit der Auszeichnung, die ich Ihnen hiermit überreiche, ehre ich das ganze Panzerregiment, in erster Linie aber Ihre Panzerabteilung, denn nicht jeder kann diese hohe Auszeichnung tragen. Und wie hier der Kommandeur den Geist seiner Abteilung repräsentiert, wird mit dieser Auszeichnung auch jeder einzelne von euch geehrt, der unter der Führung des Grafen Strachwitz gekämpft hat.

Die Auszeichnung des ersten Offiziers seiner Abteilung sei uns Ansporn zum Kampf, der uns noch bevorsteht!“

Mit diesen Worten überreichte Hube Strachwitz das Ritterkreuz zum Eisernen Kreuz. Fast zur gleichen Zeit bekam der Graf das Verwundetenabzeichen in Schwarz, das Silberne Panzerkampfabzeichen und das Goldene Sportabzeichen verliehen.

Während der Ruhepause wurde an die Panzer des Regiments eine neue Munitionsart, die Hohlraumgranate, verteilt, denn bei den vorangegangenen Gefechten hatte sich gezeigt, dass der Panzer IV mit seinem kurzem 7,5-cm-Rohr gegen die schweren Sowjetpanzer der Typen KW-I, KW-II und T-34 nichts ausrichten konnte. Allerdings brachte das tägliche Übungsschießen mit der neuen Munition keinen vollen Erfolg. Die Granate konnte zwar die Feindpanzer durchschlagen, aber nur auf eine Entfernung von 800 Metern. Den russischen Panzern blieb weiterhin der Vorteil der größeren Reichweite ihrer Kanonen.

Die Werkstattkompanien und Instandsetzungstrupps des Panzerregiments 2 arbeiteten Tag und Nacht und sorgten so dafür, dass das Regiment in die kommenden Schlachten wieder mit zwei Abteilungen eingreifen konnte. Um die Truppe schlagkräftiger zu machen, wurden alle leichten Panzer vom Typ II in zwei Kompanien zusammengefasst. Als notwendig wurde nun auch für den Regimentsstab ein I b für den Nachschub angesehen. Diesen Posten bekam Oberleutnant der Reserve Nikolaus Graf Strachwitz, ein Vetter des „Panzergrafen“, der als Major der Reserve am 21. Januar 1945 bei Dlutow in Polen fiel.

Am 8. September 1941 waren die Ruhetage für die Division vorbei. Auch das Panzerregiment 2 trat wieder in Aktion und verlegte bei stürmischem Regenwetter und verschlammten Wegen über Alexandria nach Krementschug. Trotz massiver Fliegerangriffe konnte das Regiment in der Nacht vom 11. auf den 12. September den Dnjepr auf einer 700 Meter langen Pontonbrücke überqueren.

Am Morgen des 12. September begann für das Panzerregiment 2 und das I. Bataillon des Schützenregiments 79, dessen Soldaten auf den Panzern mitfuhren, der Angriff auf Lubny. Ebenfalls mit dabei war das Schützenregiment 64, das zur Kampfgruppe Wagner gehörte. Die deutschen Soldaten kamen wie aus dem Nichts und überrollten die völlig überraschten Sowjetsoldaten und die weiter hinten aufgestellte Artillerie. Immer weiter ging es auf den Nachschubstraßen der zurückflutenden Roten Armee hinterher. Kilometerlange feindliche Lkw-Kolonnen, die wie auf dem Präsentierteller standen, wurden zersprengt. Über vierzig Kilometer sah man rechts und links neben der Straße feindliche Panzer, Geschütze, Fahrzeuge und Panjewagen brennen. Schwarze Qualmwolken lagen über der grausigen Szenerie.

Ohne großen Widerstand erreichte das Panzerregiment 2 mit den aufgesessenen Schützen des I. Bataillons des Schützenregiments 79 und der I. Abteilung des Artillerieregiments 16 bereits am Nachmittag des 12. September Semjonowka und in der Abenddämmerung dann Karpicha, wo die Soldaten Quartier machten. Stolze sechzig Kilometer hatten sie an einem Tag durchs Feindgebiet zurückgelegt.

Schon an nächsten Morgen um 03.00 Uhr war es mit der Ruhe vorbei. Das Panzerregiment rollte Richtung Chorol, das rechts liegen gelassen wurde, weiter über Bogatschka und erreichte das Ostufer der Sula südlich von Lubny. Die Angriffe der russischen Luftwaffe wurden von deutschen Jägern abgewehrt. Am frühen Nachmittag begann mit einem Stuka-Angriff auf die Befestigungen am Südteil der Stadt der Sturm.

Zur gleichen Zeit nahm eine von Strachwitz' Panzerkompanien, unterstützt von Schützen und der 3. Kompanie des Pionierbataillons 16, die Brücke über die Sula im Handstreich und drang im Schutze künstlichen Nebels in die Stadt ein. Der Widerstand der Roten Armee jedoch war heftig, blutige Straßenkämpfe waren die Folge. Zwar konnten die Deutschen in den Abendstunden einen russischen Panzerzug vernichten, aber die Stadt wurde nicht eingenommen.

Am 14. September, einem Sonntag, griffen die Schützenregimenter 64 und 79 bei strahlendem Herbstwetter erneut Lubny an. Diesmal lief alles wie am Schnürchen. Fast ohne Verluste fiel Lubny in deutsche Hand, wobei zahlreiche Gefangene gemacht wurden.

Nun galt es, die bisherigen Erfolge zu sichern. In Ossowez und Tjorny waren zwei Brückenköpfe errichtet worden, die nun verteidigt werden mussten. Als am 15. September 1941 die Panzer der 3. Panzerdivision auf das Panzerregiment 2 trafen, war der Kessel von Kiew endgültig geschlossen. Die Spitzen der Panzergruppe 2 unter Generaloberst Guderian und der Panzergruppe 1 unter Generaloberst von Kleist hatten fünfzig Divisionen der Roten Armee eingeschlossen. In den folgenden Tagen wurde vor allem das Panzerregiment 2 als Feuerwehr gegen ausbrechende sowjetische Truppen eingesetzt. Diese Feuerwehr konnte den Kessel weiter dicht halten.

Seit dem 17. September griffen die 9. Panzerdivision von rechts und die 25. Infanteriedivision (mot.) von links den dreißig Kilometer westlich von Lubny befindlichen Orschitza-Abschnitt an. Gleichzeitig trieb das XI. deutsche Armeekorps die Sowjets von Südwesten her der 16. Panzerdivision direkt vor die Rohre. So konnten mehrere tausend Gefangene und eine fette Beute an Kriegsgerät gemacht werden.

Am späten Vormittag des 17. September erreichten die Spitzen von Strachwitz' Panzern und das I. Bataillon des Schützenregiments 64 den Orschitzafluss und bildeten einen Brückenkopf bei Jablonewo, wobei ihnen fünfhundert Gefangene in die Hände fielen. In den folgenden Tagen bezog die Division eine fünfundzwanzig Kilometer breite Abwehrstellung von der Ortschaft Michailowka bis Onischki. Am 19. September trat eine kurze Gefechtsspause ein, die der Divisionskommandeur, Generalmajor Hube, nutzte, um erneut das Panzerregiment 2 zu besuchen. Beim Appell verlieh er dem Regimentskommandeur, Oberst Sieckenius, das Ritterkreuz zum Eisernen Kreuz.

Am gleichen Tag ging den Sowjets Kiew endgültig verloren. Alle Bemühungen, den deutschen Einschließungsring aufzubrechen, besonders am 22. und 23. September, scheiterten an der Kampfkraft der 16. Panzerdivision. Die russischen Bemühungen verursachten nur ein fürchterliches Chaos. An den Orten der Durchbruchsversuche lagen Hunderte zerstörter Fahrzeuge aller Art – und Tausende von Toten.

Die Kämpfe um den Kiewer Kessel zogen sich noch bis zum 4. Oktober hin. Insgesamt meldete der Wehrmachtsbericht die Vernichtung von 51 sowjetischen Divisionen. 663.000 Rotarmisten wurden gefangen genommen, 3.718 Geschütze und 884 Panzer erbeutet. Damit war die bis zu diesem Zeitpunkt größte Kesselschlacht der Weltgeschichte zu Ende gegangen. Während der Kämpfe um Kiew im Spätsommer 1941 hatten Strachwitz' Männer einen Russen gefangen genommen, der sich in erbärmlichem Zustand befand. Seine Uniform war vollkommen zerrissen und er ging zudem barfuß. Der Graf staunte nicht schlecht, als sich der Russe in fließendem Deutsch als Oberst Berger und Divisionskommandeur der Roten Armee vorstellte.

„Wie kommen Sie denn zur Roten Armee?“, fragte Strachwitz völlig perplex.

„Ich bin deutscher Abstammung, im Kaukasus geboren“, antwortete der Oberst.

„Warum sind Sie alleine? Wo steht Ihre Division?“, bohrte der Graf weiter.

„Vor Ihren Panzern im Wald“, sagte der Oberst und deutete vage in die Richtung eines Waldgebietes, das sich in einiger Entfernung am Horizont ausbreitete.

Strachwitz überlegte kurz und sah den völlig heruntergekommenen Oberst nachdenklich an:

„Auch wenn es mir noch so leid tut, ich kann Sie nicht gefangen nehmen.“

Berger war verblüfft: „Warum?“

„Ich möchte, dass Sie zurückgehen und mit Ihrer gesamten Division wieder kommen. Dann nehme ich Sie gefangen“, antwortete Strachwitz ohne Zögern.

Der Oberst war sichtlich verzweifelt und stammelte:

„Mein Gott! Das können Sie nicht machen. Wenn ich zurückgehe, werde ich sofort erschossen!“

Strachwitz zeigte sich unbeeindruckt, blieb hart. Beschwörend begann Berger noch einmal von vorne:

„In meiner Division gibt es mehrere Kommissare, die mich sofort liquidieren werden. Außerdem sind viele meiner Soldaten eingefleischte Bolschewiken. Wenn die denken, dass ich mit meinen Männern überlaufen will, dann …!“

„Herr Oberst, Sie kennen meine Meinung, und die ist unabänderlich“, fiel ihm Strachwitz barsch ins Wort.

Berger besann sich einige Sekunden, dann hatte er einen Entschluss gefasst:

„Gut! Ich werde tun, was Sie möchten.“

Dann hob er grüßend die Hand an die Mütze, machte eine militärische Kehrtwendung und verschwand in der anbrechenden Dunkelheit.

Am nächsten Morgen verschlug es sogar dem hartgesottenen Strachwitz die Sprache, als eine gesamte sowjetische Division, etwa 7.000 Soldaten, langsam aus dem Wald kam und sich ergab. Als der „Panzergraf“ Oberst Berger nach den Kommissaren fragte, zuckte der nur mit den Schultern:

„Die sind alle verschwunden!“

Die Taktik des Grafen hatte sich als Geniestreich erwiesen. Trotz seiner Unnachgiebigkeit, kümmerte er sich aber um die Gefangenen, wusste er doch aus seinen Erfahrungen im Ersten Weltkrieg nur zu gut, was Gefangenschaft bedeutet. Es war für ihn Ehrensache, dass Gefangene zuerst von seiner Truppe ordentlich versorgt und dann hinter die Front gebracht wurden. Wann immer Strachwitz mit seinen Männern in die Schlacht zog, hatte er das Ziel, den Gegner zu schlagen, und zwar mit allen Mitteln. Dabei wollte er aber die Grenzen der Humanität nicht überschreiten. Sein Kampf galt dem Bolschewismus, nicht dem russischen oder ukrainischen Volk. Für ihn waren die Rotarmisten keine Untermenschen, wie es Hitler und seinesgleichen propagierten. Für die armen ukrainischen Bauern, Frauen und Kinder empfand er tiefstes Mitgefühl und versuchte, sie – ebenso wie die Gefangenen – mitzuverpflegen.

Als tiefgläubiger Katholik hatte er eine besondere Freude daran, der Bevölkerung die Kirchen zurückgeben zu können, die von den Bolschewisten oftmals als Viehställe oder Getreidespeicher genutzt wurden. Nicht selten befahl Strachwitz seinen Männern, beim Reparieren der Gotteshäuser zu helfen, was die gläubige Bevölkerung natürlich dankend annahm.

Während die Menschen den deutschen Soldaten zunächst also häufig freundlich gegenübertraten, schlug die Stimmung schnell um, als der deutsche Sicherheitsdienst und ideologisch beschränkte Parteibonzen der NSDAP die Verwaltung in den besetzten Gebieten übernahmen und dort mit unsagbarer Grausamkeit zu Werke gingen. Je länger der Krieg dauerte, desto mehr mussten die regulären deutschen Soldaten das bestialische Verhalten ihrer Politiker ausbaden.

Für die 16. Panzerdivision begann am 25. September ein neuer Abschnitt. Sie wurde aus dem Einschließungsring herausgelöst.

An diesem Tag griffen die russische 9. und 18. Armee im Süden von Kiew zwischen Saporoshje und Melitopol in Richtung des Dnjepr an. Das rumänische Gebirgskorps wich zurück, und am Südteil der Ostfront brach eine Lücke von zwanzig Kilometern Breite auf. Schon am 28. September hatten sich die Sowjets 35 Kilometer nach Westen abgesetzt. Die Panzergruppe 1 wurde daraufhin aus dem Kiewer Kessel herausgelöst und nach Süden geschickt, um die gesamte sowjetische Dnjepr-Front von Dnjepropetrowsk bis zum Asowschen Meer aufzurollen. So sollte dem Feind in den Rücken gefallen werden, während Teile der deutschen 11. Armee gleichzeitig von vorne angriffen. Eine neuerliche Einkesselung war das Ziel.

Die 16. Panzerdivision rollte bis nach Krementschug zurück, überquerte bei Omelnik den Pistol-Abschnitt und erreichte Kobeljaki und Zaritscha. Nur sehr langsam ging es voran, da die engen Straßen von mehreren Divisionen gleichzeitig benutzt wurden. Am 29. September wurde Snamenka ohne größeren Widerstand genommen. Am folgenden Tag stieß die 16. Panzerdivision beiderseits der Bahnlinie Nowomoskowsk – Pawlograd vor, wobei es zu blutigen Kämpfen um Karakinowka und den Bahnhof Miskowo kam, dennoch konnten Ortschaft und Bahnstation gegen zähen Widerstand genommen werden. Am nächsten Tag löste die Waffen-SS-Division Wiking die 16. Panzerdivision ab, die sich zu einem weiteren Vorstoß in die Tiefe des ukrainischen Raumes anschickte. So wurden die Kampfgruppe von Arenstorff, bestehend aus dem Schützenregiment 79 und der Panzerabteilung Thiede, gebildet und die Kampfgruppe Wagner, die sich aus dem Schützenregiment 64 und der Panzerabteilung Strachwitz zusammensetzte. Der Conté verfügte über die letzten brauchbaren Panzer des Regiments. Der Befehl schickte die Kampfgruppen nach Süden in Richtung des Asowschen Meers. Die 16. Panzerdivision stand dabei in der Mitte, rechts die 14. Panzerdivision und links die 13. Panzerdivision.

Beide Kampfgruppen der Division griffen entlang der Bahnlinie Charkow – Saporoshje an. Die ersten zwanzig Kilometer stießen sie dabei auf keinen nennenswerten Widerstand, bei Lakidosta tauchten dann plötzlich drei russische KW-I-Panzer aus dem dichten Nebel auf. Zwei der Kolosse konnten durch Artilleriefeuer erledigt werden, der dritte entkam. Weitere kleinere Gefechte konnten den Vormarsch nicht aufhalten. Bereits am 3. Oktober wurde bei Orjéchow der Konskaja-Abschnitt erreicht.

Am 6. Oktober setzten die beiden Kampfgruppen nebeneinander im Abstand von nur einem Kilometer ihren Vormarsch nach Südosten fort. Nach kurzem Gefecht konnte die Panzerabteilung Strachwitz den Straßenknotenpunkt Andrejewka erobern, wodurch ein neuer Kessel 35 Kilometer nördlich des Asowschen Meeres geschlossen wurde. Die 16. Panzerdivision stand am Ostrand des Kessels, und aus dem Westen trieben andere deutsche Truppenteile die Rotarmisten der Vernichtung entgegen, diesmal aber ohne die Panzerabteilung Strachwitz, die zuvor herausgelöst worden war.

Am folgenden Tag traf ein rumänisches Kavalleriekorps in Andrejewka ein. Südlich der 16. Panzerdivision ging die Leibstandarte SS Adolf Hitler an der Küste voran und nahm Melitopol. Damit war der Ring um die sowjetische 9. und 18. Armee endgültig geschlossen. Am 9. Oktober sanken die Temperaturen, die ersten Vorboten des russischen Winters meldeten sich. Schneegestöber setzte ein und raubte den Artilleriebeobachtern die Sicht. So konnten Teile gegnerischer Verbände zunächst unbehelligt nach Osten abziehen. Die deutsche Division sammelte sich am Morgen und versuchte, dem Feind in breiter Front nachzusetzen. Beteiligt waren das Schützenregiment 79, das Schützenregiment 64, die Aufklärungsabteilung 16, das Panzerregiment 2 und die 14. Panzerdivision. Um 09.30 Uhr stießen die Truppen zum ersten Mal auf den Feind und zwangen ihn zurück nach Westen. General Hube befahl seine Einheiten weiter nach Westen und in Richtung Werchne-Tokmak. Etwa 15 Kilometer westlich dieser Ortschaft nahm die 1. Gebirgsjägerdivision Tschernigowka ein. Damit war der sowjetische Ausbruchsversuch vereitelt, der Kessel erneut geschlossen.

Eine deutsche Stellung reihte sich nun an die andere. Aus allen Rohren feuerten die Panzer- und Artilleriegeschütze. Innerhalb kürzester Zeit standen die meisten Fahrzeuge der Russen in Flammen. Auf dem Schlachtfeld fanden die Deutschen die Leiche des Führers der 18. sowjetischen Armee, General Smirnoff, die unter militärischen Ehren beigesetzt wurde. Die 1. Kompanie des Pionierbataillons 16 griff den Kommandeur der 51. russischen Infanteriedivision auf, und die II. Abteilung des Artillerieregiments 16 erbeutete vier moderne 17-cm-Kanonen einschließlich ihrer Zugtraktoren. Graf Strachwitz wurde bei diesen Kämpfen erneut am Kopf verwundet und musste ins Feldlazarett eingeliefert werden, das er aber noch am gleichen Tag, nachdem er notdürftig verarztet worden war, wieder verließ.

Am nächsten Tag endete die Schlacht um den Kessel am Asowschen Meer. 100.000 Russen gingen in Gefangenschaft, 212 Panzer und Geschütze sowie 672 Fahrzeuge aller Art wurden erbeutet. Innerhalb weniger Wochen waren bei Kiew und Asow zwei große Kesselschlachten erfolgreich geschlagen worden, die in der neueren Kriegsgeschichte einzigartig waren und bleiben sollten. Die deutschen Panzer- und Infanteriekräfte waren von ihrer Führung rücksichtslos eingesetzt worden, hatten große Erfolge errungen, aber auch schwere Verluste an Mensch und Material erlitten.

Nach der Neugliederung der Kampfgruppen, begann am 12. Oktober ein neuer Vorstoß. Das Ziel der Panzergruppe 1, die mittlerweile 1. Panzerarmee hieß und immer noch unter der Führung von Generaloberst von Kleist stand, war der Donez und die Stadt Rostow. Die 16. Panzerdivision sollte zusammen mit der Waffen-SS-Division Wiking das III. Panzerkorps an der Nordflanke sichern.

Die Fahrzeuge des Panzerregiments 2, die in die Kampfgruppe Wagner eingegliedert waren, fuhren wieder an der Spitze. Der Vormarsch führte über Zarokonstantin, Grunau – Letztere war eine deutsche Siedlung – und Dmitrovskoje bis in das Gebiet von Karan, wo man auf heftigen Widerstand stieß. Trotzdem konnte noch der Kalmius überschritten und Michailowka erreicht werden. Dem raschen Vormarsch waren allerdings weitere Panzer zum Opfer gefallen, sodass alle Panzer III der I. Abteilung unter der wechselnden Führung von Hauptmann Otto und Oberleutnant Kuckein, die der II. Abteilung unter der Führung der Oberleutnants Langer und Scheidemann, alle Panzer IV unter Hauptmann Krajewski und Oberleutnant Graf Brühl und alle Panzer II unter Leutnant Stein nun nur noch eine einzige, die so genannte Panzerabteilung Strachwitz bildeten.

Noch waren die gesteckten Ziele nicht erreicht, und der Winter brach nun mit einem Nordsturm, Regen und Schneeregen mit aller Macht herein. Die Wege verwandelten sich in Schlammwüsten. Flüsse und kleine Bäche traten über die Ufer. Und ausgerechnet jetzt blieb der Nachschub, vor allem an Brennstoff, aus. Aber noch ging es vorwärts.

Am 16. Oktober kam die Division wegen des anhaltenden Feindwiderstandes nur etwa 30 Kilometer voran. Das Panzerregiment 2 musste wegen Spritmangels bis zum 19. Oktober in der Ortschaft Suednij-Jelantschinskoje stehenbleiben, erst in der folgenden Nacht wurde der Kraftstoff geliefert. Bei Tagesanbruch machte sich das Panzerregiment 2 auf den Weg in nordöstliche Richtung. Im schnellen Vormarsch, ohne Feindberührung, erreichten die Tanks die Bahnlinie Taganrog – Stalino. Ohne Pause ging es weiter, Strachwitz wollte unbedingt den Mius-Übergang beim Dorf Uspenskaja im Handstreich nehmen, doch kurz bevor er die Brücke erreichte, flog sie in die Luft. Trotz heftigen Feuers baute das Panzerpionierbataillon 16 eine Kriegsbrücke, auf der das Panzerregiment 2 in das vom Schützenregiment 64 mittlerweile gesäuberte Uspenskaja einfahren konnte.

Am folgenden Tag erweiterten die Kampfgruppen der 16. Panzerdivision den Brückenkopf, und Tanks der 6. Kompanie wagten sogar einen Vorstoß zur Ölleitung Batumi – Rostow – Industriegebiet Stalino, wobei Oberfeldwebel Strauch mit seinem Zug in einer Schlucht die Pipeline entdeckte. Noch Tage später konnten alle Dieselfahrzeuge der Division aus dieser Leitung mit Kraftstoff versorgt werden.

Die anderen Panzer des Regiments verbrachten insgesamt sechs Tage in Uspenskaja, wo wenigstens die dringendsten Reparaturen durchgeführt werden konnten. Der Aufenthalt wurde nur gelegentlich von Feindflugzeugen gestört. Allerdings hatte der Angriff vom 23. Oktober verheerende Folgen. Zwölf sowjetische Bomber ließen ihre tödliche Last über einem Gefangenenlager fallen und richteten ein fürchterliches Blutbad unter ihren Kameraden an. Strachwitz war tief erschüttert, ließ umgehend das Lager räumen und brachte die Russen in Sicherheit weit hinter die Linien.

Ab dem 27. Oktober stieß das Panzerregiment 2 weiter in Richtung Süden vor. Viele russlanddeutsche Dörfer wurden dabei passiert, die aber samt und sonders geräumt worden waren. Anschließend ging es weiter nach Nordosten, und am 29. Oktober konnte Golodajewka eingenommen werden. Treibstoffmangel schränkte die Aktionen der Panzer abermals ein, nur noch kompanieweise konnten sie an örtlich begrenzten Operationen teilnehmen.

Erst am 5. November 1941 konnte die 16. Panzerdivision zusammen mit der 14. Panzerdivision und der Waffen-SS-Division Wiking im Verbund des XIV. Panzerkorps den seit 14. Oktober währenden Vormarsch fortsetzen. Ziel war zunächst Sokolowskij, dann ging es vierzig Kilometer nach Süden, vorbei an Schachty und über den Tuslow bei Hof Archijereweskij, wo ein Brückenkopf über den Don gebildet werden konnte.

Das Panzerregiment 2 blieb allerdings schon nach wenigen Kilometern in der Ortschaft Atamano-Wassowaskij im Schlamm stecken. Das Jahr 1941 hatte für das Regiment ein unschönes Ende gefunden. Die Wege waren so schlecht, dass der ganze Nachschub mit den wenigen vorhandenen Zugmaschinen herangeholt werden musste. Außer einigen kleineren Scharmützeln kehrte für einige Tage Ruhe ein, die nur dann und wann von feindlichen Flugzeugen gestört wurde. So gut es ging, wurde die Zeit genutzt und die wenigen noch vorhandenen Panzer instand gesetzt.

Die Nacht vom 18. auf den 19. November traf dann die deutschen Truppen wie ein Keulenschlag. Ohne Vorwarnung fiel das Thermometer auf minus 15 Grad. Die Soldaten zitterten in ihren Herbstuniformen. Die Panzer waren zwar durch Frostschutzmittel geschützt, aber sie waren über Nacht im Schlamm eingefroren und konnten nur mit größter Mühe freibekommen werden.

Während das III. Panzerkorps im Süden mit der Leibstandarte Adolf Hitler und der 13. und 14. Panzerdivision zum Angriff auf Rostow antrat, begann die Rote Armee ihren Gegenschlag von

Der extrem harte Winter 1941/1942 in Russland brachte die deutschen Angriffstruppen in schwere Bedrängnis. Die meisten Fahrzeuge und Panzer fielen wegen der Kälte aus. Aus „mot" wurde „hot", wie der Landser zu sagen pflegte, denn Pferde waren bei dieser Witterung die einzig verlässlichen Transportmittel.

Norden her. Die angeschlagene Waffen-SS-Division Wiking und die 16. Panzerdivision sollten die sowjetischen Truppen hinhalten und langsam nach Westen in Richtung des Tuslow-Abschnitts und später des Mius-Abschnitt abdrängen. So sollte das III. Panzerkorps Gelegenheit bekommen, sich ebenfalls vom Feind zu lösen. Trotz hoher Schneeverwehungen und schneidender Kälte von bis zu 20 Grad minus konnten sich die deutschen Verbände langsam aber stetig absetzen.

Als das Pionierbataillon der Waffen-SS-Division Wiking in seinen Stellungen bei Balabanow von feindlichen Panzern überrollt und eingeschlossen wurde, sollte das Panzerregiment 2 einen Gegenangriff nordostwärts von Lysogorka durchführen. Der von Graf Strachwitz schneidig geführte Angriff gegen den weit überlegenen Gegner wurde zu einem großen Erfolg. Das Pionierbataillon konnte freigekämpft werden.

Am späten Abend des 23. November überschritt das Panzerregiment 2 mit weiteren Einheiten der 16. Panzerdivision den Tuslow bei Lysogorka in Richtung Westen. Das Regiment bestand nur noch aus zwanzig einsatzbereiten Fahrzeugen und suchte in Marjewka Schutz. Aber die Rote Armee setzte über den Tuslow nach und verwickelte am 2. Dezember die letzten Tanks des Regiments in einen harten Kampf. Tag und Nacht waren die Männer auf den Beinen, um in schweren Rückzugsgefechten über Andronovka und Nowo Petrowka am 4. Dezember den Ostrand von Matwejew-Kurgan am Mius zu erreichen. Unter größten Mühen konnte der Ort bis zum Abend verteidigt werden. So lange brauchte man, bis Gerät und Material in Sicherheit gebracht und die Rückzugsstraße vermint waren Am Abend des 5. Dezember setzte das Regiment dann auf das Westufer des Mius über. Hier konnte nun das Gros der 16. Panzerdivision sein Winterquartier beziehen.

Mitte Dezember 1941 verlegte das Panzerregiment 2 mit einzelnen Kompanien nach Makejewka bei Stalino, wo es ergänzt werden sollte. Hier fanden sich nach und nach alle nicht im Einsatz befindlichen Kompanien ein, auch der Nachschub. Wegen eines sowjetischen Einbruchs über Charkow in Richtung Dnjepropetrowsk zog der Regimentsstab mit einzelnen Kompanien an den Südrand der Einbruchstelle in das Dorf Iwerskaja um. Auch westlich von Kramatorskaja wurden Teile des Regiments und der Division stationiert. Die 5. Kompanie verblieb derweil im Raum Uspenskaja am Mius als Eingreifreserve, die 1. Kompanie wurde im Raum Bjelgorod eingesetzt. In dieser Stellung verharrte die Ostfront am Ende des Jahres 1941. Das Weihnachtsfest 1941 und der Jahresbeginn 1942 brachten für die größten Teile des Panzerregiments 2 eine vergleichsweise ruhige Zeit.

1942 – Vormarsch auf Stalingrad

Hyacinth Graf Strachwitz, am 1. Januar 1942 zum Oberstleutnant d. R. befördert, war bei den letzten Kämpfen des Jahres 1941 nicht mehr dabei. Ende November 1941 verließ er den russischen Kriegsschauplatz in Richtung Heimat, um seine zahlreichen, während des Jahres, erlittenen Verwundungen auszukurieren. Die Tage vom 1. Dezember 1941 bis zum 9. Januar 1942 verbrachte er nacheinander in den Reserve-Lazaretten Oppeln und Breslau. Anschließend durfte er einen längeren Heimaturlaub in Groß Stein und Alt Siedel machen. Erst Mitte März 1942 kehrte er wieder an die Ostfront zurück. Am 17. März 1942 wurde ihm das Verwundetenabzeichen in Silber verliehen.

Zu Anfang des Jahres 1942 waren endlich neue Panzer an der Ostfront eingetroffen, im März dann auch die ersten Panzer III mit 5-cm-Kanone. Am 23. März verlegte der Regimentsstab nach Makejewka. Ihm folgten im Laufe des April 1942 alle Kompanien, die sich im Fronteinsatz befanden. Hier setzte nun ein geregelter Dienstbetrieb ein, wie er eigentlich nur in den heimischen Kasernen üblich war. In der Nachbarstadt Stalino konnten die Soldaten sogar Oper und Kinos besuchen. Erst am 15. Mai 1942 traf der Befehl zum Abrücken ein. Das Panzerregiment 2 wurde in den Raum Slawjansk verlegt. Hier sollte die 16. Panzerdivision im Verband des III. Panzerkorps in Richtung Isjum vorstoßen, um die sowjetische Front vom Nachschub zu trennen.

Das Panzerregiment 2 quartierte sich in den Gärten von Slawjansk ein, wo bereits die Obstbäume blühten. In der Stadt wimmelte es wie in einem Ameisenhaufen, überall brach Geschäftigkeit aus, die nächste Schlacht war förmlich zu riechen. Sowjetische Truppen unter General Timoschenko waren nach Westen vorgestoßen, gleichzeitig brach die Rote Armee mit der ungeheuren Zahl von zwanzig Divisionen und zehn Panzerbrigaden nordostwärts Charkow von Bjelgorod und Woltschansk auf, um die Deutschen in die Zange zu nehmen und einzukesseln. Schnell konnten die deutschen Abwehrstellungen überrollt und ein Einbruch von 65 Kilometern erreicht werden. Nun stand die Sowjet-Armee nur noch 180 Kilometer vor den deutschen Bereitstellungsräumen bei Slawjansk. Aber der deutsche Gegenschlag sollte nicht lange auf sich warten lassen.

Am frühen Morgen des 18. Mai 1942 begann die deutsche Offensive gegen das tief gestaffelte Verteidigungssystem der Sowjets mit einem Artillerieschlag. Rasch kam die deutsche Infanterie voran. Ihr folgte die 16. Panzerdivision, deren drei Kampfgruppen schon am 19. Mai 1942 den Höhenrücken westlich von Isjum, der weithin das Doneztal beherrschte, erobern konnten.

Timoschenko brach sofort seinen Marsch nach Westen ab, als er vom deutschen Aufmarsch in seinem Rücken hörte. Er ließ seine Verbände umdrehen und warf sie in Eilmärschen nach Osten, um der drohenden Einkesselung zu entgehen. Wäre er schnell genug, könnte er den deutschen Verbänden in die Flanke fallen, aber dazu musste er erst den Donez erreichen.

Aber die deutschen Panzerdivisionen gewannen das Rennen. Die I. Panzerabteilung stieß unter Graf Strachwitz nach Norden vor und vereinigte sich mit der südlich von Balakleja kämpfenden 23. Panzerdivision. Damit war abermals der Kessel um die sowjetischen Truppen geschlossen.

Am Morgen des Angriffstages war Graf Strachwitz unvermutet bei Hauptmann Freytag von Loringhoven, dem Chef der 2. Kompanie, aufgetaucht.

„Bernd“, rief Strachwitz zu seinem Duz-Freund, „komm’ mit!“

„Jawohl, Herr Graf“, spottete von Loringhoven und folgte dem vorauseilenden Strachwitz.

Ganz in der Nähe war eines von zahlreichen Mongolengräbern, die Kurgan genannt wurden und im Grunde genommen nur Hügel waren. Auf ihm stand ein Hauptmann der Artillerie mit seinem Wachtmeister. Auch Strachwitz und von Loringhoven stiegen auf den etwa zwölf bis fünfzehn Meter hohen Hügel. Von hier oben waren Kolonnen graubrauner russischer Uniformen zu erkennen, die versuchten aus dem Kessel herauszukommen. In ungefähr 200 Metern Entfernung lag ein weiterer Kurgan, auf dem eine sowjetische Artilleriebatterie gelegentlich schoss, was die vier Deutschen auf ihrem Hügel aber nicht weiter störte.

Die Männer standen nun schon etwa zwanzig Minuten auf der Anhöhe, als Strachwitz plötzlich von Loringhoven am Arm riss und mit ihm den Hügel hinunterjagte. Kaum unten angekommen, zerrte der Graf von Loringhoven zu Boden. Im gleichen Augenblick schlug eine Granate genau dort ein, wo sie soeben noch gestanden hatten. Der Hauptmann und sein Wachtmeister, die auf die Warnungen des Grafen nicht reagiert hatten, waren auf der Stelle tot.

Strachwitz’ Instinkt war wirklich unglaublich. Gelegentlich behauptete er selbst, über einen sechsten Sinn zu verfügen. „Ich fühle es, wenn mich ein Panzer anguckt“, meinte er einmal scherzhaft. Seine Vorahnungen versuchte er auch als Wünschelrutengänger unter Beweis zu stellen. Derartige übersinnliche Fähigkeiten lagen wohl auch tatsächlich in seinen Genen, einer seiner Verwandten mütterlicherseits, der berühmte Graf Matuschka, wurde durch hellseherische Fähigkeiten bekannt.

Aber der Graf war auch ein eigenwilliger Grübler. Dauernd überlegte er, wie er mit seinen wenigen Panzern dem Feind den meisten Schaden zufügen konnte. Am wohlsten fühlte er sich, wenn er selbstständig agieren konnte, ohne dass ihm jemand etwas hineinredete.

1941 hatte er die Idee, Lautsprecher auf seine Panzer montieren zu lassen. Über diese Megaphone forderte er in die Wälder geflüchtete russische Soldaten auf, sich zu ergeben. Viele der Sowjetsoldaten taten dies und machten so den Weg für die deutschen Truppen frei. Die meisten Rotarmisten brachten dabei ihre Waffen mit. Und Strachwitz erlaubte ihnen, mit ihren Gewehren in die Gefangenschaft zu gehen.

„So haben sie das Gefühl, nicht nackt dazustehen“, meinte Strachwitz augenzwinkernd, „ist alles Psychologie, sie werfen die Flinte sowieso von allein ins Korn.“

Ende Mai hatten die deutschen Truppen den Kessel von Isjum geräumt. Timoschenkos Truppen waren geschlagen. 240.000 Gefangene wurden gemacht, allein 31.500 gingen auf das Konto der 16. Panzerdivision, daneben wurden von ihr 224 Geschütze erbeutet und 69 feindliche Panzer abgeschossen. Allerdings verlor die 16. Panzerdivision dabei auch 700 Mann. Einen Erfolg konnten die Sowjets aber verzeichnen, der geplante deutsche Vorstoß in den Kaukasus verzögerte sich um einen Monat.

Am 2. Juni 1942 verlegte die 16. Panzerdivision von Losowenka und Krutojarka 40 Kilometer nach Norden, nach Skripai und in das große Waldgebiet Tschugiew. Hier fanden die Männer gute Quartiere vor. Die russische Bevölkerung war freundlich und hilfsbereit, die Gärten und Wiesen luden die Soldaten zum Müßiggang ein und der nahe liegende Fluss zum Baden und Fischen.

Bereits Anfang Juni meldete die deutsche Luftaufklärung eine große Ansammlung russischer Truppen in den Waldstücken vor den Städten Woltschansk, Kupjansk und Tschugiew, ostwärts von Charkow. Umgehend erhielt das III. Panzerkorps den Auftrag, den Gegner einzukesseln und zu vernichten. So wollte man in eine günstige Ausgangsposition für die bevorstehende Sommeroffensive kommen. Zunächst verhinderte ein monsunartiger Dauerregen den Abmarsch der Division. Erst am Morgen des 10. Juni konnte man aufbrechen. Diesmal war die Division in vier Kampfgruppen gegliedert, nämlich in die Kampfgruppe von Witzleben, die als Vorausabteilung fungierte, die Kampfgruppe Sieckenius mit der Panzerabteilung Strachwitz, dem I. Bataillon des Schützenregiments 64 unter Major Sondermann und der I. Abteilung des Artillerieregiments 16 sowie die Kampfgruppen Krumpen und Reinisch.

Unter dem Tarnnamen Unternehmen Wilhelm sollten zuerst die sowjetischen Brückenköpfe am Donez beseitigt werden. Doch bevor der Fluss überschritten werden konnte, kam es zu schweren Panzergefechten mit der 156. und 168. sowjetischen Panzerbrigade. Wieder stand Graf Strachwitz mit seinen Fahrzeugen inmitten des Kampfgetümmels und konnte zusammen mit den Kameraden der Kampfgruppe Sieckenius den Gegner schlagen. Als die nachfolgenden deutschen Kampfgruppen eintrafen, waren nur noch die brennenden sowjetischen Tanks zu sehen.

Die Kampfgruppe Sieckenius stieß nun zügig nach Norden vor und erzwang einen Übergang über den Burluk. Ein schweres Gewitter am Abend setzte die Straßen dann aber derart unter Schlamm, dass nur noch geländegängige Fahrzeuge weiterkommen konnten, und zwar bis Skurowka, zwanzig Kilometer nördlich Mostowaja, wo sie sich einigelten. Da aber die 14. Panzerdivision – sie war als Flankenschutz für die 16. Panzerdivision vorgesehen – vor dem Fluss Burluk feststeckte, nachdem eine Behelfsbrücke eingestürzt war, stand die 16. Panzerdivision nun einsam und allein vor dem Feind, während sich die Kampfgruppe Sieckenius mit Strachwitz' Panzern in harten Kämpfen mit der 84. und 85. sowjetischen Panzerbrigade befand.

In der Nacht zum 12. Juni donnerten 17 sowjetische Panzer auf die Kampfgruppe Sieckenius zu. Ketten rasselten, Leuchtkugeln explodierten am Firmament und tauchten die Landschaft in fahles Licht. Die Abschüsse der Granaten blitzten – die Gegner schenkten sich nichts. Die russischen Tanks versuchten den Durchbruch durch die Phalanx der deutschen Panzer, die aus allen Rohren feuerten. Tatsächlich gelang es der Kampfgruppe Sieckenius, die sowjetischen Panzer zu stoppen. Strachwitz' Männer schossen vier von ihnen ab. Gegen Mittag erschien dann endlich die Spitze der 14. Panzerdivision auf dem Schlachtfeld und stand der 16. Panzerdivision bei.

Bis zum 15. Juni war der Kessel im Dreieck Woltschansk – Tschujew – Kupjansk geschlossen. Die Deutschen machten 24.000 Gefangene und erbeuteten 266 Panzer und 208 Geschütze, davon gingen 51 Panzer und 2.000 Gefangene auf das Konto der 16. Panzerdivision.

Das nächste Unternehmen, das den Codenamen Fridericus II trug, führte die Kampfgruppen der 16. Panzerdivision bis in die Stadt Kupjansk, die trotz starker Verteidigung durch eingegrabene Panzer und Minen am 26. Juni ohne große Probleme in die Hand der Division fiel. Bei diesen Einsätzen standen Graf Strachwitz zum ersten Mal Panzer IV mit 7,5-cm-Langrohr-Kanonen zur Verfügung, die sich glänzend bewährten.

Während des Unternehmens waren die 60. Infanteriedivision (mot.) und die 14. Panzerdivision der rechte Flankennachbar der 16. Panzerdivision. Als die 60. Infanteriedivision vor dem schwer befestigten Ort Schewtschenkowo stecken blieb und die Spitze der 14. Panzerdivision von sowjetischen Panzern in ein blutiges Gefecht verwickelt wurde, war die rechte Seite der 16. Panzerdivision ungeschützt. Die Sowjets erkannten die Gunst der Stunde und versuchten, mit Panzern und motorisierter Infanterie die Flanke der allein vorstoßenden 16. Panzerdivision aufzureißen. Zwar konnten die Russen zurückgeworfen werden, aber die Division musste schlimme Verluste an Menschen und Material hinnehmen. Während dieser Gefechte wurde Strachwitz am 23. Juni erneut durch Granatsplitter am Kopf verwundet, was ihn abermals nicht davon abhielt, sich, nur notdürftig verbunden, schleunigst wieder an die Spitze seiner Männer zu stellen.

Noch während der beiden Unternehmungen Wilhelm und Fridericus II wurden einzelne, nicht mehr benötigte Teile, vor allem von der II. Abteilung des Panzerregiments 2, aus dem Regiment herausgezogen und nach Makejewka zurückverlegt. Oberstleutnant Sauvant wurde abgelöst und als Lehrer zur Abteilungsführerschule nach Versailles in Frankreich versetzt. Sein Nachfolger als Führer der II. Panzerabteilung des Regiments wurde Oberstleutnant von Bassewitz. Das Panzerregiment 2 sammelte sich bis Ende Juni 1942 komplett in Makejewka, wo nach und nach auch die I. Abteilung eintraf. Die Ruhe tat gut. Die Soldaten konnten einigermaßen regenerieren und das Material repariert oder ersetzt werden. In diesen Tagen traf eine neue III. Abteilung ein, die unter der Führung von Hauptmann Warmbold stand. Diese Abteilung war die bisherige II. Abteilung des Panzerregiments 10, das in Zinten/Ostpreußen aufgefüllt und zuvor der 8. Panzerdivision unterstellt worden war.

Da bis zum Beginn der Sommeroffensive 1942 keine neuen Tanks beim Regiment eingetroffen waren, gab die neue III. Abteilung ihre Panzer zur Ergänzung an die I. und II. Abteilung ab und blieb in Makejewka, der Rest des Regiments rückte ab.

Während die 16. Panzerdivision an Donez, Burluk und Oskol kämpfte, versammelten sich entlang der 400 Kilometer langen Frontlinie von Kursk bis Taganrog fünf deutsche Armeen, hinter denen jeweils noch eine ungarische, eine italienische und eine rumänische Armee aufmarschierten. Das Ziel der Sommeroffensive war die Wolga von Saratow bis Stalingrad und die Ölfelder des Kaukasus. Dann sollte es zunächst weitergehen nach Persien, wo man sich mit dem Afrikakorps vereinigen wollte, und schließlich entlang der Wolga zurück in den Rücken von Moskau.

Noch während sich die 16. Panzerdivision im Raum Makejewka erholte, begann am 28. Juni der Angriff durch die 4. Panzerarmee des Generalobersten Hoth im nördlichen Abschnitt. Trotz des heftigen sowjetischen Widerstandes, rissen die deutschen Divisionen schon im ersten Anlauf die feindliche Front von Orel bis Isjum auf. Bereits am 5. Juli fiel Woronesch, aber das eigentliche Ziel, die Überschreitung des Don, gelang nicht. Nur zwischen Woronesch und Ostrogosch konnten wenige Brückenköpfe jenseits des Don gebildet werden, hinter denen sich die deutschen Truppen einigelten. Damit musste das Fernziel Saratow jetzt schon aufgegeben werden.

Am 8. Juli 1942 rückte etwa ein Drittel der 16. Panzerdivision aus Makejewka ab, darunter auch das Panzerregiment 2, und zog über Artemowsk in den kleinen Ort Tripolje, wo es sich für den folgenden Tag zum Angriff bereit machte. Die 16. Panzerdivision stand jetzt unter dem Kommando des XIV. Panzerkorps, das General Wietersheim führte. Zu diesem Korps gehörte noch die 3. Infanteriedivision (mot.) und die 60. Infanteriedivision (mot.). Den beiden Divisionen waren die Panzerabteilungen 103 und 160 unterstellt.

Am folgenden Tag schon stieß eine Divisionsgruppe ohne Artillerievorbereitung rund fünfzig Kilometer weit bis zum Donez vor, um einen Brückenkopf zu bilden. Die Kampfgruppe bestand aus der Panzer-Aufklärungsabteilung 16 unter Major von Witzleben mit der 2. Kompanie des Panzerregiments 2, der 2. Kompanie des Pionierbataillons 16 und zwei motorisierten Schützenbataillonen.

Gegen den Rat des Kompaniechefs der 2. Panzerkompanie, Hauptmann Freytag von Loringhoven, drosch Major von Witzleben seine Kompanie durch ein entdecktes Minenfeld und verursachte so erhebliche Verluste an Mensch und Material. Ein Drittel der Panzer der 2. Kompanie war unbrauchbar. Doch schon am nächsten Tag wich die Rote Armee zurück, und der Vormarsch konnte fortgesetzt werden. Die Sowjets zeigten jetzt, im Gegensatz zu früheren Kämpfen, eine neue Taktik. Sie verteidigten ihre Stellungen, hielten den Gegner hin, wichen aber rechtzeitig aus oder zurück, wenn die Gefahr einer Einschließung drohte. Material, Vieh und Industrieausrüstungen wurden von den Russen evakuiert oder vernichtet.

Am Abend des 11. Juli erreichten Strachwitz' Panzer ohne wesentlichen Widerstand über Kaganowitsch den Donez südlich Lissitschansk. Nach langem Suchen fand man schließlich eine Brücke des Gegners, auf der nach kurzer Instandsetzung durch die Pioniere das Regiment im Morgengrauen des 12. Juli über den Fluss setzte und im zügigen Vormarsch Borokoje erreichte.

Oberst Sieckenius ging der Vormarsch nach der Überquerung des Flusses auf dem sehr sandigen Ostufer zu langsam voran. Kurz entschlossen setzte er sich in seinen Kübelwagen an die Spitze der Kolonne, nicht ohne vorher den dort fahrenden Kommandeur der II. Abteilung brüsk zur Eile anzutreiben. Nur wenige Hundert Meter weit kam der Kübelwagen des Oberst, dann gab es plötzlich einen fürchterlichen Knall und eine schwarze Qualmwolke stieg zum Himmel. Als sie sich verzogen hatte, sah man den Oberst, seinen Fahrer, seinen Adjutanten und den Gefechtsschreiber verdattert am Straßenrand neben ihrem demolierten Fahrzeug stehen, alle wie durch ein Wunder nur leicht verletzt. Sie waren auf eine Mine gefahren. Graf Strachwitz sah sich gleich nach Oberst Sieckenius um, und während sich beide über den Vorfall unterhielten, begann der Graf plötzlich aufgeregt mit dem Fuß am Boden zu scharren. Unmittelbar neben dem Kommandeur war eine zweite Mine vergraben, die dieser mit einem winzigen Schritt zur Seite ausgelöst hätte. Nur dem Instinkt des Conté war es zu verdanken, dass Sieckenius diese Episode unbeschadet überstanden hatte.

In der Zwischenzeit erreichte die Kampfstaffel den Flussabschnitt bei Nowoaidar, wo sie einige Tage rastete. Am 17. Juli drang sie ohne wesentlichen Widerstand bis nach Baranowka vor. Oberst Sieckenius musste hier wegen der Verletzungen, die er sich bei der Minenexplosion zugezogen hatte, für einige Tage ins Feldlazarett. Oberstleutnant von Bassewitz übernahm das Regiment in Vertretung und Hauptmann von Brühl die Führung der II. Abteilung des Panzerregiments 2.

Weiter ging der Vormarsch durch baum- und strauchloses Gelände, immer unterstützt von der Luftwaffe. Vorbei an Millerowo stießen die Panzer nach Nordosten vor, erreichten bei Bokowskaja den Tschir, drehten nach Südosten ab und überschritten bei Archanowskij den Fluss, von wo aus sie am 23. Juli zum Angriff auf den großen Donbogen antraten.

Rasch war ein Brückenkopf errichtet, allerdings wurde der russische Widerstand immer heftiger, je weiter die deutschen Einheiten nach Osten vordrangen. Bereits am folgenden Tag wurde das Panzerregiment 2 in heftige Kämpfe um die Ortschaften Manolin, Suchanow und Nish-Businowka verwickelt. Ständig warfen die Russen frische Panzerkräfte vom Ostufer des Don in den Kampf, aber immer wieder konnten die deutschen Einheiten, wenn auch unter starken Verlusten, den zahlenmäßig überlegenen Gegner zurückschlagen. Eines Morgens schoss beispielsweise die II. Abteilung bei Businowka mit Unterstützung einer Kompanie schwerer Sturmgeschütze mit 12,2-cm-Kanonen 52 Panzer ab und die 4. und die 6. Kompanie am 1. August bei Suchanow 27.

Auch die Kampfgruppe Lattmann mit der Panzerabteilung von Graf Strachwitz, dem Panzergrenadier-Bataillon 16, der Artillerieabteilung Zientsch und dem Kradschützenbataillon 16 rollte nach Osten und stand am Morgen des 24. Juli vor Werchnaja-Businowka westlich Kalatsch, dem zweiten Sperrriegel des Feindes. Während Strachwitz' Panzer gegen starkes Pak-Feuer ankämpften, griffen die Panzergrenadiere den Ort frontal an. Rasch konnten zwei 21-cm-Artilleriebatterien vernichtet und der Feind aus den Stellungen geworfen werden. Um die Mittagszeit war Werchnaja-Businowka genommen. In einer Rechtsschwenkung ging es dem Westufer der Liska entlang nach Suchanow, das nach kurzem Kampf erobert wurde.

Bei den einen lief es wie am Schnürchen, bei den anderen spitzte sich die Lage zu. Die Kampfgruppe Lattmann hatte im Süden Jerusslanowskij wieder räumen müssen. Das Kradschützenbataillon unter Hauptmann Dörnemann wurde in schwere Kämpfe verwickelt, und im Norden standen russische Panzer bei Nish-Businowka. Sofort setzte Strachwitz seine Panzer zusammen mit der 2. Kompanie des Panzergrenadier-Bataillons 16 gegen den Feind an und vernichtete fünfzehn Panzer und 28 Geschütze und machte 600 Gefangene.

Um die Mittagsstunde des 31. Juli versuchten die Sowjets einen neuen Vorstoß, wobei Strachwitz eine Panzerkompanie zur Abwehr einsetzte, die wiederum acht T-34 abschoss. Kaltblütig ließen sich die Kradschützen während des Gefechtes überrollen und wehrten den nachfolgenden Infanterieangriff der Russen ab. Erst Anfang August flauten die Gefechte ab, und die Lage beruhigte sich merklich.

Noch immer war aber der sowjetische Brückenkopf bei Kalatsch nicht gefallen. Nach der erfolgreichen Abwehr aller sowjetischen Entlastungsangriffe trat die 16. Panzerdivision am 7. August 1942 erneut in Aktion. An der Spitze fuhr die Kampfgruppe Sieckenius mit den 120 Kampfwagen des Panzerregiments 2, gefolgt von den Fahrzeugen der Kampfgruppe Lattmann. Bereits um 08.15 Uhr erzwang die Panzerabteilung Strachwitz bei Ostrow den Übergang über die Liska, allerdings gegen starken Widerstand. Strachwitz' I. Abteilung musste herbe Verluste einstecken, und auch der Graf kam nicht ungeschoren davon. Wieder zeigte er Härte gegen sich selbst, ließ sich verarzten und eilte sofort zu seinen Männern zurück.

Am 8. August fuhren die Panzer des Grafen auf der Donhöhenstraße Richtung Kalatsch. Zur gleichen Zeit wurde die II. Abteilung auf der Höhe 150,7 von zwanzig T-34- und KW-I-Tanks angegriffen. Es kam zu erbitterten Kämpfen, in deren Verlauf Stoßtrupps der motorisierten Infanterie nach vorne schlichen und mehrere T-34 im Nahkampf knackten. Schließlich gaben die Sowjets auf und zogen sich zurück, aber auch die eigenen Einheiten hatte schwere Verluste erlitten. Sechs Panzer mussten abgeschrieben werden. Gegen Mittag des gleichen Tages griff die Kampfgruppe Reinisch den nördlichen Don-Brückenkopf der Russen an. Sie rollte durch Beresow hindurch ins Dontal und sah von dort aus auf den Don, der majestätisch in einer Breite von zweihundert Meter an steilen Ufern vorbei nach Süden floss. Über den Don kam man allerdings nicht, eine der Brücken flog wenig später in die Luft, die zweite Brücke stand in Flammen.

Am Abend des 8. August konnte das Panzerregiment 2 trotzdem auf seine großen Erfolg stolz sein. Allein die 2. Kompanie unter Hauptmann Freytag von Loringhoven hatte acht T-34, zwei T-70 und fünf KW-I abgeschossen.

Verzweifelt setzten sich die Russen zur Wehr. Ihre wütenden Luftangriffe auf das von den Deutschen besetzte Westufer richteten immense Schäden an. Benzin- und Munitionsfahrzeuge flogen in die Luft, mit Phosphorbomben setzte die sowjetische Luftwaffe die Steppe in Brand und piesackte so durch den beißenden Qualm und die glühende Hitze die deutschen Soldaten. Gleichzeitig setzten die sowjetischen Verbände, die noch westlich der Liska standen, zum Stoß in den Rücken der Deutschen im Donbogen an. Die russischen Panzer brachen bei Gurejew durch und stifteten bei den Trossen im Hinterland heillose Verwirrung.

Erneut machte die 16. Panzerdivision kehrt in Richtung des Liska-Abschnittes. Mit 90 Kampfwagen bildete die Division eine starke Speerspitze gegen die sechs sowjetischen Divisionen, die im Rücken der Deutschen am Don standen. Überall traf sie auf Widerstand, der in kurzen und heftigen Gefechten gebrochen werden musste. Trotzdem ging der Kampf um den Großen Donbogen und den Brückenkopf Kalatsch allmählich zu Ende. Allein die 16. Panzerdivision machte 8.300 Gefangene, schoss 275 Panzer ab und vernichtete 298 Geschütze. Seit dem 22. Juni 1942 waren ihr etwa tausend feindliche Panzer zum Opfer gefallen.

Anschließend sollte die Division im Donbogen vorhandene Feindkräfte aufstöbern, während das Panzerregiment 2 über Ostrow und Suchanow nach Nish-Businowka in den neuen Bereitstellungsraum zurückmarschierte. Hier war inzwischen die III. Abteilung eingetroffen. Zunächst verbrachten die Männer des Panzerregiments 2 einige ruhige Tage mitten in der Steppe, doch die Ruhe war trügerisch. Die Überquerung des Don stand unmittelbar bevor.

Am 15. August, morgens um 02.00 Uhr, eröffneten deutsche Kampf-, Stuka- und Schlachtflieger den Angriff. Die deutschen Divisionen sollten um den Don-Bogen einen Sack bilden, der nur nach Westen offen war. Diese Öffnung hatten die Infanteriedivisionen der inzwischen aufgeschlossenen 6. Armee zu schließen.

Die Kampfgruppe Sieckenius durchstieß die sowjetischen Stellungen südlich Blishinaja und Perekopka gegen aufopferungsvoll kämpfende Rotarmisten. Inzwischen stießen die Panzer des Grafen Strachwitz bis Ostrowskij zum Don vor, wo sie jedoch nur zerstörte Brücken vorfanden. Am 16. August griffen die Kampf-

Die wechselvollen Abwehrkämpfe 1941/1942 führte die 16. Panzerdivision auch in die Gegend von Taganrog an der Mündung des Dons am Asowschen Meer.

Die meisten Panzer waren ausgefallen. Die Verluste waren sehr hoch und die Reste der 16. Panzerdivision mussten in unzulänglicher Ausrüstung dem sehr harten Winter 1941/1942 und einem erstarkten Gegner trotzen. Pferde waren oft die einzige verlässliche Transportmöglichkeit, aber die brauchten Futter, was nur schwer zu beschaffen war. Aus „mot“ wurde „hot“.

Charkow im Frühjahr 1942 bevor die Russen im Mai 1942 versuchten, die Stadt zurückzuerobern. Die Wegweiser zeigen Ortsnamen, die noch Schauplätze großer Schlachten des Zweiten Weltkriegs werden sollten.

Erbeutete russische Fahrzeuge und Waffen, die nach der zweiten Schlacht um Charkow im Mai 1942 in deutsche Hände fielen. Am erfolgreichen Abschluss der Kämpfe um Charkow hatte die 16. Panzerdivision großen Anteil.

Ein Sonnenbad im Frühling 1942 am Mius. Die 16. Panzerdivision wurde hier für kommende Einsätze mit neuem Personal und Material aufgefrischt.

Ein Foto von deutschen Soldaten am Mius im Frühjahr des Jahres 1942.

Die Sommeroffensive 1942 sollte dem deutschen Heer nochmals große Erfolge und Geländegewinne bringen.

Panzer und Schützenpanzer des Panzerregiments 2 bei einem Halt auf dem Vormarsch über Kalatsch am Don nach Stalingrad im August 1942.

Ein Panzer III der 16. Panzerdivision mit 5 cm-Kanone. Gegen den immer häufiger auftretenden russsischen Panzer „T 34“ hatte dieser deutsche Panzer kaum eine Chance.

Der Don-Übergang bei Kalatsch. Stalingrad war das nächste Ziel, das zum Schicksalsort so vieler deutscher Divisionen werden sollte.

Am 15. September 1942 übernahm General Hube das XIV. Panzerkorps und verließ seine 16. Panzerdivision. Das Foto zeigt die Verabschiedung von seinem Panzerregimentskommandeur Oberstleutnant Sieckenius.

Auch Major Stock von der Panzernachrichtenabteilung 16 wünscht seinem beliebten Divisionskommandeur weiterhin viel Soldatenglück.

Oberst von Arenstorff, Kommandeur der 16. Schützenbrigade bei der Verabschiedung von General Hube.

General Hube gibt Oberst Krumpen vom Schützenregiment 64 noch einen kameradschaftlichen Rat.

Oben links:
General Hube führte auch sein XIV. Panzerkorps mit viel Erfolg, sodass er bereits am 21. Dezember 1942 die Schwerter verliehen bekam.

Oben rechts:
Nachfolger als Kommandeur der 16. Panzerdivision wurde General Angern, der als Kommandeur der 11. Schützenbrigade am 8. August 1940 das Ritterkreuz erhalten hatte. Er wählte am 2. Februar 1943 den Freitod in Stalingrad.

Ein letztes Bild von Major von Strachwitz in der Steppe vor Stalingrad. Kamele als Zugtiere waren auch für Graf Strachwitz etwas Ungewöhnliches. Graf Strachwitz wurde am 13. Oktober 1942 schwer verwundet und musste so das Schicksal seiner Kameraden in Stalingrad nicht teilen.

Trotz aller Erfolge, die die Deutsche Wehrmacht im Sommer 1942 erzielte, hatten die Sowjets dazugelernt. Die russische Panzerproduktion wurde ernorm angekurbelt. Hier ein „T 34"-Turm in einer der russischen Panzerfabriken.

Russische Soldaten beim Sprung von einem Panzer „T 34". Oft bereits mit Maschinenpistolen bewaffnet, gewannen sie zunehmend an Stärke.

Stalingrad wird oft als Wendepunkt des Zweiten Weltkriegs bezeichnet. In dieser Stadt entschied sich auch das Schicksal für die 16. Panzerdivision, in der Graf Strachwitz bis zu seiner Verwundung diente.

gruppe Sieckenius und die Panzerabteilung Strachwitz die Ortschaft Werchnij Akatow an, während Sturmgeschütze der 384. Infanteriedivision das Waldgebiet vor dem Don durchkämmten. Motorisierte Infanterieverbände der 16. Panzerdivision hatten gleichzeitig die Höhe 132,4 und Nishni Akatow am Don genommen und sich anschließend den Übergang über den Fluss erkämpft.

Am Abend dieses Tages bewies Graf Strachwitz wieder einmal sein taktisches Können. Er teilte seine Abteilung in zwei Kampfstaffeln auf, die Trechostrowskaja von der Donhöhenstraße her angriffen und im Handstreich nahmen. Nach kurzem und hartem Gefecht stand dann auch der „Panzergraf" mit seinen Männern am Ufer des Don. Zwar setzten die Russen die dortige Brücke in Brand, doch unter dem Feuerschutz von Strachwitz' Panzern konnten Pioniere ihre Funktionstüchtigkeit und damit eine Überquerungsmöglichkeit retten. Bereits in der Nacht zum 17. August trafen die Spitzen der Infanterie ein, und damit war der Sack am Don zu. Bei den Kämpfen hatte die 16. Panzerdivision 800 Gefangene gemacht, 14 Panzer abgeschossen und 78 Geschütze vernichtet.

Damit war der Kampf in der Donsteppe beendet. Zwar waren die eigenen Verluste hoch, doch waren erneut 1.000 Panzer und 750 Geschütze zerstört oder erbeutet worden. Zudem konnten 88.700 Gefangene gemacht werden. Zur gleichen Zeit fand auch der Kampf um den Charkow-Kessel sein Ende, nach dem weitere 240.000 Rotarmisten in Gefangenschaft gehen mussten.

Wie gesehen, waren die Erfolge der deutschen Truppen in den letzten Wochen grandios, aber es war ihnen nicht gelungen, die Rote Armee in einer entscheidenden Schlacht zu besiegen. Die neue Taktik der Sowjets war aufgegangen. Sie zogen sich kämpfend zur Wolga zurück, wobei sie die Bevölkerung aufforderten mitzukommen. Für die Deutschen schien es, als seien die russischen Soldaten kampfmüde und deprimiert, und auch Hitler glaubte, die Russen im Großen Donbogen vernichtend geschlagen zu haben. Daher verfolgte er nun ein gefährliches Doppelziel: Einmarsch in den Kaukasus und Eroberung Stalingrads.

In der Nacht vom 22. auf den 23. August 1942 überschritt das Panzerregiment 2 an der Spitze der 16. Panzerdivision die Pontonbrücke bei Lutschinskij und machte sich ostwärts der Ortschaft Wertjatschij zum Angriff bereit. Graf Strachwitz lag mit den Panzern seiner Abteilung bei Akimowski, als der Angriff der Russen begann. „Ob der Iwan weiß, was wir morgen früh vorhaben?", keuchte der Kompaniechef der 2. Kompanie, Freiherr Freytag von Loringhoven, als er sich neben dem Grafen in ein Deckungsloch warf.

„Noch haben sie ihr Feuerwerk nicht eingestellt, trotzdem bleibt es bei der X-Zeit 04.15 Uhr", kam Strachwitz' missmutige Antwort, „wenn der Feuerzauber der Russen nachlässt, können wir noch vorher im Don baden."

„Das sieht aber nicht danach aus. Ob sie wissen, wo unsere Panzer stehen?"

„Das glaube ich nicht, bisher schießen sie nur ins Blaue", antwortete der Conté und grinste. In diesem Augenblick krachte es mehrmals hintereinander fürchterlich. Nur wenige Meter vor den Deckungslöchern schlugen russische Granaten ein. Die nächste Salve des Gegners lag etwa fünfzig Meter hinter ihnen. Dann schossen die Russen mit ihrer Artillerie in Richtung des Donflusses. Allmählich ebbte das Artilleriefeuer dann aber ab, bis es ganz verstummte.

„Ausfälle melden", rief Strachwitz einem Ordonnanzoffizier zu, „ich will sofort Meldungen!"

„Kommen gleich, Herr Graf", bekam Strachwitz zur Antwort und erfuhr nur Sekunden später, dass lediglich zwei Leichtverwundete und ein völlig zersiebter Kübelwagen zu beklagen waren.

Strachwitz atmete auf und reckte seine verspannten Glieder. Doch er sollte keine Ruhe bekommen, schon kam ein Melder angerannt:

„Funkspruch vom Regiment! Herr Graf möchten sich sofort mit Oberst Sieckenius beim Herrn General melden!"

Als Strachwitz beim Gefechtsstand der Division ankam, war Oberst Sieckenius bereits da. Noch während Strachwitz dem Oberst und General Hube die Hand schüttelte, zog ihn Hube zu sich heran:

„Ich habe bereits mit Sieckenius gesprochen und will Sie beide persönlich einweisen. Sie, Strachwitz, bleiben mit Ihrer Abteilung vorerst im Hintergrund. Die Absicht der Führung ist es, einen tiefen Einbruch durch die gegnerischen Linien zu erzwingen. Sie sind sich wohl im Klaren, dass das Erreichen der Wolga Ziel und Zweck der Übung ist. Zum Angriff auf Stalingrad wird die 6. Armee unter Generaloberst Paulus angesetzt. Unsere Panzer- und motorisierten Verbände des XIV. Panzerkorps unterstützen Paulus' Männer.

Allerdings will die Führung das Ziel in einer einzigen, zügig durchgeführten Operation erreichen. Ich hatte angenommen, dass dies nach und nach erfolgen soll, damit wir unsere Nachschubwege, die jetzt schon völlig überlastet sind, entsprechend absichern können."

Der General nahm einen Zeigestock vom Schreibtisch und ging zur Karte.

„Hier ist die Kirgisensteppe, aus deren Tiefe heraus wohl kaum ein Angriff auf uns zukommen wird. Zumindest müsste die Luftaufklärung entsprechende Feindstellungen rechtzeitig erkennen und melden können.

Also halten wir uns morgen bereit. An unseren bisherigen Befehlen ändert sich nichts, außer dass wir keine Tagesziele angeben, sondern eben durchrollen, so rasch wir können. Links von uns greift die 3. Infanteriedivision, rechts von uns die 60. Infanteriedivision an. Außerdem steht uns zum Brechen stärkeren Feindwiderstandes das Flakregiment 37 der 9. Flakdivision zur Verfügung, das ebenfalls mit uns vorgeht. Das wäre die Lage im Allgemeinen. Über das, was Sie in Ihrem Abschnitt an Feindkräften vor sich haben, sind Sie ja bereits orientiert?"

„Jawohl, Herr General!", antworteten Sieckenius und Strachwitz wie aus einem Mund. „Sonst noch Fragen meine Herren?"

Als beide verneinten, wünschte Hube beiden Offizieren: „Hals und

Beinbruch – und Gott mit uns!" Auf der Rückkehr zur Abteilung gingen Strachwitz noch einmal die Worte des Generals durch den Kopf. Schließlich war die Entfernung zur Wolga nicht groß, vielleicht sechzig Kilometer, mehr nicht. Würde alles klappen, sollte es ein Leichtes sein, diese Distanz in einem Tag zurückzulegen. Warum dann die Sorgen des Divisionskommandeurs um die Flankensicherung? Das ganze Gespräch mit General Hube kam Strachwitz merkwürdig vor. Es schien so, als würde der General etwas ahnen.

Kurz nach Morgengrauen griff die Division als erste Welle des XIV. Panzerkorps mit der Kampfgruppe Sieckenius, bestehend aus der II. und III. Abteilung, die nebeneinander nach vorn rollten, und der Kampfgruppe Strachwitz mit der I. Abteilung, die hinterher folgte, in Richtung Osten an. Das Ziel der Soldaten war die Wolga und Stalingrad, das ehemalige Zaryzin, das genommen werden musste.

Noch wusste keiner der Panzersoldaten, dass dies der letzte große geschlossene Angriff des Regiments im Krieg sein würde. Der breite Keil angreifender Panzer, denen motorisierte Schützen- und Artillerieregimenter folgten, war ein eindrucksvolles Bild. Hervorragend von den Fliegern der Luftflotte 4 des Generaloberst Wolfram Freiherr von Richthofen unterstützt, kam der Angriff gut voran. Vor allem die ersten neuen gepanzerten Schlachtflieger vom Typ Henschel-129 trafen den Gegner empfindlich. Sie kämpften zusammen mit den Stukas den Weg der Heerestruppen frei. Die Rote Armee leistete nur wenig Widerstand, was dem Feuerüberfall der russischen Artillerie in der Nacht eigentlich widersprach. Doch Strachwitz konnte nicht weiter darüber nachdenken. Für ihn und seine Panzermänner gab es nur eine Losung:

„Vorwärts!"

Fast ohne Deckung rollten die Panzer wie auf dem Präsentierteller durch die Steppe. Im Befehlspanzer an der Spitze seiner Abteilung fuhr Graf Strachwitz und beobachtete die deutsche Streitmacht vor sich. Fast vierhundert Tanks donnerten auf die Wolga und Stalingrad zu. Es dauerte nicht lange, bis sie in Kämpfe verwickelt wurden und Oberst Sieckenius auch die I. Abteilung des Grafen nach vorne beorderte.

Als hätte der bereits auf diesen Befehl gewartet, stürmte er sogleich mit seinem Panzer nach vorne. Wo nennenswerter Widerstand auftrat, schossen die Fahrzeuge des Conté die Vormarschstraße frei.

„Nicht stehen bleiben, weiter, immer vorwärts", gab Strachwitz seinen Männern unablässig über Funk durch.

Ohne eigene Ausfälle ging es voran. Die Sonne brannte unbarmherzig auf die Rollbahn nieder, den Soldaten rann der Schweiß in Strömen am Körper herab. Das Panzerregiment 2 bekam den Auftrag, die Wolga zwischen Rynok und Spartakowka anzusteuern. Schon standen die ersten Kampfgruppen in den Vororten Stalingrads. Zur selben Zeit erreichte die 6. Panzerkompanie als erste deutsche Einheit das Westufer der Wolga. Die nachrückenden Panzer fuhren geradewegs in das schwere Feuer aus gegnerischen Flakstellungen. Erst nach stundenlangem Kampf verstummten die zum Teil von Frauen bedienten Kanonen. Im Verlauf der Kämpfe stieß das Panzerregiment 2 bis zum Westufer der Wolga vor, zehn Kilometer nördlich von Stalingrad. Von den alles überragenden Höhen des Westufers hatte man einen herrlichen Blick auf den gewaltigen Strom und die dahinter liegende unendliche asiatische Steppe.

Inzwischen hatte auch die I. Panzerabteilung unter der Führung des „Panzergrafen" den Stadtrand von Stalingrad erreicht. Graf Strachwitz ließ seine Abteilung stoppen und nahm den Funker beiseite:

„Funkspruch an die Division. Stalingrad-Nordrand erreicht."

Anschließend hob er das Fernglas an die Augen und suchte die Umgebung ab, aber Feindstellungen oder Verteidigungsanlagen waren keine zu erkennen.

„Luken schließen. Wir rollen dicht an den Häusern vor, falls die Straßen vermint sind", befahl er.

Sein Befehlspanzer ruckte als erster an.

„Tempo, schneller! Wir müssen hier schleunigst durch!", rief Strachwitz ungeduldig in sein Kehlkopfmikrofon.

Die Panzer rumpelten an einigen verlassenen Lastwagen vorbei. Eine eigentümliche Stille lag über der Stadt, nur das Rasseln der Panzerketten und das sonore Brummen der Motoren war zu hören. Plötzlich blitzte es direkt vor dem Befehlspanzer des Grafen und eine Granate zischte heulend am Turm vorbei.

„Achtung! Halb rechts im Garten eine Pak!", Strachwitz war die Ruhe selbst.

Schnell wurde die sowjetische Pak zum Schweigen gebracht, und schon ging es weiter. Von der Wolga hörten sie bereits das Heulen der Schiffssirenen. Bis zum Fluss konnte es also nicht mehr weit sein. Und tatsächlich, nur Minuten später breitete sich der riesige Strom vor ihnen aus.

Das Eigenartige an Don und Wolga waren die hohen Ufer auf der Westseite der beiden Flüsse, teilweise zwischen 70 und 100 Metern hoch, während die Ostufer sehr niedrig waren. Es war für Graf Strachwitz und seine Männer ein überwältigender Eindruck, als sie auf der hohen Uferböschung standen und unter sich die große Stadt Stalingrad mit rund einer halben Million Einwohner sahen, die allerdings durch die vielen Luftangriffe in dichten schwarzen Rauch gehüllt war. Der Fluss war wider Erwarten sehr belebt. Zahlreiche Dampfer, Boote und Kähne erweckten den Eindruck tiefen Friedens. Auf Strachwitz' Befehl wurden die Schiffe unter Feuer genommen, einige konnten versenkt werden.

In den folgenden Tagen waren die deutschen Truppen zur Untätigkeit verurteilt. Die nachfolgenden Infanteriedivisionen waren durch russische Gegenangriffe aufgehalten worden, das XIV. Panzerkorps somit vorerst von Nachschub und Verstärkung getrennt. Erst als die Infanteriedivisionen das Panzerkorps erreicht hatten, begann der Aufbau eines Riegels zwischen Wolga und Don, in dem die 16. Panzerdivision den östlichen Abschnitt erhielt. Die Kompanien

Dringend benötigtes Material für die kämpfenden Einheiten in Stalingrad wurde mit Hilfe von Ju-52 Transportmaschinen herbeigeschafft. Auf ihrem Rückflug nahmen die Maschinen dann Verwundete, die nicht vor Ort behandelt werden konnten, mit zurück.

der Division wurden zur Säuberung des Wolgaufers und zu Vorstößen in nördlicher Richtung eingesetzt. Den Kampf um das Stadtgebiet von Stalingrad übernahm die 6. Armee. Die Panzer wurden bei diesen Kämpfen als Feuerwehr eingesetzt und in die Abschnitte geworfen, in denen es besonders brannte. Der Roten Armee gelang es in diesen Tagen, immer wieder frische Truppen heranzuführen, sodass es zu schweren Kämpfen mit erheblichen Verlusten kam. Erstmalig griffen sowjetische Verbände in den Krieg ein, die mit amerikanischen Panzern ausgerüstet waren, allerdings waren die wegen ihrer hohen Aufbauten und der geringen Panzerung wesentlich leichter zu zerstören, als die T-34, denen erst ab 300 Meter beizukommen war. Die anhaltenden Kämpfe erschöpften die deutschen Infanteriekräfte erheblich, und so konnte die Rote Armee immer wieder Lücken in die Front reißen, die die Panzer wiederum stopfen mussten. Zur Abwehr feindlicher Panzerangriffe dachte sich Graf Strachwitz bald eine neue Taktik aus. Er lauerte dem Feind im Hinterhalt auf und griff ihn auf kürzeste Entfernung an. So konnte beispielsweise die 2. Kompanie an einem einzigen Tag mit nur sieben einsatzbereiten Fahrzeugen 22 Feindpanzer abschießen. Die schweren Kämpfe um den nördlichen Riegel dauerten den ganzen Monat September über an. Anfang Oktober 1942 wurde Oberstleutnant von Bassewitz als Regimentskommandeur zum Panzerregiment 24 versetzt, das im Verband der ostpreußischen 24. Panzerdivision ebenfalls bei Stalingrad kämpfte. Am 13. Oktober 1942 wurde Hyacinth Graf Strachwitz zusammen mit seinem Fahrer Feldwebel Haase erneut, diesmal aber schwer, verwundet. Ein Volltreffer auf den Befehlspanzer verursachte bei beiden schwere Brandverletzungen, die diesmal einen Aufenthalt im Feldlazarett nötig machten. Der Oberstabsarzt trat an das Krankenbett des schwerverletzten Grafen:

„Sie kommen ins Reservelazarett Breslau, Herr Oberstleutnant." Bevor ihm Strachwitz antworten konnte, fuhr der Arzt fort:

„Ihre Brandverletzungen sind ernst, es wird höchste Zeit, dass Sie in der Heimat intensiv behandelt werden."

„Ist es so schlimm, Doktor?", fragte Strachwitz mit schmerzverzerrtem Gesicht.

„Lebensbedrohlich ist es nicht, aber schon schwerwiegend. Und General Hube braucht Sie bald und voll einsatzfähig wieder hier, deshalb lässt er Sie ausfliegen, das geht wesentlich schneller, als mit dem Lazarettzug."

Für Graf Strachwitz übernahm der inzwischen zum Hauptmann beförderte Freiherr Freytag von Loringhoven die I. Panzerabteilung des Panzerregiments 2, die II. Abteilung führte Hauptmann von Cramon und die III. Abteilung blieb unter der Führung von Hauptmann Warmbold. In Freytag von Loringhovens Dokumenten fand man ein Schriftstück, in dem er sich an Oberstleutnant Graf Strachwitz erinnerte. Darin ist zu lesen:

Mein Abteilungskommandeur war eine ganz besondere Persönlichkeit, die später im Krieg noch eine große Rolle spielen sollte. Es war der Oberstleutnant der Reserve Hyacinth Graf Strachwitz, genannt auch „Heia“ oder „Panzergraf“. Unter ihm habe ich ein gutes halbes Jahr gedient und möchte einige Worte über diesen grandiosen Mann verlieren. [...] Er war ein unabhängiger Mensch, der einen riesigen Besitz in Oberschlesien besaß. Außerdem war er ein begeisterter Soldat, schon älter und hatte bereits den I. Weltkrieg mitgemacht. Bereits als Kavallerie-Spähtruppführer hatte er zu Beginn des I. Weltkrieges die Türme von Paris gesehen. Im II. Weltkrieg war er bei uns im Panzerregiment 2, früher war es das Kavallerieregiment 7 in Breslau. Er war als Reserveoffizier nach Eisenach, unserer Friedensgarnison, gekommen. Sein militärischer Werdegang Anfang des Krieges war eigentlich eher bescheiden. Er fing als Verpflegungsoffizier im Polenfeldzug an, arbeitete sich hoch zum Kolonnenführer für die Munitions- und Betriebsstoffkolonne im Frankreichfeldzug. Im Balkan- und Russlandfeldzug hatte er es dann geschafft, in die kämpfende Truppe hereinzukommen und übernahm die I. Abteilung des Regiments 2. Er war ein Mann, der keine Furcht kannte, ein enorm kühner Mensch mit einem ganz unglaublichen Instinkt, mit einem Gefühl für die Natur und allem Unbestimmbaren, also ein wirklich ungewöhnlicher Mensch.

Als die Riegelstellung aufgebaut wurde, um die sowjetischen Angriffe auf sechzig Kilometern Breite vom Norden her abzufangen, wurde auch unsere Division als Feuerwehr an diesem Frontabschnitt eingesetzt.

Der erste Angriffstag im Nordriegel, etwa Ende August 1942, bescherte Strachwitz' Panzerabteilung einen großen Abwehrerfolg. An der Front zog sich nämlich ein mehrere Kilometer langer Hügelstreifen hin, hinter dem wir mit unserer Abteilung, also mit den drei Kompanien, in der Hinterhangstellung dieses Hügelstreifens an der Südseite lagen, sodass wir nicht gesehen wurden.

Der Russe griff uns mit einer unglaublichen Sturheit immer an den gleichen Stellen an. Es rollte eine Welle nach der anderen an, und sie kamen schließlich über den Hügel. Wir lagen rund 500 Meter entfernt. Wir ließen sie auf zirka 300 Meter herankommen und schossen sie dann nacheinander ab.

Meine Kompanie hatte nur noch wenige einsatzbereite Panzer, schoss aber bereits am ersten Tag 22 feindliche Panzer ab. Immer neue Wellen kamen stur an denselben Stellen heran und am nächsten Tag passierte dasselbe, wo etwa noch einmal so viele Panzer abgeschossen wurden. Die beiden Kompanien, die neben unserer lagen, hatten ähnliche Erfolge. Unser guter „Panzergraf“ brauchte hinter der Front nur in seinem Befehlspanzer sitzen, der eigentlich kein richtiger Panzer war, da seine Kanone nur eine Holzattrappe war, und die Abschüsse zu zählen, die ihm von den Kompanien gemeldet wurden. Am Abend des zweiten Tages der Schlacht, als der Kampf allmählich abebbte, kam Strachwitz auf die stolze Zahl von 100 Abschüssen.

„Heia“ Graf Strachwitz, den ich persönlich sehr mochte und den seine Männer verehrten, war, wie man heute sagen würde, ein guter Public Relations Manager. Er trommelte diese Ergebnisse nach allen Seiten aus, was ihm Belobigungen vom Divisionskommandeur Generalmajor Hube, vom Korpskommandeur General von Wietersheim und von den Armeegeneralen Hoth (4. Panzerarmee) und Paulus (6. Armee) einbrachte. Als er nach seiner Verwundung abgelöst wurde, kam dann sehr bald das Eichenlaub für Graf Strachwitz, für das, was ihm seine Kompanien zusammengeschossen hatten. Später führte er das Panzerregiment „Großdeutschland“ und machte noch eine fabelhafte Karriere. Er wurde einer der höchst ausgezeichneten Offiziere des Heeres, indem er später noch die Schwerter und die Brillanten verliehen bekam. Dieser „Panzergraf“ war einfach ein toller Mann und aufrechter Mensch. Als er weg war, übernahm ich seine Abteilung als Kommandeur, ahnte aber nicht, was auf mich zukam: Stalingrad!

Strachwitz blieb bis zum 10. November 1942 im Breslauer Lazarett, wo seine schweren Brandwunden versorgt wurden. Vom 11. bis 18. November 1942 musste er noch in der Berliner Charité nachbehandelt werden.

Am 13. November 1942 erhielt er für seine herausragenden Leistungen als 144. Soldat der deutschen Wehrmacht das Eichenlaub zum Ritterkreuz des Eisernen Kreuzes. In der Urkunde hieß es: „Graf Strachwitz nahm mit seiner Panzerabteilung am Angriffsstoß auf den Don und Stalingrad teil. Mit seinen Panzern stürmte er weit voraus ins feindliche Hinterland und schoss mit seiner Abteilung Hunderte von feindlichen Panzern ab.“

Noch im Laufe des Dezember 1942 wurde er ins Führerhauptquartier gerufen, wo ihm Hitler das Eichenlaub persönlich überreichte.

Nach anschließendem Kuraufenthalt in Bad Gastein und Urlaub auf dem heimischen Rittergut Alt Siedel war Graf Strachwitz gesundheitlich wieder hergestellt und wollte so schnell wie möglich zurück zu seinen Männern, und das, obwohl er als Fachmann den Wehrmachtsberichten und Zeitungsnachrichten entnehmen konnte, dass sich im Raum Stalingrad für die deutsche Wehrmacht die größte Katastrophe des Krieges anbahnte: der Kessel von Stalingrad.

Als der Conté – seit 1. Januar 1943 zum Oberst der Reserve befördert – Anfang Januar 1943 erfuhr, dass sich General Hube zur Berichterstattung und zur Verleihung der Schwerter im Führerhauptquartier aufhielt, nutzte er die Gelegenheit, sich bei seinem früheren General zu melden und ihn um die Versetzung zu seiner Division in den Kessel von Stalingrad zu bitten. Hube war sehr ernst, aber bestimmt:

„Mein lieber Strachwitz, ich kann Ihr Ansinnen nur rundheraus ablehnen, da wird nichts daraus. Sie wissen, ich schätze Sie als Mensch und Soldat und hätte Sie liebend gerne bei mir. Aber gerade, weil ich Sie schätze, lasse ich Sie nicht nach Stalingrad. Das ist mittlerweile die Hölle geworden. Es wäre ein glatter Mord, wenn ich Sie nach Stalingrad ließe.“

Strachwitz schaute den General verständnislos, ja missmutig an, doch der blieb hart:

„Das ist ein eindeutiger Befehl Strachwitz, darüber diskutiere ich nicht!“, und dann schon freundlicher, „einen Soldaten wie Sie können wir an anderer Stelle sinnvoller einsetzen.“

Strachwitz als Kommandeur des Panzerregiments Großdeutschland

Tatsächlich hatte sich die Führung bereits Gedanken gemacht. Ende Januar 1943 wurde Strachwitz ins Führerhauptquartier, nacheinander zu General Schmundt und zum Chef des Generalstabes des Heeres, General der Infanterie Zeitzler, gerufen. Letzterer teilte ihm kurz angebunden mit:

„Strachwitz, Sie werden das Panzerregiment Großdeutschland aufstellen, zu dessen Kommandeur Sie ernannt worden sind."

Mittlerweile war die Rote Armee in Stalingrad auf dem Vormarsch, die 6. Armee lag dort eingeschlossen und war bereits dem Tode geweiht. Die Heeresgruppe A hatte sich aus dem Kaukasus zurückgezogen. Die Verteidigungslinie von Charkow zum Schwarzen Meer hatte nun die höchste Priorität. Wenn sie nicht gehalten würde, könnten sowjetische Truppen die gesamte deutsche Südfront isolieren. Kein Zweifel, die Lage war ernst, besonders im mittleren Abschnitt bei Bjelgorod und Charkow, wo Strachwitz' zukünftige Division bereits im Kampf stand.

Das für den Grafen vorgesehene Panzerregiment gehörte zur Infanteriedivision (mot.) Großdeutschland, das aus dem Wachregiment in Berlin und dem Infanterieregiment (mot.) Großdeutschland hervorgegangen war. Die Division hatte bereits viele erfolgreiche Einsätze hinter sich gebracht. Sie galt als Elitetruppe und war stets in den Brennpunkten des Kampfgeschehens zugange. Ihr Kommandeur war General Hoernlein.

Als sich Strachwitz am 8. Februar 1943 beim Chef des Stabes der Armeeabteilung Lanz, Generalmajor Speidel, meldete, war das Schicksal der deutschen Soldaten in Stalingrad bereits besiegelt. Die letzten Reste der 6. Armee, darunter sein Panzerregiment 2 der westfälischen 16. Panzerdivision, hatten am 2. Februar 1943 kapituliert.

Speidel informierte Strachwitz zunächst über das Kampfgeschehen des letzten Monats. Sowjetische Truppen hatten ein 300 Kilometer breites Loch in die deutsche Front gerissen. Ihre Offensive hatte die 8. italienische und die 2. ungarische Armee vernichtet und drohte nun, die gesamte Front aufzurollen. Die Russen besaßen die Initiative und waren stark genug, ihren Angriffsschwung aufrechtzuerhalten. Sie beabsichtigten ganz offenbar eine doppelte Umfassung Charkows von Norden und Südwesten, also eine ähnliche Operation wie in Stalingrad. Die Situation war mehr als ernst.

Die Armeeabteilung Lanz war der Heeresgruppe B unter Generaloberst Maximilian Freiherr von Weichs unterstellt. Dem Oberbefehlshaber Lanz bescheinigte Speidel gute Nerven und gesundes Urteilsvermögen. Er sei also in diesen harten Zeiten der ideale Oberbefehlshaber. Speidel fuhr fort:

„Das Korps Cramer kämpft nördlich von Bjelgorod um sein Leben. Teilverbände sind bereits vom Gros abgeschnitten, halten aber die Stellung und hoffen auf Entsatz. Das SS-Panzerkorps unter Führung von Obergruppenführer Paul Hausser ist momentan die einzige Hoffnung für eine Stabilisierung der Front, allerdings ist es erst im Anmarsch."

Von Hausser hatte auch Strachwitz schon gehört. Er war sicher ein zuverlässiger Kommandeur und voller Charisma, aber natürlich konnte auch er nichts ausrichten, wenn seine Einheiten zu spät die Front erreichten. Graf Strachwitz war nun über die völlig verzweifelte Lage im Bilde. Das Kartenstudium zeigte zusätzlich, dass sofortiges Handeln geboten war.

Im Norden standen die Division Großdeutschland und die 168. Infanteriedivision in schweren Abwehrkämpfen, in der Mitte schob sich Haussers SS-Panzerkorps, zunächst noch ostwärts des Donez stehend, in die Verteidigungsfront von Charkow, und schließlich versuchten die 298. und 320. Infanteriedivision, einer Einkesselung zu entgehen. Als Strachwitz die Panzerabteilung Großdeutschland, die spätere I. Abteilung seines Panzerregiments, aufsuchte, kannte er alle Details der kritischen Lage. Zu allem Überfluss hatte die Panzerabteilung Großdeutschland so gut wie keine Fahrzeuge mehr. Gerade einmal zehn Tanks kämpften als Feuerwehr an der Front. Täglich wechselten die Einsatzorte. Überall da, wo die Rote Armee durchzubrechen versuchte, wurden die wenigen Panzer unter der Führung von Major Pössl hinbefohlen.

Die Division Großdeutschland war noch während der schweren Abwehrkämpfe im Mittelabschnitt der Ostfront bei Rshew herausgelöst und bis zum 23. Januar 1943 in den Raum Bjelgorod – Charkow verlegt worden. Bis zum 12. Februar 1943 fanden hier Verzögerungskämpfe und Abwehreinsätze nördlich von Bjelgorod, am Oskol und bei Woltschansk statt. Am 15. und 16. Februar 1943 wurde Charkow von der Waffen-SS geräumt, und die Division Großdeutschland wich in Richtung Poltawa aus. In diesen Tagen befand sich nur die Panzerabteilung Großdeutschland bei der Division. Mittlerweile war auf dem pommerschen Truppenübungsplatz Neuhammer aus dem Regimentsstab und der II. Abteilung des Panzerregiments 203 der Regimentsstab und die II. Abteilung des Panzerregiments Großdeutschland geformt worden. Dazu wurde eine Kompanie aufgestellt, die als 13. Kompanie zunächst nur über neun Tiger-I-Kampfpanzer verfügte. Der Stab und die vier Kompanien befanden sich bereits auf dem Marsch zur Division an die Ostfront. In den Abendstunden des 23. Februar wurde die Division Großdeutschland von den Kämpfen abgezogen und zur Ergänzung in den Raum Poltawa geschickt. Hier sollte auch die II. Abteilung des Panzerregiments dazustoßen.

Seit dem 13. Februar 1943 gehörte die Armeegruppe Kempf, vormals Armeeabteilung Lanz, zur Heeresgruppe Süd, die von Generalfeldmarschall von Manstein geführt wurde. Die Rückzugskämpfe der letzten Wochen bei Bjelgorod und Charkow hatten jedoch die ausgelaugte und überforderte Armeegruppe fast völlig von ihren Kommandostellen isoliert.

Die Rote Armee hatte im Zuge ihres Vormarsches mit der sowjetischen 1. Gardearmee und der sowjetischen 6. Armee von Isjum am Donez aus einen Durchbruch in südwestlicher Richtung bis in den Raum Pawlograd geschafft, um in der Folge bei Saporoshje am Dnjepr die ganze Heeresgruppe Süd abzuschneiden. Dazu fehlten nur noch 100 Kilometer. Ein riesiges neues Stalingrad zeichnete sich ab!

Nachdem der Gegner an der Mius-Front nach schwersten Kämpfen zum Stehen gebracht worden war, setzte Generalfeldmarschall von Manstein die inzwischen am Südflügel frei gewordene 4. Panzerarmee um den 20. Februar bei Pawlograd ein, in der Hoffnung, die Russen wieder nach Nordosten zu werfen und die Lücke zwischen dem linken Flügel der 1. Panzerarmee und dem rechten Flügel der Armeegruppe Kempf zu schließen. Dies gelang ihm auch. Die deutsche Gegenoffensive vertrieb die sowjetischen Truppen aus den bisherigen Angriffsräumen vor der Armeegruppe Kempf. Damit büßten die Russen ihre Angriffskraft im Raum Walki ein, was die Stoßkraft der Roten Armee vor den Verbänden der Infanteriedivision Großdeutschland schwächte.

Die vierwöchige Winterschlacht zwischen Donez und Dnjepr rettete die Heeresgruppe Süd vor der Einschließung und brachte den deutschen Truppen nach langer Zeit wieder einen Erfolg. Große Teile der sowjetischen 1. Gardearmee und der sowjetischen 6. Armee konnten vernichtet werden.

Nun musste noch Charkow zurückerobert und die Front bis Bjelgorod vorverlegt werden, um eine durchgehende gerade Frontlinie zu gewinnen. Ohne die Wiedereroberung Charkows war die Aktion kein voller Erfolg, die große Gefahr eines sowjetischen Gegenstoßes nicht gebannt.

Inzwischen verlegten die einzelnen Verbände, unter ihnen auch Teile der Division Großdeutschland, am 24. Februar in den Raum Retschetilowka etwa 30 Kilometer südwestlich von Poltawa, jedoch unter Zurücklassen verschiedener gepanzerter Kampfgruppen. Der Divisionsgefechtsstand mit General Hoernlein zog ebenfalls nach Retschetilowka. In den folgenden Tagen wurden die Verbände durch neue Soldaten ergänzt und mit Material versorgt. Der nächste Einsatz warf seine Schatten voraus. Die verstärkte Aufklärungsabteilung Großdeutschland, ausgerüstet mit neuen Sturmgeschützen, eine Kampfgruppe des Führer-Begleitbataillons sowie das II. Bataillon des Grenadierregiments Großdeutschland mit der 4. und 5. Batterie des Artillerieregiments Großdeutschland waren unterdessen beim Korps Raus in der allgemeinen Verteidigungslinie Skorochodowo – Filenkow – Kolontajew geblieben, um die Versorgung der Division zu sichern. Hier traf Graf Strachwitz nun endlich auf seinen Stab und die II. Abteilung seines Panzerregiments Großdeutschland. Mittlerweile waren auch die 13. Tiger-Kompanie, die neue IV. Abteilung des Artillerieregiments Großdeutschland und die 6. Kompanie der Heeres-Flakabteilung Großdeutschland in Poltawa eingetroffen. In wenigen Tagen musste die Neugliederung der Verbände bewerkstelligt werden.

Die Moral der Truppe war gefestigt und gut. Mit den neu angekommenen Waffen und zusammen mit den Verbänden der Waffen-SS sollte der Gegner zurückgedrängt und Charkow wieder erobert werden.

Da die 4. Panzerarmee bis zum 5. März 1943 ihr erstes Angriffsziel erreicht und den an der Bestowaja, südwestlich von Charkow, stehenden Südflügel der sowjetischen 3. Panzerarmee vernichtet hatte, konnte sie nun am 7. März zusammen mit Haussers SS-Panzerkorps aus dem Raum Krasnograd nach Norden ziehen. Das Ziel war, den aus dem Gebiet Bjelgorod und Charkow nach Westen stoßenden Feind in die Flanke zu fallen, ihn von Charkow abzudrängen und die Verbindung nach Norden zur Heeresgruppe Mitte wieder herzustellen. Gleichzeitig sollte die Armeeabteilung Kempf aus dem Raum nordwestlich von Poltawa frontal in Richtung Bjelgorod vorstoßen. Die Infanteriedivision Großdeutschland wurde dabei am linken Flügel eingesetzt.

Am 5. März 1943 kam der Abmarschbefehl für die einzelnen Verbände. Am 7. März ging die Kampfgruppe Strachwitz ins Gefecht. Die Verbände des Grafen bestanden aus dem Panzerregiment Großdeutschland, allerdings ohne die I. Abteilung, der III. Abteilung des Artillerieregiments Großdeutschland, vier Grenadierbataillonen und einer Kompanie Sturmpioniere. Der Angriff erfolgte aus dem Gebiet Sidorenko – Tschabanowka, die Ziele waren Kontokusowo und Perekop.

Das energische Vorgehen des SS-Panzerkorps hatte die Rote Armee bereits in die Flucht geschlagen. Nach kurzer Vorbereitung durch Artilleriefeuer kam nun auch Strachwitz' Kampfgruppe aus der Deckung.

Das beginnende Tauwetter ließ die Schneedecke schmelzen, schlammige Erde drang an vielen Stellen durch das Weiß, Schmelzwasser floss in die Fahrspuren. Aber noch waren die Rollbahnen einigermaßen befestigt. Es dauerte nicht lange, bis die Soldaten in ihren weißen Tarnanzügen über und über mit braunem Schlamm bespritzt waren.

Trotzdem zeigte der Beginn der Operation noch einmal das Bild erfolgreicher, früherer Tage. Eine Vielzahl von Kraftwagen staute sich an den Kreuzungen und Knotenpunkten, dazwischen standen die verschiedensten Typen von Panzern und die schnellen Einsatzfahrzeuge der Grenadiere und Infanterie.

Zwar brachte der 8. März noch einmal Schnee, der den Vormarsch lähmte, aber für die Panzer des Conté stellten die Schneeverwehungen kein Hindernis dar. Bei Schljach legte der „Panzergraf" eine kurze Rast ein und holte seine Kommandeure zu sich:

„Wir schwenken jetzt nach Norden ein", erklärte er, „anschließend möchte ich die von Westen zurückströmenden Sowjets abschneiden." Über die Karte gebeugt zeigte er mit seinem Zeigefinger die

Angriffsrichtung. „In einer halben Stunde geht's weiter, meine Herren." Am Abend des 8. März erreichte die Kampfgruppe Strachwitz mit ihrer Vorausabteilung den Bahnhof Mertschik. Am folgenden Tag sollte der Mertschik-Abschnitt überschritten und der nördlich davon liegende Höhenzug besetzt werden. Das Ziel war klar: die Vernichtung der noch im Westen stehenden sowjetischen Kräfte und die Wiederherstellung der Verbindung nach Norden zur Heeresgruppe Mitte. Dazu sollte die Kampfgruppe Strachwitz am 9. März die Rollbahn Olschany – Bogoduchoff sperren, um den Ausbruch der Russen nach Osten zu verhindern.

Die Kampfgruppe erreichte die Rollbahn schnell. Nach heftigen Kämpfen, an denen auch die Tiger-Panzer beteiligt waren, fiel der Bahnhof Maximowka in die Hände des Panzerregiments Großdeutschland. Zusätzlich wurden sieben Feindpanzer abgeschossen, vier 12,2-cm Geschütze, 21 7,62-cm-Pak, 16 4,7-cm-Pak und eine Anzahl Motorschlitten, Handfeuerwaffen, Panzerbüchsen und Tornisterfunkgeräte erbeutet.

Der 10. März brachte dann nur wenig Geländegewinn, dafür konnte während der Mittagsstunden ein feindlicher Durchbruchsversuch nach Osten zurückgeschlagen werden. Dabei fügten Strachwitz und seine Männer dem Gegner beträchtliche Verluste zu und trieben die Sowjets regelrecht in die Flucht. Der Weg nach Bogoduchoff schien nun frei. General Hoernlein befahl für den nächsten Tag den konzentrierten Angriff auf die Stadt.

Am 11. März 1943 um 10.00 Uhr vormittags traten Strachwitz' Panzer an. Schon seit dem frühen Morgen warfen Stukas ihre Bomben auf die Stadt, die bereits von der Artillerie sturmreif geschossen worden war. Schwere deutsche Flakbatterien wurden herangezogen, um die feindlichen Artillerie- und Pakgeschütze in Schach zu halten. Der Graf durchstieß mit seinen Panzern die feindlichen Linien und besetzte die Höhen nordostwärts der Stadt. Von hier aus nahm er die nach Norden fliehenden sowjetischen Schützenkolonnen mit Erfolg unter Feuer.

Der Wehrmachtsbericht an diesem Tag meldete:

[...] Im Raum Charkow warfen unsere Angriffsdivisionen den Feind auf die Stadt zurück. Am nördlichen und westlichen Stadtrand wird gekämpft. Durch umfassenden Angriff wurden zwei Sowjetregimenter vernichtet. Kampf- und Nahkampfgeschwader zerschlugen zurückweichende feindliche Kräfte [...].

Am Vormittag des folgenden Tages landete mitten im Kampfgeschehen der Fieseler Storch des Divisionskommandeurs. General Hoernlein schritt bedächtig auf die Gruppe Offiziere zu, die ihn bereits erwartete. Graf Strachwitz meldete ihm die angetretenen Offiziere. Hoernlein erklärte noch einmal die Ziele der bevorstehenden Aktion und gab den Angriffsbefehl für 14.00 Uhr.

Strachwitz ließ den Kommandeur der I. Abteilung, Major Walter Pössl, der mittlerweile mit seinen Panzern zum Regiment gestoßen war, zu sich holen: „Pössl, Sie greifen zusammen mit der Tiger-Kompanie in Richtung Graiworon an und nehmen die Ortschaft!" Pünktlich um 14.00 Uhr trat das Panzerregiment Großdeutschland unter der Führung des Conté mit Unterstützung motorisierter Infanteriekräfte zum Angriff auf Bol Pissarewka an. Zunächst ging es einen Hang zum Worsklatal hinunter, dann direkt auf die Ortschaft zu. Sofort gerieten die Verbände in das Feuer der feindlichen Artillerie. Strachwitz ließ das Feuer erwidern und konnte einen ersten Sieg erringen. Hals über Kopf floh die Rote Armee mit ihren Geschützen, Fahrzeugen und Schlittenkolonnen über die Höhen nach Norden. Die eigenen Ausfälle waren nur geringfügig.

Während das Gros des Panzerregiments Großdeutschland zusammen mit den Füsilieren direkt auf Bol Pissarewka vorstieß, schob sich Major Pössls I. Abteilung, gefolgt von der Aufklärungsabteilung Großdeutschland, vom Osten her an den Ortsrand heran. Mit einem plötzlichen Rechtsruck drehten dann Pössls Panzer in Richtung Glotowo – Kosinka – Graiworon ein. Als die Nacht hereinbrach, griffen Pössl und die Tiger-Kompanie das Städtchen Graiworon an. Die feindlichen Geschütze wurden niedergemacht und die Infanteriestellungen ausgeräuchert. Die Dunkelheit zwang dann die deutsche Kampfgruppe zur Einigelung an der Kirche von Graiworon. Das II. Bataillon des Grenadierregiments Großdeutschland übernahm die Sicherung. Bis tief in die Nacht war das Brummen der feindlichen Panzer und Fahrzeuge zu hören.

Wieder einmal verzögerte sich der Spritnachschub. Vor Mittag des 13. März war nicht damit zu rechnen, sodass die Division an diesem Tag eine Zwangspause einlegen musste. Trotzdem wurde versucht, die bisher gewonnenen Stellungen weiter auszubauen. Das Füsilierregiment Großdeutschland wurde an den Nord- und Nordostrand von Graiworon vorgezogen und sollte die Gegend vor dieser kleinen Stadt von verbliebenen Rotarmisten säubern. Auch die Aufklärung wurde nach Norden über die Worskla vorverlegt.

Gegen 14.00 Uhr waren dann endlich alle Fahrzeuge betankt, der nächste Angriff konnte beginnen. Das Ziel hieß Borissowka und war schon am Abend in deutscher Hand. Das Panzerregiment Großdeutschland hatte am Ostrand der lang gestreckten Ortschaft ohne infanteristische Deckung die Sicherung übernommen. Noch waren die deutschen Stellungen, die sich nun von Bol Pissarewka bis zum Nordostrand von Borissowka hinzogen, nur schwach besetzt. Aus allen Richtungen war der Feind zu erwarten, zumal immer noch versprengte sowjetische Gruppen nach ihren Einheiten suchten.

Am frühen Morgen meldete die deutsche Luftaufklärung denn auch, dass feindliche Panzer- und Artilleriekolonnen von Osten her im Anmarsch waren. Vermutlich waren diese Verbände eigentlich für den Kampf um Charkow vorgesehen, nun aber wegen der Gefahr im Nordwesten auf das Worskla-Tal umgeleitet worden. General Hoernlein befahl alle Panzer und Panzerabwehrwaffen sowie die letzten Reserven der Infanterie an den Ostrand von Borissowka. Zusätzlich wurden die Aufklärungsabteilung Großdeutschland und die Sturmgeschützabteilung Großdeutschland über Borissowka nach Südosten in Marsch gesetzt. Sie hatten den Auftrag, den Feind aufzuspüren und die feindlichen Panzerbereitstellungen zu stören. Am Morgen des 14. März 1943 entbrannte die Schlacht um Borissowka. Das sowjetische 2. Garde-Panzerkorps griff in breiter Front an. In heftigen Gefechten konnte der feindliche Gegenstoß abgefangen werden, wobei das Panzerregiment Großdeutschland dreißig T-34 vernichten konnte. Bis zum Abend erhöhte sich die Zahl auf 46. Während der heftigen Kämpfe befahl Oberst Strachwitz seinen Panzerkommandeuren, die Feindpanzer unter gegenseitigem Feuerschutz aus der Nahdistanz zu vernichten. Diese Taktik war ein voller Erfolg, ebenso wie der Plan, die feindliche Infanterie durch Brandgranaten in die Flucht zu treiben.

Am folgenden Tag meldete der deutsche Wehrmachtsbericht:
Wie durch Sondermeldung bekannt gegeben, wurde der Gegenangriff, indem die Heeresgruppe Süd nach wochenlangen Kämpfen den Feind über den Donez zurückgeworfen hat, gestern durch einen bedeutsamen Erfolg gekrönt. Nach tagelangen harten Kämpfen haben Verbände der Waffen-SS, von der Luftwaffe tatkräftig unterstützt, die Stadt Charkow im umfassenden Angriff von Norden und Osten zurückerobert. Die Verluste des Gegners an Menschen und Material sind noch nicht zu übersehen.
Südöstlich und nördlich der Stadt bis in den Raum von Bjelgorod warfen unsere angreifenden Divisionen den Feind weiter nach Osten zurück. Westlich Bjelgorod versuchten die Sowjets, den fortschreitenden deutschen Angriff mit neu herangeführten Kräften zum Stehen zu bringen. Der feindliche Gegenangriff brach unter hohen blutigen Verlusten zusammen. Dabei vernichtete die Infanteriedivision Großdeutschland in Zusammenarbeit mit der Luftwaffe 44 von 60 angreifenden Feindpanzern.
Am 16. März 1943 schoss die I. Abteilung des Panzerregiments Großdeutschland ostwärts von Borissowka erneut dreißig T-34-Panzer ab. Der Gegner griff an diesem Tag von Krjukowo im Norden in Richtung Rollbahn und Borissowka an, konnte aber nach heftigen Kämpfen zurückgeschlagen werden. Noch am gleichen Tag verfolgte die II. Abteilung des Panzerregiments Großdeutschland unter Major Thiede den feindlichen Panzerverband bis vor die Stadt Strigun, wo es zu schweren Kämpfen kam. Nach dem Verlust von vier eigenen Tanks musste sich Thiede zurückziehen.

Am 18. März griff das Panzerregiment Großdeutschland zusammen mit dem Grenadierregiment Großdeutschland in Richtung Osten Tomarowka an. Dem ersten Angriff fielen fünfzehn T-34 und zwanzig Pakgeschütze zum Opfer. In Tomarowka lockte Strachwitz einen großen feindlichen Verband von etwa 90 Kampfpanzern in eine Falle. Er eröffnete erst das Feuer, als der Gegner seine Flanke entblößte. In der Schlacht wurden 54 T-34- und eine kleinere Anzahl T-70-Panzer vernichtet. In dem ausbrechenden Chaos flohen auch die Besatzungen der noch intakten Sowjetpanzer, sodass fünfzehn tadellos funktionierende T-34 erbeutet werden konnten. Die Division Großdeutschland versetzte die Rote Armee immer mehr in Angst und Schrecken, allein in den letzten Tagen hatte sie fünf sowjetische Divisionen und fünf Panzerbrigaden vernichtend geschlagen. Bereits am 15. März 1943 war der Divisionskommandeur, Generalleutnant Walter Hoernlein, als 213. Soldat der deutschen Wehrmacht mit dem Eichenlaub zum Ritterkreuz des Eisernen Kreuzes ausgezeichnet worden. Insgesamt konnte die Infanteriedivision (mot.) Großdeutschland in diesen Kämpfen 838 Sowjetpanzer und 575 Pak- und Artilleriegeschütze vernichten oder erbeuten.

Rund um Borissowka und Tomarowka standen die russischen Panzerwracks als Zeugen der deutschen Erfolge. Als man sie zählte und mit der Anzahl der eigenen Panzer verglich, wurde schnell festgestellt, dass die russischen Panzer eine zwei- bis dreifache Übermacht hatten. Nur durch die bessere Führung und Ausbildung der deutschen Panzerbesatzungen und ihren enormen Kampfgeist war dieser deutliche Nachteil wettgemacht worden.

Zu Ehren ihres Führers sangen die Panzersoldaten des Panzerregiments Großdeutschland das Lützowsche Lied mit einer kleinen Änderung des Textes: „Und wenn ihr die schwarzen Gesellen fragt, das ist Strachwitz' wilde verwegene Jagd."

Auch die 13. Panzerkompanie, die nur noch aus neun Tiger-Panzern bestand, konnte im März 1943 mehr als dreißig russische Tanks abschießen.

Nach Abschluss der Kämpfe wurde das Panzerregiment zur Erholung nach Oposchnja und Kotelwa im Raum Poltawa geschickt. Gleichwohl durften sich die Soldaten nicht dem Müßiggang hingeben. Die Zeit wurde für Schulungen genutzt, für eine spezielle Waffenausbildung und regelmäßiges Gefechtsschießen.

Am 30. und 31. März 1943 besuchte der Generalinspekteur der Panzertruppen, Generaloberst Guderian, die Division Großdeutschland. Da sich der Kommandeur, General Hoernlein, zu dieser Zeit auf Heimaturlaub befand, führte Oberst Graf Strachwitz die Division in Vertretung. In dieser Funktion begrüßte er den Generaloberst und stellte ihm sein Panzerregiment vor. Der Conté schilderte ihm seine Erfahrungen und nahm sich auch kein Blatt vor den Mund als er seine Wünsche für die weitere Ausstattung der Panzerdivisionen vorbrachte. Offenbar rannte er dabei offene Türen ein. Guderian setzte nach seiner Rückkehr in die Heimat alles daran, die Produktion von Tiger- und Panther-Panzern zu erhöhen und zu beschleunigen.

Schon vor dem Besuch Guderians waren Strachwitz große Ehren zuteil geworden. Am 16. Februar 1943 hatte er das Verwundetenabzeichen in Gold bekommen. Am 28. März 1943 wurde ihm für seinen Einsatz und den Abschuss von 154 Feindpanzern durch sein Panzerregiment Großdeutschland im März 1943 bei Charkow und Bjelgorod das Eichenlaub mit Schwertern zum Ritterkreuz des Eisernen Kreuzes verliehen. Am gleichen Tag wurde folgende Pressemitteilung herausgegeben:
Die Schwerter zum Eichenlaub für Oberst Graf Strachwitz. Hohe Auszeichnung für das Panzerregiment Großdeutschland. [...]
Hitler sandte an den tapferen Truppenkommandeur nachstehendes Telegramm:
Im Ansehen Ihres immer bewährten Heldentums verleihe ich Ihnen als 27. Soldaten der deutschen Wehrmacht das Eichenlaub mit Schwertern zum Ritterkreuz des Eisernen Kreuzes.

gez. Adolf Hitler

Links oben:
Formell führte Oberst Graf Strachwitz das Panzerregiment „Großdeutschland“ ab dem 1. Januar 1943. Wegen seiner Verwundung konnte er seine neue Dienststellung jedoch erst Wochen später antreten. Das Foto links zeigt General Hoernlein, den Kommandeur der Division „Großdeutschland“ zusammen mit Graf Strachwitz beim Abschreiten der Front während eines Besuchs beim Panzerregiment „Großdeutschland“. Im Hintergrund stehen die neuen Tiger-I Panzer.

Rechts oben:
Das Zeichen der Division „Großdeutschland“.

Oberst Graf Strachwitz bei einer Einsatzbesprechung mit General Hoernlein im März 1943.

Graf Strachwitz in seinem Element. Eine von ihm geführte Panzerkampfgruppe soll den wichtigen Raum zwischen Charkow und Bjelgorod zurückerobern, da dieser als Sprungbrett für die spätere Offensive „Zitadelle" dienen sollte. Im Hintergrund ein Panzer III mit langer 5 cm-Kanone.

Ein weiterer Panzer III mit der verbesserten 5 cm/L70-Kanone. Trotz dieser verbesserten Bewaffnung, war der Panzer III dem russischen T34/76 immer noch unterlegen, sodass der Panzer III ab Ende 1943 nicht mehr produziert wurde.

Panzer und Begleitfahrzeuge sammeln sich zum Vorstoß auf Bjegorod Mitte März 1943. Am rechten Bildrand sind die abgeplatzten Gummibandagen einer Zugmaschine zu sehen.

Solange die Abteilung noch keine Feindberührung hatte, konnten die begleitenden Grenadiere auf den Panzern mitfahren. Im Winter 1942/1943 war die kämpfende Truppe mit wattierten Tarnanzügen (Wendejacken) besser ausgestattet, als im ersten harten Winter 1941/1942.

Oberst Graf Strachwitz in seinem Befehlspanzer (Panzer III), der eine zusätzlich an der Front aufgeschraubte Panzerplatte besaß. Auf dem Heck des Befehlspanzers ist eine Sternantenne angebracht. Sie wurde benötigt für den übergeordneten Funkverkehr.

Vorne links ein Panzer IV mit 7,5 cm-Langrohr, daneben mehrere Panzer III. Am Heck des Panzers mit der Nummer „02" ist die Sternantenne gut zu erkennen.

Oben links:
Graf Strachwitz bei einem Orientierungshalt. Im Hintergrund ist ein „Tiger-I“ zu sehen.

Oben rechts:
Graf Strachwitz im Turm seines Befehlspanzers. Sein Adjutant misst die Entfernungen auf seiner Karte.

Die Rote Armee der Jahre 1942/1943 war nicht mehr vergleichbar mit der Roten Armee von 1941. Sie hatten von den Deutschen gelernt und besaßen nahezu unerschöpfliche Reserven an Menschen und Material. Im Bild ein Vorstoß russischer Offensivkräfte mit einem T 34 und aufgesessener Infanterie in Schneehemden gekleidet.

Oberst Hyacinth Graf Strachwitz von Groß-Zauche und Camminetz als Eichenlaubträger. Das Eichenlaub zum Ritterkreuz wurde ihm am 13. November 1942 verliehen. Außer den beiden Spangen zu den Eisernen Kreuzen von 1914, trägt er noch den Schlesischen Adlerorden auf diesem Foto.

Oben links:
Graf Strachwitz als Eichenlaubträger mit seiner ungewöhnlichen Pelzmütze.

Oben rechts:
Graf Strachwitz ohne Mütze.

Graf Strachwitz mit seiner ersten Frau, Alexandrine Freiin Saurma von der Jeltsch, kurz Alda genannt, am 17. April 1943 in Berchtesgaden kurz vor der Verleihung der Schwerter an Graf Strachwitz durch Adolf Hitler persönlich.

Das Foto zeigt Graf Strachwitz kurz nach der Verleihung der Schwerter durch Adolf Hitler auf dem Berghof. Hitler gelang es immer wieder seine Heerführer bei solchen Anlässen, zuversichtlich zu stimmen und den Glauben an den baldigen „Endsieg" wachzuhalten. Die Entwicklungen an den Fronten war jedoch alles andere als günstig. Stalingrad ging verloren, Tunesien stand kurz vor der Kapitulation, der wichtigste Verbündete Italien wackelt und Deutschland leidet unter den ständigen Bombenangriffen der Royal Air Force.

Graf Strachwitz bei einem Rundfunkinterview. Er berichtet den Hörern von seinen Eindrücken während der Winterkämpfe 1942/1943 und seinem Vorstoß auf Bjelgorod.

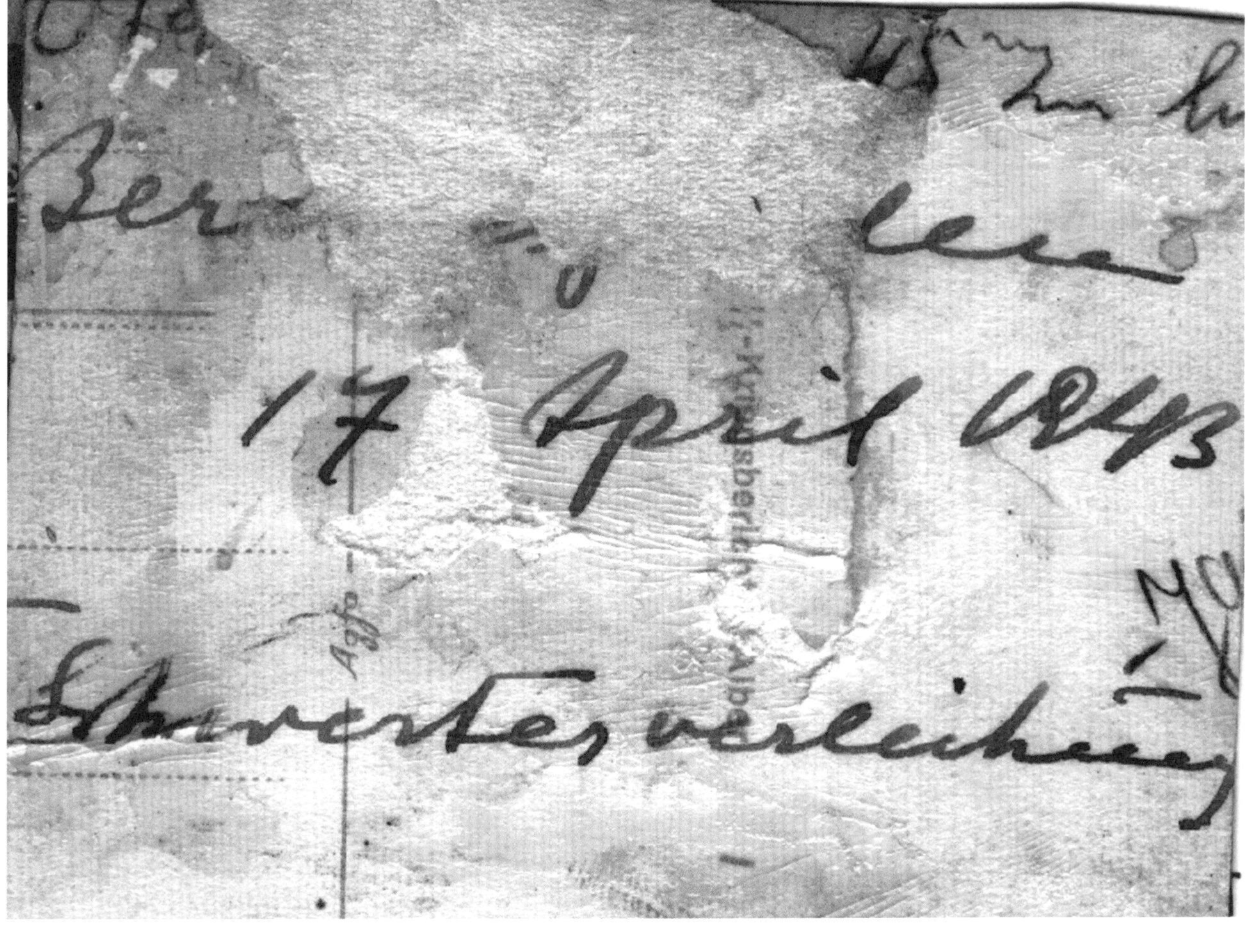

Hier die Handschrift von Graf Strachwitz auf der Rückseite eines Fotos, dass während seines Aufenhaltes in Berchtesgaden am 17. April 1943 aufgenommen wurde.

Anläßlich der Schwerterverleihung wurden von Graf Strachwitz verschiedene Postkartenmotive aufgenommen. Das Foto links zeigt ihn mit seinem „Schiffchen" auf dem Kopf.

Rechts oben:
Graf Strachwitz mit seiner Pelzmütze, die er bereits bei der Eichenlaubverleihung trug.

Links unten:
Graf Strachwitz ohne Kopfbedeckung.

Rechts unten:
Ein Foto von Graf Strachwitz mit eingedrucktem Textzusatz. Diese Motive wurden meist von Jugendlichen gesammelt. Die Kriegshelden wurden damals so verehrt wie heute Popstars oder Fußballspieler.

Graf Strachwitz bei der Ritterkreuzverleihung an Major Walter Pößl (Verleihungsdatum 20. April 1943) von der I./Panzerabteilung „Großdeutschland“. Die Verleihungszermonie fand dann zu einem späteren Zeitpunkt statt.

Graf Strachwitz, genannt der „Panzergraf“ bei der Verleihung des Ritterkreuzes an Major Pößl. Das Foto zeigt die Verleihung aus einem anderen Blickwinkel.

Oben links:
Ein Offizier der Division „Großdeutschland" springt mit seinem Stock aus einem VW-Schwimmwagen.

Oben rechts:
Die grosse Panzerschlacht „Zitadelle" im Juli 1943 brachte auch auf deutscher Seite viele Verluste. Hier stürmen Rotarmisten an einem abgeschossenen Panzer V „Panther" vorbei.

Generalleutnant Hoernlein (links im Bild) im Gespräch mit einem anderen General. vor der Operation Zitadelle im Juli 1943. In der Bildmitte der Ia Oberst Oldwig von Natzmer, der am 2. April 1943 das Deutsche Kreuz in Gold erhielt.

Bei der Operation „Zitadelle“ wurden auf deutscher Seite erstmals im größeren Umfang auch Artillerie-Selbstfahrlafetten eingesetzt. Auf dem Foto sind „Wespen“, zu sehen, die auf Basis des Fahrgestells des Panzer II mit 10,5 cm-Feldhaubitze ausgestattet sind.

Die Rote Armee bot gegen die anstürmenden deutschen Panzerverbände große Massen ihres Panzertyps „T 34“ auf. Hier auf dem Foto ein abgeschossenens Exemplar.

Tiger-I Panzer bei einem nächtlichen Angriff in einer brennenden Ortschaft.

Hier auf dem Foto ist die lange 8,8 cm-Kanone des Tiger-I besonders gut zu sehen. Welch ein Unterschied zu den kurzen Stummelkanonen an deutschen Panzern der ersten Kriegsjahre.

Deutsche Panzergrenadiere auf dem Vormarsch, vorbei an abgeschossenen russischen Panzern des Typs „T 34/76“.

Ein Panzer vom Typ „T 34/76“ bei einem russischen Gegenangriff. Der Panzer ist mit Vollgummilaufrollen ausgestattet und an der Seite sind Zusatzkraftstoffbehälter angebracht. Der „T 34“ fuhr mit Diesel, und nicht wie die deutschen Panzer mit Benzin.

Die gesprengte Dnjepr-Brücke bei Krementschug. Dieser Frontabschnitt ging ab Herbst 1943 nach der Schlacht um Kursk verloren.

Auch die Elitedivision „Großdeutschland“ hat viele Soldaten verloren, deren Gräber in den Weiten Russlands liegen.

Graf Strachwitz wurde im September 1943 wiederum schwer verletzt und musste ins Lazarett. Die Sanitätsdienste der Wehrmacht leisteten Übermenschliches, um ihre verwundeten Kameraden zu bergen und zu versorgen. Nicht immer waren die Umstände so geordnet wie auf diesem Foto zu sehen.

Verwundete Grenadiere der Divison „Großdeutschland" in einem Lazarett im russischen Hinterland.

Nach dem Sieg bei Charkow schien der Schock von Stalingrad bei manchen deutschen Soldaten einer neuen Euphorie gewichen zu sein. Durch Frontverkürzungen wurden neue Kräfte frei, sodass die Frontlinien verstärkt und Reserven angelegt werden konnten. Eine größere Anzahl von Panzer- und Infanteriedivisionen wurde von der Front abgezogen, ergänzt und neu ausgebildet. Viele Soldaten konnten in den längst fälligen Heimaturlaub geschickt werden. Auch Strachwitz durfte im April 1943 nach langer Zeit seine Familie in die Arme schließen und mit seiner Frau Alda einen zweiwöchigen Erholungsurlaub in Berchtesgaden antreten.

Als hochdekorierter Frontsoldat war Graf Strachwitz für die damalige Propaganda natürlich ein gefragter Mann. So erzählte er in der Radiosendung „Der Soldat hat das Wort" über seine Fronterlebnisse. Neben Originalberichten aus dem Kampfgeschehen und Reportagen der Rundfunk-Kriegsberichter kamen in diesen Sendungen vor allem die Soldaten selbst zu Wort. Der Hörer sollte gewissermaßen aus erster Hand von den Kriegsschauplätzen erfahren. Im Folgenden einige Auszüge aus der Rundfunksendung, in der Graf Strachwitz über die kurz zurückliegenden mehrtägigen Kampfhandlungen, bei denen allein an einem Tag 52 sowjetische Panzer und 29 Pakgeschütze von seinem Regiment vernichtet wurden, sprach:

Es war die schwerste Panzeraufgabe, die mir je vorgekommen ist; aber das Vertrauen auf meine Männer erleichterte mir die Entscheidungen [...].

Wenn der Laie diese Riesenzahl der Panzerabschüsse erfährt, sieht es leicht aus, als ob das so sein müsste. Demgegenüber kann ich Ihnen aber nur ernstlich versichern, dass zu einem Angriff auf feindliche Panzer sehr viel Können, viel Routine, vor allem aber der totale Einsatz eines jeden einzelnen Mannes gehört, und nur das restlose Zusammenwirken aller Kräfte ermöglicht solche Erfolge. [...] Wenn der Feind uns auch heute noch Massen von Menschen und Material entgegenwirft, so wird unsere überlegene Führung stets die Situation meistern und noch manchen Schlag führen, der uns dem Endsieg näher bringen wird.

Mittlerweile war der Frühling dem Sommer gewichen, die Schlammperiode war vorüber, und die Sonne hatte das Gelände abgetrocknet und wieder befahrbar gemacht. Überall herrschte geschäftiges Treiben. Die militärische Führung plante eine Sommeroffensive zur Begradigung des Kursker Bogens, den die Rote Armee hielt. Hitler wollte noch einmal die Initiative übernehmen. Dafür bot sich der sowjetische Frontvorsprung an, der westlich von Kursk in einer Breite von fast 200 Kilometern und einer Tiefe von 120 Kilometern in die deutsche Hauptkampflinie hineinragte: der Kursker Bogen. Im Rahmen der Operation Zitadelle sollte der Frontbogen von Kursk durch einen Zangenangriff der Heeresgruppe Mitte von Norden und der Heeresgruppe Süd von Süden her abgeschnitten und der darin eingekesselte Feind vernichtet werden. Der Angriffsplan barg allerdings auch große Risiken. Teile der Heeresgruppe Mitte unter Befehl von Generalfeldmarschall von Kluge mussten nämlich dazu ihren Platz in der Südfront des Orelbogens verlassen. So wie der von sowjetischen Truppen gehaltene Frontbogen bei Kursk weit im Westen in die eigenen Linien hineinragte, so sprang nördlich von ihm der von der Heeresgruppe Mitte gehaltene Orelbogen weit nach Osten in die feindliche Front hinein. Die Heeresgruppe Süd wiederum war eigentlich für die Sicherung des Donez-Gebiets zuständig, das wegen der dort befindlichen Industriestädte und Rohstoffquellen für die deutsche Rüstung unverzichtbar war und unter allen Umständen gehalten werden sollte. Die Gefahr war groß, dass sowohl der Orelbogen als auch das Donez-Gebiet verloren gingen, wenn man den beiden Heeresgruppen eine zusätzliche Aufgabe gab. Und diese Gefahr wurde umso größer, je länger man der Roten Armee Zeit ließ, ihre Truppen zu ergänzen. Dennoch hielt man an den Plänen fest. Generalfeldmarschall von Manstein, der Oberbefehlshaber der Heeresgruppe Süd sollte die Operation Zitadelle planen und leiten.

Für den Angriff im Norden, in Richtung Kursk, stellte die Heeresgruppe Mitte die 9. Armee unter Generaloberst Model bereit. Ihre drei Korps mussten aus der Südfront des Orelbogens heraus die gegnerische Front auf etwa 50 Kilometern Breite durchbrechen, wobei die beiden Korps am Flügel den mittleren Stoßkeil sichern sollten.

Die Heeresgruppe Süd stellte zwei Armeen mit fünf Korps bereit. Die 4. Panzerarmee unter Generaloberst Hoth und General Kempfs Armeeabteilung sollten ihren Hauptstoß von Süden in Richtung Kursk führen, die 9. Armee hatte Hoths Truppen entgegen zu kommen. Doch der über Wochen geplante Angriff wurde von Hitler, trotz der Bedenken der militärischen Führer, die entweder sofort oder gar nicht angreifen wollten, immer wieder hinausgeschoben, weil dieser, beeinflusst von einem Vortrag Generaloberst Models, auf die Einsatzfähigkeit der neuen Panther-Panzer warten wollte, die erst seit kurzem in Serie produziert wurden und von denen sich Hitler wahre Wunderdinge versprach.

Den Sowjets waren die deutschen Vorbereitungen für den Angriff auf den Kursker Bogen natürlich von Anfang an nicht entgangen. Durch die lange Verzögerung hatten sie Zeit, ein besonders tief gegliedertes mit Draht-, Panzer- und Minensperren gespicktes Stellungssystem anzulegen. Besonderen Wert legten sie dabei auf die Sicherung der breiten Flanken des Frontbogens, die durch zahlreiche panzerbrechende Waffen verstärkt wurden. Daneben stellten sie hinter den bedrohten Frontabschnitten starke Eingreifreserven, vor allem Panzerverbände, bereit.

Inzwischen war die Infanteriedivision Großdeutschland durch personelle und materielle Ergänzungen zu einer Panzergrenadierdivision umgegliedert und am 23. Juni 1943 dementsprechend umbenannt worden.

Als Graf Strachwitz über die Operation Zitadelle informiert wurde, sah er sofort die Schwere der Aufgabe, die seinen jungen Panzersoldaten bevorstand, und vor allem das Problem, dass dem Feind durch die lange Verzögerung Gelegenheit gegeben worden war, seine Stellungen festungsartig auszubauen. Trotzdem war er zuversichtlich. Am 29. Juni 1943 bekam die Panzergrenadierdivision

Großdeutschland den Abmarschbefehl in die Bereitstellungsräume an der Worskla nordwestlich von Tomarowka. Bis zum 2. Juli hatten alle Verbände den Bereitstellungsraum erreicht, auch das Panzerregiment Großdeutschland stand inzwischen bei Moschtschenoje. Hier wurde der Division Großdeutschland das neu herangeführte Panzerregiment 39 unter der Führung von Oberstleutnant von Lauchert, ausgerüstet mit 192 neuen Panzern V Panther, mit den Abteilungen 51 und 52 zugeführt.

Das Panzerregiment Großdeutschland sollte zusammen mit dem Panzerregiment 39 die starke Panzerbrigade 10 bilden, als deren Kommandeur Oberst Decker vorgesehen war, der jedoch erst am 5. Juli, kurz vor Beginn des Unternehmens Zitadelle eintraf. Der Stab der Panzerbrigade 10 war sogar erst am 11. Juli zur Stelle. Oberst Decker übernahm am 5. und 6. Juli die Führung der Panzerbrigade 10, vom 7. bis 11. Juli führte sie Strachwitz.

Das ganze Unternehmen Zitadelle stand von Anfang an unter einem schlechten Stern. Die jungen Panzerbesatzungen des Panther-Regiments hatten wenig Osterfahrung, kaum Verbandsübungen gemacht und noch seltener scharf geschossen. Außer einigen wenigen erfahrenen Zug- und Kompanieführern kannte niemand die Taktik der sowjetischen Panzerverbände und deren Härte. Zudem zeigte sich bald, dass die Panther-Panzer technisch bei weitem noch nicht ausgereift waren, vor allem Motorbrände machten den Besatzungen zu schaffen. Schließlich war auch das späte Eintreffen – die letzten Teile des Panther-Regiments kamen am 4. Juli, einen Tag vor Beginn des Angriffs, an die Front – keine gute Ausgangsposition. Die Folge war, dass praktisch keine Einweisungen im Gelände und mit den Nachbareinheiten vorgenommen werden konnten. Wegen der befohlenen Funkstille im Einsatzraum konnte man sich nicht abstimmen, und Spähtrupps fielen völlig aus. Das Resultat waren große Unsicherheiten bei der Befehlsgebung und chaotische Verhältnisse in der Gefechtsordnung und bei Richtungsänderungen im Kampf. Zu guter Letzt ging es gegen einen aufopferungsvoll kämpfenden und standhaften Gegner, der sich hinter minenverseuchtem Gelände, mit eingegrabenen Panzern und Pakgeschützen regelrecht verbarrikadiert hatte. Unter diesen katastrophalen Umständen begann das Unternehmen Zitadelle am 5. Juli 1943 um 08.15 Uhr.

Die Panzer des Panzerregiments Großdeutschland und hinter ihnen das Panther-Regiment schoben sich in Richtung Tscherkasskoje vor. Die Spitze bildete die 1. Kompanie mit der Tiger-Kompanie. Aber schon der erste Angriff der Füsiliere stockte, auch den Panzern schlug schweres Abwehrfeuer entgegen, viele von ihnen blieben schon ganz zu Anfang auf der Strecke. Es zeichnete sich schnell ab, dass sich der Gegner standhaft und zäh verteidigte.

„Wir müssen über das versumpfte Gelände und den Bach kommen", meinte Oberst Lorenz, der Kommandeur des Grenadierregiments Großdeutschland, und richtete sein Glas in die vermutete Richtung, „eigentlich müsste man den Feind von hier aus gut sehen können."

Auch Strachwitz hatte sein Glas an die Augen genommen, setzte es aber gleich wieder ab. „Wir karriolen schon eine Stunde in der Gegend herum, ohne etwas …"

In diesem Augenblick stoppte die Detonation einer sowjetischen Granate seinen Redefluss. Er konnte sich gerade noch rechtzeitig auf den Boden werfen und Oberst Lorenz mit hinunterziehen, der allerdings trotzdem durch den Splitterregen verwundet wurde.

Sofort kamen den beiden Offizieren Soldaten zu Hilfe geeilt. Der Graf war bereits wieder auf den Beinen, und Oberst Lorenz' Verletzung erwies sich schnell als Bagatelle. Dennoch musste er sich mit zitternden Händen von Strachwitz Richtung Hauptverbandsplatz verabschieden. Der Ausfall des Kommandeurs der Grenadiere, der ein hervorragender und beliebter Soldat war und seit Dezember 1942 das Ritterkreuz trug, war in dieser Situation ein herber Verlust.

Als Strachwitz zu seinem Befehlspanzer zurückkehrte, hielt ihm ein Funker einen Zettel entgegen.

„Für Sie persönlich, Herr Graf, von der II. Abteilung."

Strachwitz überflog die kurze Nachricht. Sein Schwager, der Kommandeur der II. Abteilung des Panzerregiments Großdeutschland, Oberstleutnant Graf Saurma, war im Turm seines Befehlspanzers durch einen Bauchschuss schwer verwundet und ins Feldlazarett eingeliefert worden. Strachwitz zerknitterte missmutig den Zettel und steckte ihn in seine Hosentasche.

Jetzt war keine Zeit für Gefühlsduseleien, die Pflicht rief. Strachwitz stieg auf seinen Befehlspanzer und zeigte in die Angriffsrichtung. Weiter ging es. Der Conté hatte Hauptmann von Gottberg die Führung der II. Abteilung übertragen, der mittlerweile der Übergang über einen kleinen Fluss gelungen war. Große Probleme bereiteten weiterhin die Panther-Regimenter. Bereits beim Anmarsch auf die Feindstellungen waren sechs Panther mit Motorbränden als Totalverluste abzuschreiben gewesen. Weitere zwölf blieben später mit Motorschäden liegen. Das Panzerregiment Großdeutschland musste sich mittlerweile eines sowjetischen Gegenangriffs mit amerikanischen General Lee-Panzern erwehren, von denen sechs abgeschossen werden konnten.

Nachdem Sturmpioniere in mühseliger Arbeit mehrere Schneisen in ein rechtzeitig entdecktes Minenfeld geschlagen hatten, trieb Strachwitz seine Männer zur Eile an. Der Durchbruch der Füsiliere durch die feindlichen Linien musste erzwungen werden, und der war ohne Panzerunterstützung nicht möglich. Doch noch während die deutschen Panzer sich auf den Weg machten, tauchte plötzlich ein Rudel T-34 auf.

„Entfernung, 2.000 Meter", meldete der Adjutant.

Graf Strachwitz hob sein Glas und schaute bedächtig in Richtung der sowjetischen Ungetüme. Ohne sichtbare Regung befahl er:

„Nicht schießen! Ich will wissen, was die Sowjets hinter der Höhe verstecken!"

Tatsächlich tauchten schon nach kurzer Zeit weitere T-34- und KW-I-Panzer auf, von denen eine Hälfte genau auf die deutschen Angriffslinien zusteuerte, während die andere Hälfte die Stellungen umging, um dem deutschen Verband in den Rücken zu fallen. Aber

Strachwitz hatte die Taktik des Gegners schnell durchschaut. Er ließ seine Panzer in Form eines Hufeisens auffahren, um so die eigene Flanke zu sichern. Zugleich befahl er den Besatzungen, ihre Tanks einzugraben und gut zu tarnen.

Die Abenddämmerung brach bereits herein, als Strachwitz den strikten Befehl ausgab:

„Erst schießen, wenn ich es befehle!"

Die Sowjets verhielten sich aber ruhig, verdächtig ruhig. Die Nacht brach an, nur noch schemenhaft waren die feindlichen Panzer zu erkennen. Dann plötzlich heulten die Motoren der sowjetischen Tanks auf.

„Der Feind greift an!"

Graf Strachwitz gab immer noch keine Feuererlaubnis, er wollte den Feind in Sicherheit wiegen. Schon waren die ersten sowjetischen Panzerrudel keine 200 Meter mehr entfernt. Wie Saurier aus einer längst vergangenen Zeit wirkten die T-34 in der abendlichen Dämmerung.

„Noch hundert Meter, Herr Graf", meldete ein Adjutant mit vibrierender Stimme.

„Ruhe bewahren", fauchte Strachwitz.

Die Sowjetpanzer waren bereits bis auf 70 Metern an die deutschen Stellungen herangekommen, als Strachwitz den erlösenden Befehl gab:

„Feuer frei!"

Mit einem peitschenden Knall schoss die erste Granate aus dem Rohr, eine dröhnende Detonation folgte und der Turm eines T-34 schleuderte durch die Luft. Inzwischen hatten auch die anderen Panzer des Regiments Großdeutschland das Feuer eröffnet. Für die Rote Armee tat sich die Hölle auf. Es knallte und krachte, die Luft war rasch mit Pulverdampf gefüllt. Immer mehr feindliche Panzer gingen in Flammen auf. Zehn Stück konnten bereits gezählt werden. Die Russen versuchten, dem Chaos zu entkommen, indem sie sich langsam, aus allen Rohren feuernd, zurückzogen, doch gerieten sie dadurch in die Schusslinie der Panther. Innerhalb weniger Minuten brannten weitere acht T-34.

Strachwitz stieg auf den Panzerturm und sah sich das brennende Inferno durch das Fernglas an, als sich einer der Funker grinsend an ihn heranschob.

„Was ist los, was wollen Sie?", fragte Strachwitz barsch.

„Den Russen haben wir schön eingeheizt, Herr Graf", antwortete der, „aber sie haben uns erkannt."

„Wie erkannt?"

„Sie geben laufend im Klartext durch: ‚Achtung, uns gegenüber ist Strachwitz! Vorsicht Strachwitz ist da!'" Da musste nun doch auch der „Panzergraf" leise in sich hineinlachen.

Am Morgen des 6. Juli schlossen die Panzer zu den Grenadieren auf und griffen von links mit den Panthern des Panzerregiments 39 und von rechts mit dem Panzerregiment Großdeutschland in Richtung Butowo an. Schnell war der dortige Panzergraben erreicht, dann kam der Angriff aber zum Stehen, da erst ein Minenfeld geräumt werden musste. Erst gegen 14.00 Uhr konnte der Graben überwunden werden. Rasch fiel die Höhe 241,1. Obwohl die deutschen Angreifer schweres Abwehrfeuer von etwa 50 eingegrabenen Panzern und 30 bis 40 Panzerabwehrgeschützen bekamen, gelang es ihnen, noch weiter bis zur Höhe 247,2 vorzustoßen. Hier igelten sich die deutschen Panzer zusammen mit den Panzergrenadieren ein.

Aber Strachwitz hatte nicht nur Freunde und Bewunderer, sondern offenbar auch Gegner. Oder waren es Neider? Am 6. Juli wurde Oberst Decker zu General von Knobelsdorff, dem Kommandeur des XXXXVIII. Panzerkorps, bestellt worden, um Rechenschaft über die bisherigen Einsätze der Panzerbrigade 10 abzulegen. Decker hatte in einem Brief an General Guderian geschrieben, dass Strachwitz seine Panzer „idiotisch" einsetze. Da General von Knobelsdorff Konflikte unter seinen Offizieren vermeiden wollte, behielt er Decker in seinem Korpsstab und übergab Graf Strachwitz die Führung der Brigade. General von Knobelsdorff und der Divisionskommandeur der Großdeutschland, General Hoernlein, trauten den Ausführungen Deckers nicht, denn der Conté war schließlich nicht nur einer der erfahrensten, sondern auch einer der erfolgreichsten Panzerführer der Wehrmacht.

Am 7. Juli griffen die deutschen Panzer weiter nach Norden aus. Dabei gerieten sie aber sofort ins Abwehrfeuer von etwa 20 eingegrabenen Panzern und etlichen schweren Pakgeschützen. Während die Panther das Feuergefecht mit den Sowjets aufnahmen, schlug das Panzerregiment Großdeutschland mit den Panzergrenadieren des I. Bataillons des Grenadierregiments Großdeutschland, das Strachwitz unterstellt war, einen Bogen nach rechts und stieß weiter nach Norden vor. Zwar mussten erneut eingegrabene Panzer niedergekämpft und anschließend Minenfelder überwunden werden, trotzdem gelang es in schweren Kämpfen, einen Kilometer nordnordostwärts von Syrzewo vorzustoßen, wo man sich zunächst einigeln konnte. Als der Tag zur Neige ging, waren 62 Feindpanzer, 55 Geschütze und 35 Lastkraftwagen auf der Strecke geblieben. Zudem wurden vier sowjetische Schlachtflugzeuge abgeschossen.

Am nächsten Tag, dem 8. Juli, griff die Division Großdeutschland weiter in Richtung Werchopenje an. Auf der Straße von Syrzewo, das in den frühen Morgenstunden erobert worden war, nach Werchopenje trafen die deutschen Einheiten auf weitere Gegenwehr, die sie allerdings nicht aufhalten konnte. Bei Werchopenje wurden die deutschen Truppen zunächst durch starkes Abwehrfeuer von eingegrabenen Panzern und Pak aus Nordwesten gestoppt. Erst gegen 15.00 Uhr konnten drei Panzer IV mit Hilfe eines Grenadierbataillons in Werchopenje eindringen, wobei zwei deutsche Panzer abgeschossen wurden, während der dritte schwer angeschlagen fliehen konnte.

Strachwitz' Panzerregiment Großdeutschland hatte nach diesem Angriff nur noch neun einsatzbereite Fahrzeuge und kaum noch Munition, dennoch konnten die Stellungen gehalten werden, bis einige instandgesetzte Panzer und die II. Abteilung des Regiments im Laufe der Nacht Verstärkung brachten. Großdeutschland war nur noch elf Kilometer vom ersten großen Angriffsziel der 4. Panzerarmee, Obojan, entfernt. Aber würde das so arg dezimierte Regiment das Angriffsziel überhaupt noch erreichen können?

Am folgenden Tag, dem 9. Juli 1943, griffen Strachwitz' Einheiten mit zusätzlichen Kampfgruppen der Division Großdeutschland nach Norden in Richtung Punkt 240,4 aus. Stuka- und Schlachtfliegerverbände der Luftwaffe und ein Werferregiment ebneten den Weg. Bei dem Versuch, die Höhe 160,8 zu nehmen, stießen Strachwitz' Fahrzeuge auf die massierte Abwehr sowjetischer Panzerbrigaden, eingegrabener Panzer und Pakgeschütze. Der Kampf Panzer gegen Panzer war unausweichlich, Deutsche und Sowjets prallten regelrecht aufeinander. Bei den Gefechten verlor die 6. Kompanie drei Tanks, darunter den des Kompaniechefs Oberleutnant Audenrieth. Allerdings konnte die II. Abteilung des Panzerregiments Großdeutschland, die mittlerweile von Hauptmann von Wietersheim geführt wurde, das mit Panzerabwehrgeschützen gespickte Dorf Novoselovka angreifen und die dahinter liegende Höhe einnehmen, wodurch die Füsiliere der Division Großdeutschland rasch bis zum Punkt 244,8 vordringen konnten. Die deutschen Truppen kämpften mit vollem Einsatz. Stuka- und Schlachtfliegereinheiten setzten den Sowjets arg zu, Artillerie- und Werferregimenter schossen Nebelgranaten, die die deutschen Panzer fast unsichtbar machten. Trotzdem zogen die Sowjets immer mehr Fahrzeuge heran. Mehr als 75 Panzer donnerten, allerdings recht plan- und ziellos, durch das Gelände. Während manche sich nach Norden zurückzogen, versuchten andere, durch die Nebelwand an die deutschen Panzer heranzukommen. Doch die hielten den Angriffen stand.

Während des Getümmels hatte der Divisionskommandeur General Hoernlein Graf Strachwitz persönlich einen neuen Auftrag gegeben. Die Panzergruppe sollte die Höhe 258,4 etwa vier Kilometer westlich Werchopenje angreifen. So sollte der zurückhängenden 3. Panzerdivision nach vorne geholfen werden. Die jetzige Position des Panzerregiments Großdeutschland sollte von der schlesischen 11. Panzerdivision eingenommen werden, in der der Sohn des „Panzergrafen“ als Zugführer fungierte. Um 19.00 Uhr trat die Panzergruppe Strachwitz an, überschritt im zügigen Vormarsch die Höhe nördlich Werchopenje und stieß dort auf etwa 30 sowjetische Tanks, die wegen der nun rasch hereinbrechenden Dunkelheit aber nicht mehr angegriffen werden konnten. Dem Panzerregiment Großdeutschland blieb nichts anderes übrig, als sich für die Nacht einzuigeln.

Am Abend erreichte Strachwitz dann eine schlimme Botschaft. Sein ältester Sohn Hyacinth war bei den Kämpfen durch einen Schuss in die Schlagader schwer verwundet worden. Aufgewühlt biss sich Strachwitz auf die Lippen, lehnte sich erschöpft an die stählerne Wand eines Panzers und blickte minutenlang mit flehenden Augen gen Himmel. Dann straffte er seinen Körper. Nur kurz hatten ihn die Gefühle übermannt. Er musste nun stark sein, durfte sich nicht anmerken lassen, wie es tief in seinem Inneren aussah. Schon im Morgengrauen des 10. Juli 1943 war für Strachwitz und seine Männer der kurze Frieden der Nacht beendet. In nur wenigen Hundert Metern Entfernung waren die Feindpanzer zu sehen. Nun hatte der Conté seine Chance.

„Wir greifen an! Sobald ihr die Ziele aufgefasst habt – Feuer frei!“

Nur Minuten später brannten die ersten T-34, allerdings auch ein eigener Panzer IV. Graf Strachwitz war in vorderster Front. Er blickte durch die Optik seines Zielgerätes, legte den linken Arm lässig auf den Kanonenverschluss.

„Entfernung achthundert“, Strachwitz war die Ruhe selbst.

Den neuen, völlig unerfahrenen Richtschützen seines Panzers übermannte aber die Nervosität. Ohne den Feuerbefehl abzuwarten drückte er auf den Auslöser, der Schuss donnerte aus dem Rohr, das dem „Panzergrafen“ den linken Arm, der eben noch auf dem Verschluss geruht hatte, zerquetschte. Sofort setzte der Fahrer den Panzer aus dem Feuerbereich der Sowjets. Die Besatzung zerrte Strachwitz aus dem Fahrzeug und leistete erste Hilfe. Er hatte augenscheinlich fürchterliche Schmerzen. Es half alles nichts. Er musste die Führung an Hauptmann von Wietersheim abgeben und schleunigst ins Lazarett.

Stöhnend ließ sich Strachwitz auf den Rücksitz eines Kübelwagens sinken, der gleich darauf in rasender Fahrt dem Hauptverbandsplatz entgegenstrebte. Doch kaum hatten sie die ersten hundert Meter zurückgelegt, als plötzlich links und rechts des Fahrzeugs Erdfontänen in die Höhe schossen und Splitter durch die Gegend pfiffen. Sie waren ins Feuer der sowjetischen Artillerie geraten.

„Die können die Straße einsehen, wir müssen 'raus und in Deckung“, brüllte Strachwitz gegen den Schlachtenlärm.

Vor ihm schrie der Beifahrer plötzlich, ein Granatsplitter hatte die rechte Schulter getroffen und steckte wie eine Pfeilspitze im Fleisch. In all dem Getümmel behielt der tapfere Fahrer die Nerven. Kaltblütig sah er nur auf den Feldweg vor sich, wich geschickt den Einschlägen aus, umfuhr die Granattrichter, ohne das Tempo zu verlangsamen. Bald waren sie aus dem Schussbereich der sowjetischen Artillerie heraus. Der Graf beugte sich fürsorglich zu dem Verletzten:

„Können Sie die Schmerzen aushalten? Jetzt nur nicht schlappmachen, wir sind gleich am HVP!“

Der verletzte Beifahrer war mittlerweile kalkweiß und hielt sich die zertrümmerte Schulter, aber auch er riss sich zusammen und versuchte sogar ein Lächeln:

„Danke Herr Graf, es geht schon.“

Auf dem Hauptverbandsplatz angekommen, wurde Strachwitz unverzüglich versorgt. Ein starkes Medikament nahm ihm die Schmerzen, dann wurde der Arm in Gips gelegt. Als Strachwitz sich wieder so halbwegs wohl fühlte, fragte er den Stabsarzt nach seinem Schwager, Graf Saurma, doch dessen Antwort war niederschmetternd:

„Da war leider nichts mehr zu machen, Herr Graf, Ihr Schwager ist bereits einen Tag nach seiner Einlieferung verstorben. Wir haben ihn in Ehren beigesetzt." Wieder einmal musste Strachwitz einen herben Schlag verdauen. Und wieder einmal meinte er, das am besten an vorderster Front tun zu können. Der Oberstabsarzt versuchte ihn im Lazarett zu halten, schließlich musste die Verletzung täglich versorgt werden, außerdem drohte eine Infektion. Aber der „Panzergraf" ließ sich nicht überzeugen. Mit schnellen Schritten steuerte er seinen Kübelwagen an, in dem der Fahrer lässig an einer Zigarette zog. Als er den Grafen sah, sprang er aus dem Wagen und baute sich zur Meldung auf:

„Feldwebel Bauer ist medizinisch versorgt worden, er bleibt hier." Der Graf nickte nur, ließ sich auf den Beifahrersitz sinken und befahl dem völlig verdutzten Fahrer:

„Zum Regiment!"

Der Unteroffizier sah ihn mit großen Augen an:

„Aber Herr Graf sind doch verletzt ... Sie müssen ..."

„Zum Regiment", befahl Strachwitz nochmals barsch und beendete so das Gespräch.

Als er beim Regiment eintraf, war das Hallo groß. Nur der Adjutant sah ihn besorgt an und flüsterte:

„Herr Graf, weiß General Hoernlein, dass Sie wieder zurück beim Regiment sind"?

Die Antwort kam wie aus der Pistole geschossen:

„Wegen eines solchen Kratzers gebe ich das Kommando nicht ab!"

Doch der Kommandeur der Panzergrenadierdivision Großdeutschland, General Hoernlein, war da ganz anderer Meinung:

„Mit solch' einer schweren Verletzung darf er nicht an die Front. Er gefährdet nicht nur sich, sondern auch seine Männer. Im Übrigen hat sich der Chefarzt furchtbar über die Eigenmächtigkeit des Grafen aufgeregt."

Als er dann noch erfuhr, dass Strachwitz mit eingegipstem Arm einen Angriff geführt hatte und dabei nochmals leicht verwundet worden war, platzte Hoernlein endgültig der Kragen. Aufgebracht zitierte er Strachwitz zu sich:

„Ich befehle Ihnen jetzt mit allem Nachdruck, zum Hauptverbandsplatz zurückzukehren", und bevor Strachwitz noch etwas entgegnen konnte, „tun Sie das nicht, so ist dies eine Befehlsverweigerung. Das ist mein letztes Wort, Strachwitz!"

Während der Conté nun tatenlos die folgenden Tage auf dem Hauptverbandsplatz verbrachte, lief an der Front das Unternehmen Zitadelle zunächst weiter, wurde dann aber völlig überraschend am 15. Juli abgebrochen. Schon am 17. Juli trafen Befehle für die Verlegung der Division Großdeutschland ein. Am nächsten Tag schieden der Brigadestab und das Panther-Regiment 39 von Oberstleutnant Lauchert aus der Panzergrenadierdivision Großdeutschland aus und wurden direkt dem XXXXVIII. Panzerkorps unterstellt.

Aber was war der Grund für den Abbruch der Operation Zitadelle?

Hitler hatte nach der Landung der Westalliierten auf Sizilien am 10. Juli 1943 die Feldmarschälle von Kluge und von Manstein zu sich in die Wolfsschanze gerufen, wo sie am 13. Juli eintrafen. Feldmarschall von Kluge meldete, dass er Teile der nördlichen Angriffskräfte auf Kursk abziehen musste, um die Lage bei Orel zu stabilisieren. Deshalb hatte er den Angriff von Norden unbedingt abbrechen müssen.

Feldmarschall von Manstein erklärte dagegen, dass die Schlacht bei der Heeresgruppe Süd sich ihrer entscheidenden Phase näherte. Nach den Erfolgen der letzten Tage habe der Feind bereits fast alle Reserven in den Kampf werfen müssen. Erfolg und Sieg lägen in greifbarer Nähe.

„Abbrechen der Schlacht heißt, den Sieg verschenken", soll er zu Hitler gesagt haben.

Zudem habe er noch das XXIV. Panzerkorps unter der Führung von General Nehring mit zwei hervorragenden Divisionen, der bewährten 17. Panzerdivision und der 5. Waffen-SS-Panzergrenadierdivision Wiking in der Hinterhand, die noch gar nicht eingesetzt worden waren. Schließlich waren die sowjetischen Truppen am oberen Donez auch durch das Herandrängen von General Breiths III. Panzerkorps in eine äußerst schwierige Lage geraten.

Wie richtig von Manstein die Situation an der Südfront einschätzte, bestätigten nach dem Krieg sowjetrussische Quellen.

Manstein versuchte nun Hitler umzustimmen. Er wollte die 9. Armee von General Model an der Nordfront belassen, um den Feind zu binden. Im Süden sollten Hoths 4. Panzerarmee und die Armeeabteilung Kempf zusammen mit Breiths III. Panzerkorps den Kampf fortsetzen und die Feindkräfte südlich von Kursk vernichten. Damit wäre zumindest die „halbe" Zitadelle geschlagen worden. Feldmarschall von Kluge lehnte von Mansteins Vorschlag aber kategorisch ab. Er sah keine Möglichkeit mehr, die 9. Armee in ihrem jetzigen Kampfraum zu belassen. Der Abbruch der Schlacht und der Rückzug der Verbände in die Ausgangsstellungen schienen ihm zwingend notwendig.

Hitler stimmte von Kluge zu, gestattete jedoch von Manstein zunächst, im Süden die Schlacht fortzusetzen. Hoths Panzer schafften es denn auch, im Zusammenwirken mit der Armeeabteilung Kempf die sowjetische 69. Armee und noch zwei feindliche Panzerkorps im Raum Rschawez – Belenichino – Gostischtschewo einzukesseln.

Dann bereitete Hitler aber den Kämpfen im Südabschnitt doch ein Ende. Er befahl am 17. Juli das sofortige Herauslösen des I. SS-Panzerkorps aus der Front und die Verlegung nach Italien. Außerdem schickte er zwei Panzerdivisionen der Heeresgruppe Süd zur Heeresgruppe Mitte. Darunter war auch die Panzergrenadierdivision Großdeutschland.

Am 18. Juli sammelte sich die Division Großdeutschland im Worskla-Tal zur Verlegung in den Raum Karatschew und Brjansk zur Heeresgruppe Mitte. Hier hatten die Sowjets die deutschen Linien auf 30 Kilometer Breite durchbrochen und waren tief in deutsches Gebiet eingerückt. Damit bedrohte die Rote Armee die Verbindungen zwischen Brjansk und Karatschew nach Orel. Die Stadt Orel musste unbedingt gehalten werden, da sich dort und in der

Umgebung große Vorratslager befanden. Ab dem 26. Juli wurde das Panzerregiment und das I. Bataillon des Panzergrenadierregiments Großdeutschland direkt vor dem Feind ausgeladen und sofort in den Kampf geworfen. Schnell wurde den deutschen Soldaten klar, wer ihnen hier gegenüber stand, nämlich sowjetische Garde- und Elitedivisionen, unter anderem die Division Rote Fahne, die mit überlegenen Kräften auftraten. Trotzdem fingen im Laufe des Tages die deutschen Funker wieder und wieder Funksprüche mit folgendem Text auf: „Vor uns Großdeutschland – alle Angriffe abbrechen!" Der Respekt der Roten Armee war ohne Zweifel immens.

Die folgenden Tage waren von harten Kämpfen geprägt. Am 3. August wurde dem Panzerregiment Großdeutschland die mit 96 neuen Panthern ausgerüstete Panzerabteilung 51 zugeführt, wodurch das Regiment wieder eine beachtliche Kampfkraft erreichte. Bereits am folgenden Tag, dem 4. August, wurde die Division Großdeutschland von der 8. Panzerdivision abgelöst und in den Südabschnitt der Ostfront verlegt.

Die sowjetischen Truppen waren bei Bogoduchow, Graiworon und Borissowka durchgebrochen, es brannte bei Achtyrka, und die als „Feuerwehr der Ostfront" eingesetzte Division Großdeutschland sollte diesen Brand löschen.

Dort stieß die III. Tiger-Abteilung des Panzerregiments Großdeutschland aus der Heimat kommend zu ihrer Einheit. Die nun aus drei Abteilungen bestehende Division gehörte jetzt zu den waffenmäßig stärksten Panzerverbänden des Heeres. Aus dem früheren Infanterieregiment (mot.) Großdeutschland war mittlerweile eine hervorragende Panzerdivision entstanden, auch dank des Einflusses des „Panzergrafen". Da mittlerweile auch noch die Panther-Abteilung 51 als vierte Abteilung dem Panzerregiment Großdeutschland zugeführt worden war, hatte das Regiment eine enorme Feuerkraft. Die Führung übernahm der wiedergenesene Strachwitz.

Im Raum Achtyrka waren die Sowjets mit der 1. Panzerarmee, der 5. Garde-Panzerarmee, der 5. und 6. Gardearmee und der 40. Armee am 2. August zum Angriff mit Zielrichtung Charkow – Poltawa angetreten. Auf Anhieb schafften sie einen Durchbruch durch die deutsche Frontlinie und schlossen bei Graiworon zeitweise das III. Korps mit der 19. Panzerdivision sowie der 255. und der 332. Infanteriedivision ein. Mit dem Eintreffen der Division Großdeutschland stabilisierte sich die Lage bei Achtyrka sofort. Die eigenen Verbände, die sich aus dem Kessel herausgekämpft hatten, konnten bei Bol Pisarevka wieder aufgenommen, etwa tausend Verwundete versorgt und abtransportiert werden.

Am 9. August stieß die I. Abteilung des Panzerregiments unter der Führung von Major Pössl nach Osten vor, musste aber den Angriff nach starkem feindlichem Flankenfeuer abbrechen. Der Gegenschlag sowjetischer Panzerrudel mit aufgesessener Infanterie, die bis kurz vor Achtyrka kamen, wurde wiederum von deutschen Einheiten abgewiesen. So wogte der Kampf hin und her.

Die Lage südlich von Achtyrka wurde mit der Zeit immer bedrohlicher. Die Rote Armee hatte bereits die Worskla überschritten und drohte, die Division einzuschließen. General Hoernlein befahl Graf Strachwitz, einen Angriff nach Süden in die Flanke des Gegners zu unternehmen.

Am 15. August traten die vier Panzerabteilungen des Panzerregiments Großdeutschland zusammen mit der Aufklärungsabteilung Großdeutschland und anderen Verbänden des Heeres an. Rasch ging es voran. Bei Grun wurde das Panzerregiment zunächst kurz aufgehalten, aber schon bald rollte der Angriff weiter in Richtung Belsk, wo die Flanke der Roten Armee schwer angeschlagen werden konnte.

Kaum abgelöst und nach Achtyrka zurückgekehrt, warteten neue Aufgaben. Ein weiterer, noch größerer Angriff zusammen mit der 7. Panzerdivision und der 10. Panzergrenadierdivision war geplant. Den weit in den Raum Kotelwa vorgestoßenen feindlichen Kräften sollte in die Flanke gestoßen und zugleich Verbindung mit der angeblich südlich von Bogoduchow stehenden Waffen-SS hergestellt werden.

Schon am 18. August mussten alle verfügbaren Panzer und Sturmgeschütze der Division Großdeutschland wieder in den Einsatz,

Generalleutnant Walter Hoernlein befehligte 1943 eine der am stärksten ausgerüsteten Panzerdivisionen des deutschen Heeres.

und zwar in Richtung Kaplunowka entlang der Straße Achtyrka – Michailowka. Von der vorausfahrenden III. Panzerabteilung (Tiger I) gerieten fünfzehn Tiger I in ein Minenfeld, von denen acht mit Kettenschäden ausfielen.

Der I. Abteilung des Panzerregiments Großdeutschland gelang es aber, zusammen mit dem I. Bataillon des Panzergrenadierregiments Großdeutschland das Minenfeld zu umfahren und rasch nach Südosten vorzustoßen.

Schnell waren der Punkt 181,4 nördlich Kaplunowka eingenommen und die Rote Armee nach Osten und Nordosten zurückgedrängt. An der Rollbahn hingegen kam man zunächst nur schleppend voran, weil die sowjetischen Angriffstruppen ihre Flanken durch mehrere Pakriegel, Kampfpanzer und schwere Sturmgeschütze gesichert hatten.

Doch schließlich konnten die feindlichen Widerstandsnester geschickt umgangen und die Rote Armee aus Kotelwa vertrieben werden.

Noch am gleichen Tag wurde Parchumowka von der I. Abteilung des Panzerregiments Großdeutschland und Major Remers Grenadieren genommen, doch der weitere Vorstoß stoppte dann, weil der linke Nachbar, die 7. Panzerdivision, noch nicht herangeführt worden war.

General Joachim Lemelsen führte das XXXXVIII. Panzerkorps in dem die Division „Großdeutschland" im August 1943 kämpfte. Hier ein seltenes Vorkriegsbild von Lemelsen, noch ohne Ritterkreuz und Eichenlaub.

Die Division hatte in der Folge schwere Gegenangriffe von neu in den Kampf geworfenen sowjetischen Elitedivisionen abzuwehren, ging aber auch immer wieder in die Offensive.

So wechselten in den folgenden Tagen Abwehr- und Angriffskämpfe, die insbesondere für die sowjetischen Truppen herbe Verluste an Infanterie, Panzern, Werfer-, Artillerie- und Pakgeschützen brachten.

Ende August 1943 wurde die Panzergrenadierdivision Großdeutschland dem XXXXVIII. Panzerkorps unter General Lemelsen unterstellt.

Nach nur zwei Tagen, die der Erholung und Ergänzung dienten, marschierte die Division in den Raum Oposchina und kurz darauf nach Teplyi, wo feindliche Einheiten zerschlagen werden konnten. Immer wieder kam es in den folgenden Tagen zu Gefechten mit der überlegenen Roten Armee.

Wie in letzter Zeit üblich, wurde Großdeutschland als Feuerwehr zum Schließen von Frontlücken eingesetzt. Besonders die schwache deutsche Infanterie brauchte jede Unterstützung gegen den immer stärker werdenden Gegner.

Die ständigen Ortswechsel der Divisionsverbände waren eine erhebliche Belastung für Mensch und Maschinen.

Ende September mussten die Einheiten nach einem Marsch von 220 Kilometern sofort wieder ins Gefecht. Trotzdem gelang es, die starke Pakfront bei Teplyi zu durchstoßen und am 5. September bei Oposchina einen Gegenangriff mit elf Panzern und Sturmpionieren zu führen, der allerdings von den Sowjets abgewehrt werden konnte. Die Kämpfe wogten hin und her, und der Gegner wurde von Tag zu Tag stärker.

Wie lange konnten die Deutschen noch standhalten?

Während die Schlacht um Oposchina tobte, kamen neue Verlegungsbefehle für Großdeutschland.

Die Trosse, Werkstatt- und Wartungstrupps sowie das ganze schadhafte Material wurden über den Dnjepr gebracht, die I. Abteilung des Panzerregiments Großdeutschland bekam den Marschbefehl nach Bourges in Frankreich. Insgesamt sank die Kampffähigkeit des Panzerregiments Großdeutschland täglich. Die Zahl der einsatzbereiten Panzer schrumpfte auf ein Minimum, und die Verlegung der Werkstattkompanien hinter den Dnjepr tat ihr Übriges.

Die Verbände, unter ihnen auch das Panzerregiment Großdeutschland, mussten allmählich in Richtung Krementschug zurückweichen.

Hier traf das Regiment ein weiterer herber Schlag. Graf Strachwitz musste sein Regiment verlassen.

Wegen einer erneuten schweren Verletzung seines linken Armes war er für den Fronteinsatz vorläufig untauglich. Ihn riefen nun neue Aufgaben in der Heimat.

„Höherer Panzerführer" bei der Heeresgruppe Nord

Strachwitz landete auf dem Flugplatz Stubendorf in Oberschlesien, wo er von seiner Frau und vom Kreisleiter der NSDAP begrüßt wurde, dann ging es gleich weiter ins Breslauer Lazarett. Bis Ende Januar dauerte seine Rekonvaleszenz im Lazarett, einer Kurklinik und zu Hause. Gebessert wurde die durch die Untätigkeit hervorgerufene schlechte Laune des Grafen nur durch die Nachricht, dass die Tochter Lisalex, die in Italien als Nachrichtenhelferin im Einsatz stand, sich mit 36 Kolleginnen von Brindisi aus durch von Partisanen beherrschtes Gebiet bis zu den deutschen Frontlinien durchgeschlagen hatte.

Doch die Tatenlosigkeit sollte bald ein Ende haben. Das Jahr 1944 war erst wenige Wochen alt, als den Graf ein Fernschreiben erreichte, das ihn als „Höheren Panzerführer" zur Heeresgruppe Nord kommandierte. Strachwitz meldete sich beim Chef der 18. Armee, Generaloberst Lindemann, der auch mit der Führung der Heeresgruppe Nord beauftragt war. Lindemann eilte der Ruf eines äußerst tüchtigen, dabei ruhigen und gelassenen Armeeführers voraus. Er verstand es, mit verhältnismäßig geringen eigenen Kräften einen stark überlegenen Gegner immer wieder abzuwehren.

„Ich hoffe, Sie wissen, was auf Sie zukommt", begann Lindemann das Gespräch, „ich möchte nicht um den heißen Brei herumreden. Wir stehen vor Problemen, riesigen Problemen."

Lindemann machte eine Kunstpause, zog an seiner Zigarre und ließ seine Worte wirken, dann fuhr er fort:

„Die Russen haben endgültig die Initiative übernommen. Jetzt wenden sie unsere Einkesselungstaktik an, und sie haben genügend Menschen und Material, um uns in die Enge zu treiben. Strachwitz, wir müssen flexibel sein. Nur so können wir gegen ihre zahlenmäßige Überlegenheit bestehen."

Lindemann zog Strachwitz zu einer Landkarte, die an der Wand seines Büros hing. Mit einem Stock zeigte er auf die Stadt Narwa.

„Wie Sie wissen, haben die Sowjets Mitte Januar die Blockade von Leningrad gebrochen. Unser Versuch, einen Brückenkopf zu halten, ist gescheitert. Wir mussten uns bis zur alten estnischen Stadt Narwa zurückziehen, die allerdings hervorragend verteidigt werden kann, weil sie auf drei Seiten von Wasser umgeben ist."

Lindemann hielt inne und musterte Strachwitz eindringlich, dann sprach er weiter:

„Es gibt allerdings ein ernstes Problem. Sowjetische Vorhuten stehen südlich der Stadt und bedrohen unsere Nachschubwege. Das III. germanische Korps der SS unter General Steiner steht südwestlich von Narwa und versucht die Sowjets zu blockieren, aber alle bisherigen Anstrengungen, die beiden Brückenköpfe, von uns Ost- und Westsack genannt, zu beseitigen, waren bis jetzt erfolglos."
Strachwitz blickte den General erwartungsvoll an, der nun zum Höhepunkt seiner Rede kam: „Sie, Strachwitz, sind mit ihren Panzerstreitkräften der Heeresgruppe Nord unterstellt und sollen den durchgebrochenen Feind bei Krivasso und damit den Westsack vernichten!"

Strachwitz schaute Lindemann fragend und ein wenig unglücklich an:

„Das bedeutet, dass unter meinem Befehl die Panzer der Heeresgruppe stehen, aber die zur Durchführung der Angriffe notwendige Unterstützung durch Grenadiere, Pioniere oder Artillerie bleibt in der Hand der Heeresgruppe Nord?"
Doch Lindemann versuchte, Strachwitz' Bedenken zu zerstreuen:

„Sie bekommen natürlich, was Sie brauchen", um aber gleich einzuschränken, „besser gesagt, was zur Verfügung steht. Aber allzu viel ist das nicht. Zudem muss ich Ihnen sagen, dass Sie auf schwerem Terrain operieren müssen. Tun Sie Ihr Bestes!"

Der Graf war neugierig geworden. Er verabschiedete sich von Generaloberst Lindemann und bestieg einen Kübelwagen, um sofort zur Front zu fahren. Unterwegs wurde der Graf von seiner Aufgabe immer mehr gefesselt. Er wusste nur zu gut, wie wichtig es für die deutsche Frontlinie war, die sowjetischen Brückenköpfe zu beseitigen.

Bei der Geländebesichtigung musste er rasch feststellen, dass das Sumpfgelände am Südabschnitt der Narwafront für Panzer kaum befahrbar war. Schnell reifte in ihm die Überzeugung, dass die Vernichtung des Westsacks durch einen Flankenangriff wegen des Geländes und des Mangels an infanteristischen Kräften unmöglich war. Ein anderer Plan musste her! Sorgfältig und unauffällig vorbereitet.

Otto Carius beschreibt in seinem Buch „Tiger im Schlamm" Strachwitz' Konzept, aber auch seinen persönlichen Eindruck:
In Oberst Graf Strachwitz lernte ich eine Persönlichkeit kennen, die sicher niemand vergessen hat, der jemals mit ihm zusammengekommen ist. Der Graf war ein Meister der Organisation. Das Improvisieren dagegen überließ er, als Selbstverständlichkeit, mehr den Unterführern. Wir hatten das Glück, einige Unternehmen unter seiner Führung mitzumachen, die beispielhaft waren für die Tatsache, dass alles, was gut geplant ist, schon den halben Erfolg in sich birgt. [...] Böse Zungen behaupteten, dass man Strachwitz das Panzerregiment Großdeutschland abgenommen habe, weil er zu viele Ausfälle hatte. Ich selbst hatte berechtigte Zweifel an dieser Behauptung. Graf Strachwitz ist mit seinem Stab immer an Brennpunkten der Front eingesetzt worden und hat dort äußerst heikle Unternehmen durchführen müssen, für die ihm jede Unterstützung gewährt wurde. Bei solchen Unternehmen können schmerzliche Verluste nicht immer vermieden werden, aber eben durch diese wurde zahlreichen Kameraden anderer Truppenteile das Leben gerettet.

Strachwitz, der einen Teil seines Stabes vom Panzerregiment Großdeutschland mitgebracht hatte, wollte versuchen, den Westsack durch einen Angriff von Westen nach Osten in Höhe des Sackbodens zu beseitigen. Anschließend sollte die Verbindung mit der eigenen Infanterie im Sack hergestellt und der Kessel geräumt werden. Der einzig mögliche Weg war allerdings für die schweren Tiger-Panzer nicht breit und fest genug, weshalb er mit den gut 30 Tonnen leichteren Panzern IV operieren wollte. Die ostpreußische 11. Infanteriedivision mit den Grenadierregimentern 2, 23 und 44 sollte an den Flanken der vorstoßenden Panzer angreifen.

Am 23. März fand in den Wäldern vor dem Westsack eine Übung statt. Am Abend wurden die Kommandeure ins Hauptquartier der 11. Infanteriedivision zum Planspiel beordert. Graf Strachwitz erläuterte den Offizieren nun seinen detaillierten Angriffsplan.

Am 26. März 1944 begann das Unternehmen Westsack, auch Strachwitz I genannt, mit einem Artillerieschlag. Der Graf selbst fuhr im ersten der drei Panzer an der Spitze, was das Vertrauen seiner Männer in ihn natürlich enorm steigerte. Obwohl die Bombenangriffe der deutschen Stukas, die den Angriff begleiten sollten, wegen des waldigen Geländes weitgehend wirkungslos blieben und obwohl Strachwitz den Angriff bald ohne Panzer, nur durch die Grenadiere, weiterführen ließ, nachdem eine Ju-87 eine Bombe dicht neben seinem P IV abwarf, konnte die 11. Division zusammen mit der Panzergruppe Strachwitz reiche Beute und zahlreiche Gefangene machen.

Am 27. März erreichte das Grenadierregiment 23 mit Panzerunterstützung die Schneise Nr. 7, musste sich aber wegen der heftigen sowjetischen Gegenangriffe und wegen hoher Verluste bald wieder in seine Ausgangsstellungen zurückziehen. In der Nacht vom 29. auf den 30. März musste das völlig dezimierte Grenadierregiment 23 sogar durch Kompanien des Führerbegleitbataillons abgelöst werden. Strachwitz setzte nun auf das Füsilierbataillon. Und tatsächlich gelang es, den sowjetischen Brückenkopf einzudrücken und schließlich ganz zu beseitigen. Die meisten sowjetischen Soldaten und das gesamte Material gerieten in deutsche Hand. Nun konnte die Beseitigung des zweiten sowjetischen Frontvorsprunges, des Ostsacks, beginnen.

Dafür hatte sich Strachwitz einen neuen Plan ausgedacht, der die Kommandeure wegen seiner Kühnheit überraschte, der sie aber bald überzeugte.

Otto Carius berichtet darüber in seinem Buch „Tiger im Schlamm“:

„Meine Herren, ich denke mir das so“, sagte er in seiner etwas schnoddrigen Art, „unsere Kampfgruppe greift den sogenannten Ostsack vom Kinderheim aus frontal über die Pläne zum Bahnübergang an. An der Spitze fahren vier Tiger, die nach Überschreiten des Bahndammes rechts einschwenken und diesen aufrollen.

Die nachfolgenden vier Tiger, auf denen je eine Gruppe Infanterie aufsitzt, fahren auf Teufel komm 'raus zu der Wegegabel, die einhundert Meter Süd-Ost des Bahnüberganges liegt. Diese Wegegabel ist so schnell wie irgend möglich zu erreichen und freizuhalten, damit vier Panzer IV und die Schützenpanzer vorstoßen und die Pläne besetzen können, die hier“, er zeigte auf die Karte, „in der Höhe des Sackbodens liegt. So, das wäre einmal das.

Für die Nacht wird eingeigelt und die Igelstellung gehalten, bis am Morgen ein weiteres Infanterieregiment nachkommen und die Hauptkampflinie bilden kann. Damit wird dann Verbindung nach Westen und Osten aufgenommen. Der Hauptwitz bei dieser Geschichte ist, dass das Unternehmen genau nach Zeitplan abläuft. Das bedeutet, dass mir kein Panzer auf der Strecke liegen bleiben darf, weil durch Verzögerung das Gelingen der gesamten Aktion in Frage gestellt werden kann. Und das gibt es nicht.

Ich befehle hiermit ausdrücklich, dass jeder bewegungsunfähige Panzer, wenn nur irgend möglich, in den Sumpf gestoßen wird, damit er die anderen Fahrzeuge nicht aufhält.

Die Verantwortung für das Gelingen des Unternehmens liegt beim Panzerführer, und zwar ohne Rücksicht auf seinen Dienstgrad. Klar?“

„Jawohl, Herr Graf!“

Die Offiziere staunten nicht schlecht. Das war in der Tat erneut ein Plan, der den Ruf des „Panzergrafen“, der am 1. April 1944 zum Generalmajor der Reserve befördert worden war, rechtfertigte. Die Ausführung forderte von allen beteiligten Männern, vor allem von den Panzersoldaten, große Tapferkeit und eiserne Nerven, aber auch sämtliche Qualitäten eines Einzelkämpfers. Durch das bewegliche Operieren wollte Strachwitz die Verluste von Menschen und Material möglichst gering halten.

Strachwitz sah seine Offiziere lächelnd an und wartete auf Fragen. Als keine kamen, wandte er sich an den Chef der 2. Kompanie der Tigerabteilung 502:

„Mit welchem Bataillon wollen Sie am liebsten den Einsatz ausführen?“

Der Tiger-Mann staunte nicht schlecht über die Großzügigkeit des Kommandeurs und wünschte sich das Füsilierbataillon der Division Feldherrnhalle.

„Gut, wird Ihnen zugeteilt“, sagte Strachwitz zu seinem Adjutanten gewandt, der nur kurz nickte, und fuhr fort:

„Über weiter benötigte Kampf- und Unterstützungseinheiten reden wir später noch. Die Luftüberlegenheit in unserem Abschnitt wird durch das Jagdgeschwader 54 sichergestellt. Das ist mit der Luftflotte 1 bereits abgesprochen. Die nötige Funkverbindung zu den Stukas ist durch einen Funkwagen gewährleistet, der uns zur Verfügung gestellt wurde.

Halt! Hätte ich beinahe vergessen. Für das Unternehmen bekommen Sie eigene Karten und Luftbildaufnahmen, die eigens für die Operation hergestellt sind. Die wichtigsten Punkte darauf sind mit Ziffern markiert. Damit ersparen wir uns unnötige Rückfragen und können Missverständnisse vermeiden. Außerdem können die jeweiligen Standorte rascher und genauer angegeben werden. So, das wäre es, meine Herren. Haben Sie noch Fragen?“

Strachwitz holte eine Zigarre aus der Brusttasche seines Uniformrocks und zündete sie gemächlich an. Dann glitt sein Blick in die Runde. „Keine Fragen mehr? Dann danke ich Ihnen, meine Herren.“

Kurz vor Beginn des Unternehmens wurde Strachwitz' Plan hinter der Front in einem dem Ostsack ähnlichen Gelände geübt. Auch Generaloberst Lindemann sah den Vorbereitungen zu und wies die Männern danach noch einmal auf die Wichtigkeit der Operation hin. Zu Strachwitz gewandt sagte er voller Überzeugung:

„Sie werden es schaffen!"

Strachwitz schaute bei der Vorbereitung wirklich auf jedes Detail. Zunächst hatte er am Kinderheim, einer Anhöhe, zwei Bunker bauen lassen, einen für sich, den anderen für seinen Adjutanten und Nachrichtenoffizier. Die Grenadiere mussten ihre steife Winterbekleidung abgeben, um im Gelände größere Beweglichkeit zu haben. Diese wurde gebündelt und sollte am Abend nachgebracht werden, damit die Männer in der Nacht nicht frieren mussten. Einer der Offiziere aus seinem Stab wurde extra beauftragt, den Sonnenaufgang täglich auf die Minute genau festzustellen, um beim ersten Büchsenlicht mit dem Beschuss beginnen zu können. Das Artillerie-Vorbereitungsfeuer sollte fünf Minuten vor Angriffsbeginn einsetzen, fünf Minuten später sollte es weiter nach vorn verlegt werden. In dieser Zeit sollten vier Tiger als Spitzengruppe den Startschuss geben.

Kurz vor Angriffsbeginn rollten die vier Tiger in den Bereitstellungsraum hinter der Höhe des Kinderheims. Die Füsiliere waren bereit, genauso wie es der Graf geplant hatte. Alles klappte wie am Schnürchen.

Die Panzerkommandanten waren Kerscher, Zwetti, Gruber und Carius, Letzterer war der Führer dieser Speerspitze. Strachwitz hatte ausdrücklich verboten, dass der Führer als erster fuhr, denn der Angriff durfte nicht stoppen, falls der zuerst fahrende Tank durch Beschuss oder Minentreffer ausfallen sollte. So fuhren die Tiger in der Reihenfolge Kerscher, Carius, Zwetti und Gruber. Die Tiger-Besatzungen kannten durch die Übungen und Einweisungen das Gelände um den Ostsack und bei Lembitu wie ihre Westentasche, jeder Bombentrichter war ihnen geläufig. Kurz vor Angriffsbeginn erschien Graf Strachwitz ganz vorne bei den Tigern, um den Beginn der Operation aus allernächster Nähe beobachten zu können.

In den frühen Morgenstunden des 6. April 1944 lief das Unternehmen Ostsack, auch Strachwitz II genannt, an. Rund um den Ostsack eröffnete eine große Anzahl Flakwaffen mit mittleren und leichten Kalibern, aber auch 8,8-cm-Flakgeschütze, die sich in den Bodenkampf einschalteten, das Feuer. Aus dem rückwärtigen Raum donnerten die Artilleriegeschütze der aufgefahrenen Batterien, darunter 28-cm-Haubitzen, und des Werfer-Regiments, das zuerst mit Flammöl-Raketen, dann mit Brisanz-Munition schoss. Gleichzeitig feuerten alle an der Operation beteiligten Infanteriegeschütze. Die leuchtenden Spuren der Geschosse bildeten eine wahre Feuerkuppel, unter deren Schutz die vier Tiger der 2. Kompanie/Tigerabteilung 502 mit hoher Geschwindigkeit aus ihrem Bereitstellungsraum Kinderheim auf den Bahndamm zurollten, der ohne Probleme überwunden werden konnte. Offenbar waren die sowjetischen Soldaten vollkommen überrascht. Nach dem Bahndamm drehten die vier Panzer weisungsgemäß nach rechts, schossen eine Pak aus dem Weg und waren nun im Rücken der russischen Stellungen am Bahndamm. Das Feuer der Tiger machte jede Gegenwehr zunichte. Strachwitz' Pläne schienen aufzugehen.

Immer weiter stießen die schweren Panzer in den Ostsack hinein, in Richtung Auwere vor. Hinter den Tigern rollten die Tanks der Panzergruppe Strachwitz, nichts schien sie aufhalten zu können, kein Minen- und kein Pakriegel waren für sie ein Hindernis. Noch am gleichen Abend marschierten Stoßtrupps des Füsilierbataillons der Division Feldherrnhalle nach Westen und Osten, um Verbindung mit den am Sackboden stehenden eigenen Kräften aufzunehmen.

Aber die Nacht vom 6. auf den 7. April war noch nicht vorbei. Überall in den Wäldern waren sowjetische Truppen in Divisionsstärke versteckt. Das Füsilierbataillon musste schwere Verluste durch versprengte russische Soldaten und durch die sowjetische Artillerie, die wahllos in Richtung der Deutschen schoss, hinnehmen. Die Schützenpanzerwagen, die die Soldaten mit Winterbekleidung versorgt hatten, mussten bei Nacht Munition und Verpflegung transportieren, wurden dabei aber von den Russen immer wieder in Scharmützel gezogen. Dies zwang sie häufig zu Umwegen, erst nach Norden und dann nach Süden. Manch ein Schützenpanzerwagen fiel versteckten Minenfallen zum Opfer. Dass der Verbindungsweg überhaupt freigehalten werden konnte, war nur dem Mut und der Umsicht Leutnant Günther Famulas zu verdanken, dem der Graf diesen wichtigen Auftrag erteilt hatte.

Mit aller Macht versuchten die Sowjets der deutschen Umklammerung zu entkommen. Von Norden her unternahmen die eingekesselten sowjetischen Truppen Ausbruchsversuche nach Süden. Von Süden aus führten sie heftige Angriffe, um die deutsche Panzerspitze mit ihrer Begleitinfanterie zu vernichten und die eigenen Stellungen zurückzugewinnen. Es war eine bittere Nacht für das Füsilierbataillon, das in der Dunkelheit unter schwerstem Beschuss lag und hohe Verluste erleiden musste. Die Schwerverwundeten brachten die Schützenpanzer zurück, die Leichtverwundeten zogen es vor, auf das Tageslicht zu warten und zu Fuß zum Verbandsplatz zu gehen. Erst bei Tagesanbruch entspannte sich die Situation etwas. Die Sowjets griffen zwar weiter an, aber die beklemmende Dunkelheit, in der man den Freund nicht vom Feind unterscheiden konnte, war jetzt vorbei. Die offiziellen Meldungen zu diesen Tagen berichteten:

An diesem 6. April meldete das Kriegstagebuch der Armeeabteilung Narwa, dass beim 43. Armeekorps, nach kurzer, trommelartiger Artillerie- und Werfervorbereitung, die 122. und die 227. Infanteriedivision mit der Panzerkampfgruppe Graf Strachwitz und dem Füsilierregiment der Division Feldherrnhalle sowie Schlachtfliegerunterstützung in den frühen Morgenstunden von Westen, Norden und Osten zum Angriff auf den Ostsack angetreten waren. Die starken Feindstellungen wurden durchbrochen und drei tiefe Einbrüche erzielt. Die Kämpfe zur Schließung einer noch etwa 1.000 Meter breiten Lücke im Südeingang des Ostsackes zur Herstellung einer Verbindung des von Norden kommenden Stoßkeiles der 122. Infanteriedivision mit den eigenen

Kräften am Südwestrand des Ostsackes sind noch im Gange. Feindliche Gegenangriffe bis Bataillonsstärke, besonders aus dem Ostteil des Sackes und von Süden, wurden zum Teil im Gegenstoß abgewehrt.
Zur Zeit sind noch Angriffe der 122. Infanteriedivision und der Division Feldherrnhalle zur gegenseitigen Verbindungsaufnahme und der 122. Infanteriedivision nach Südwesten zur Abschnürung des Westteiles des Sackes im Gange. Artillerie, Flakartillerie und Werfer unterstützten hervorragend die eigenen Angriffe durch stärkste Feuervorbereitung und gut liegende Feuerzusammenfassung während des Angriffs. Eigene Flak schoss zwei sowjetische Beobachtungsballone ab. Auch die eigenen Verluste sind beträchtlich.
Bei den heutigen schweren Kämpfen hatte der Panzerverband Strachwitz am Erfolg dadurch besonderen Anteil, dass der rasche Durchstoß der Panzer durch das Waldgelände der Infanterie den Kampf entscheidend erleichterte.
Oberst Graf Strachwitz hat sich dabei wiederum durch umsichtige Führung und größte persönliche Tapferkeit ausgezeichnet. Leutnant Günther Famula, Zugführer in der 5. Panzerkompanie des Führer-Begleitbataillons/Großdeutschland, als Führer der Panzerspitze, Panzerverband Strachwitz, hat sich durch besonderen Schneid und Kaltblütigkeit hervorgetan.
Oberst Graf Strachwitz wird zur Verleihung der Brillanten zum Ritterkreuz mit Eichenlaub und Schwertern und Leutnant Famula zur Verleihung des Ritterkreuzes zum Eisernen Kreuz vorgeschlagen. Beute und Gefangenenmeldungen liegen noch nicht vor.

Strachwitz' Panzer hatten überraschend schnell ihr Ziel erreicht. Bei den Kämpfen geriet ein russischer Offizier in Gefangenschaft. Nach seinen Aussagen hatte die sowjetische Führung den deutschen Angriff am Sackboden, wie beim Westsack, erwartet und dort vorsorglich umfangreiche Minensperren angelegt, die nun den flüchtenden sowjetischen Soldaten zum Verhängnis wurden. Da man durch die Mitte keinen deutschen Angriff erwartet hatte, wurden hier nur Panzerabwehrriegel aufgebaut. So konnte der Ostsack frontal aufgebrochen und an beiden Flanken von den Bodentruppen aufgerollt werden. Offiziell wurde berichtet:

Laut Kriegstagebuch der Armeeabteilung Narwa vom 7. April 1944 konnten die Verbände des XXXXIII. Armeekorps gegen den erbittert kämpfenden Feind den Westteil des am Vortage aufgespaltenen Ostsackes vom Feind säubern. In den Nachmittagsstunden gelang es unter Abwehr mehrerer mit Panzerunterstützung geführter Entlastungsangriffe von Süden und laufender Durchbruchsversuche von Norden eine lose Verbindung zwischen der 122. Infanteriedivision und der Division Feldherrnhalle im Südeingang des Ostsackes herzustellen. Verstärkung und Festigung dieses Riegels ist im Gange. Bisher wurden über 350 Gefangene eingebracht, Feindtote und Beute sind noch nicht zu übersehen. Am heutigen Tag wurden mindestens zehn Feindpanzer vernichtet, dabei mehrere durch Nahkampfmittel.
Artillerie und Werfer unterstützten wiederum vorbildlich den Kampf der Infanterie durch Zermürbung der eingeschlossenen Feindkräfte im Ostteil und Bekämpfung der feindlichen Artillerie. Im Laufe des Tages wurden fünf Feindbatterien niedergekämpft und 44 ausgemachte Feindbatterien niedergehalten. Stuka-Verbände entlasteten die eigenen Angriffe durch rollende und wirkungsvolle Einsätze auf feindliche Bereitstellungen im Ostteil des Ostsackes.

Bis zum Abend war die Vernichtung, des im Ostteil des Ostsackes eingeschlossenen Feindes, abgeschlossen. Vor allem die Grenadiere der 61. Infanteriedivision, die im Sackboden standen, konnten endlich aufatmen. Weitere offizielle Verlautbarungen meldeten:

Morgenmeldung vom 8. April 1944 der Armeeabteilung Narwa an die Heeresgruppe Nord.
XXXXIII. Armeekorps: Der Feind verstärkte im Laufe der Nacht seinen Druck auf den Riegel beiderseits 32,2. Es gelang ihm, die Verbindung zwischen 122. Infanteriedivision und Panzergrenadierdivision Feldherrnhalle aufzureißen. Erneute Angriffsvorbereitungen zur Schließung der Lücke sind eingeleitet.

Um 22.00 Uhr kam folgende I a-Tagesmeldung an die Heeresgruppe Nord:

Der Ostsack ist beseitigt. In harten, den ganzen Tag über andauernden Kämpfen wurden die im Ostsack eingeschlossenen Feindkräfte in ihrer Masse vernichtet, nur geringen Teilen gelang es, im Laufe der letzten Nacht sich der Klammerung nach Süden zu entziehen. Der Raum hinter der neuen Hauptkampflinie wird gerade von Feindresten gesäubert.
Beim XXXXIII. Armeekorps wurden im Laufe des Tages heftige Entsatzversuche des Feindes mit starker Artillerieunterstützung von Süden bis zu Bataillonsstärke und zahlreiche Ausbruchsangriffe, zum Teil im Nahkampf, zurückgeschlagen. Am frühen Nachmittag gelang es, im Südeingang des Ostsackes die unterbrochene Verbindung zwischen der 122. Infanteriedivision und der Division Feldherrnhalle wieder herzustellen. Das hier angreifende Infanterieregiment 399 der 170. Infanteriedivision vernichtete allein im zähen Kampf über 100 Bunker und Kampfstände. Vom Nordwesten und Norden her wurde der Ostteil des Ostsackes zusammengedrückt und der eingeschlossene Feind bis auf geringe Reste vernichtet. Eigene Artillerie und Werfer unterstützten den Angriff und Abwehrkampf der Infanterie wiederum wirksam durch Feuerzusammenfassungen auf Feindangriffe und Widerstandsnester. Somit kann die Säuberung des rückwärtigen Kampfgebietes beim XXXXIII. Armeekorps als beendet und die Festigung der neuen Hauptkampflinie als abgeschlossen angesehen werden.
In der Morgenmeldung der Armeeabteilung Narwa an die Heeresgruppe Nord vom 9. April heißt es, dass es auch der 227. Infanteriedivision gelungen war, in den frühen Morgenstunden die Verbindung mit der Division Feldherrnhalle durch Angriff herzustellen.
Im Laufe des Tages wurden die letzten, im Südost-Teil des Ostsackes eingeschlossenen Feindreste in erbitterten Nahkämpfen vernichtet. In den Kämpfen um den Ostsack haben seit 6. April die 122. Infanteriedivision, die 227. Infanteriedivision, Teile der Panzergrenadierdivision Feldherrnhalle, Teile der 61. und 170. Infanteriedivision, hervorragend unterstützt durch den Panzerverband Strachwitz, Heeresartillerie, Nebelwerfer, Heerespioniere, Flakregiment 182 und Verbände der 3. Fliegerdivision, in dreitägigem, schwerem Ringen den abwehrbereiten,

Nach seiner Genesung führte Graf Strachwitz im Frühjahr 1944 eine Panzerkampfgruppe zur Beseitigung von drei russischen Brückenköpfen bei Narwa im Nordabschnitt der Ostfront. Im Hintergrund ein Sturmgeschütz III im weißen Tarnanstrich.

Graf Strachwitz bei der Befehlsausgabe zu den Operationen „Ostsack" und „Westsack" im Frühjahr 1944.

Oben links:
Die mächtige
8,8 cm-Kanone eines Tiger-I.

Oben rechts:
Rotarmisten beobachten im Schutz eines abgeschossenen russischen Su-85 Sturmgeschützes die deutschen Stellungen. Der rechte Rotarmist hat eine erbeutete deutsche MPi 40 auf dem Rücken.

Deutsche Grenadiere und Sturmgeschütze rücken im Frühjahr 1944 in den nächsten Einsatzraum vor.

Tiger-I und Schützenpanzerwagen auf schlammigen Wegen im Nordabschnitt der Ostfront.

Im rückeroberten Narwa, hier die Brücke über den gleichnamigen Fluss im Frühjar 1944.

Oben links: Leutnant Otto Carius von der 2. Kompanie der Tigerabteilung 502 war mit seinen Tigern der Panzerkampfgruppe Strachwitz zugeteilt und hatte wesentlichen Anteil am Kampfausgang. Am 4. Mai 1944 erhielt er das Ritterkreuz. Hier im Bild als Oberleutnant und Eichenlaubträger.

Oben rechts: Leutnant Günther Famula war Graf Strachwitz Adjutant und fuhr mit seiner 5. Kompanie oft Spitze. Er fiel am 22. April 1944 bei Narwa und wurde posthum mit dem Ritterkreuz ausgezeichnet.

Ein Bild vom Sommer 1944: Leutnant Carius bei einer Einsatzbesprechung mit weiteren Tigerkommandanten seiner 2./Tigerabteilung 502.

Grenadiere beim Vorrücken vorbei an der zerschossenen und teilweise ausgebrannten Zitadelle von Narwa in Estland.

Einer von vielen abgeschossenen russischen Panzer „T 34“ während der Operationen „Ost- und Westsack“.

in befestigten Waldstellungen sich verbissen wehrenden Feind von seinen Verbindungen abgeschnitten und vernichtet.
Nach noch nicht abgeschlossenen Zählungen verlor der Feind:
727 Gefangene, 2.141 gezählte Feindtote, an Beute bisher gezählt: 32 Panzer, Sturmgeschütze und Selbstfahrlafetten, 5 Geschütze, 89 Pak, 82 Granatwerfer, davon 57 schwere, 46 Panzerbüchsen, 186 MG, ca. 300 MPi, 50 Lkw und Zugmaschinen, größere Mengen an Handwaffen und Munition aller Art. Rund 2.300 Bunker und Kampfstände wurden vernichtet bzw. eingenommen. Die sowjetische 256. Schützendivision wurde vernichtet, die 80. und 201. Schützendivision stark angeschlagen, sodass sie keinen Kampfwert mehr besitzen.

In der Tagesmeldung der Armeeabteilung Narwa vom 10. April an die Heeresgruppe Nord wurde noch einmal darauf hingewiesen, dass im Ostsack noch folgende weitere Beute eingebracht worden war: 1.260 Gewehre und MPi, 190 MG, 76 Panzerbüchsen, 34 Pak und Infanteriegeschütze, 192 Granatwerfer, zwei 12,2-cm-Geschütze, sechs Panzer und Selbstfahrlafetten.

Im Laufe des 9. April säuberten die Infanterieregimenter den Ostsack komplett vom Feind. Systematisch kämmten sie den Kessel von Norden nach Süden durch, sammelten Gefangene und Beutematerial ein. Die Kämpfe im Ostsack waren nun vorbei. Strachwitz und seine Soldaten hatten einen großen Sieg errungen. Nun blieb nur noch der sowjetische Brückenkopf bei Krivasso mit der wichtigen Lipsusstraße.

Am Abend des 14. April 1944 wies der Conté seinen Burschen, Unteroffizier Rosenstock, an, ihn keinesfalls im Schlaf zu stören. Schließlich lagen schwere Kampftage mit wenig Ruhe hinter ihm, und noch schwerere sollten folgen. Doch bereits bei Tagesanbruch weckte Rosenstock den Grafen und hielt ihm vor Freude strahlend ein Fernschreiben vors Gesicht:

„Herr Graf, Herr Graf, Sie haben die Brillanten bekommen!"

Missmutig winkte Strachwitz, der eben noch im schönsten Schlaf war, ab, brummte einige ärgerliche Worte, drehte sich auf die Seite und schlief weiter. Tatsächlich war Generalmajor Hyacinth Graf Strachwitz an diesem 15. April 1944 als elftem Soldaten der deutschen Wehrmacht das Eichenlaub mit Schwertern und Brillanten zum Ritterkreuz des Eisernen Kreuzes verliehen worden. Aber das kümmerte Strachwitz momentan nicht, vor ihm lag ein neues Problem.

Noch hielten die Sowjets einen Brückenkopf bei Krivasso. Von Nord nach Süd war dieser Kessel fast doppelt so groß wie die beiden zuvor aufgeriebenen, West- und Ostsack. Nachdem Strachwitz seine ersten beiden Aufgaben so glänzend gelöst hatte, sollte er sich nun auch um den Brückenkopf bei Krivasso kümmern. Der Conté hatte mittlerweile seinen Gefechtsstand an den zerschossenen Bahnhof von Auwere vorverlegt, von wo ein Schienenstrang schnurgerade nach Osten führte. Immer wieder schlugen großkalibrige sowjetische Geschosse in der Nähe ein, die Bombentrichter füllten sich schnell mit schmutzigem Sumpfwasser. Der Bahnkörper trug die Narben der wochenlangen Kämpfe. Schienen ragten gespenstisch verbogen in die Luft. Das Bahnhofsgebäude selbst war nur noch eine Ruine. Schrott und Munitionsteile waren auf dem Bahnhofsgelände verstreut – Strandgut einer Schlacht.

Obwohl der Bahnhof wertlos geworden war, war er ein beliebtes Ziel sowjetischer Bomben- und Schlachtflieger. Und das hatte seinen Grund. Neben einer Reihe ausgebrannter Güterwagen waren zwei niedrige Bunker erbaut worden. Auf einem ragte ein Funkmast in die Höhe, und vor dem Eingang war ein Pfahl mit einem kleinen Holzschild in die Erde gerammt. Auf ihm war zu lesen: Gefechtsstand Strachwitz.

Auf dem anderen Bunker – seinem Wohnbunker – hatte es sich Strachwitz gemütlich gemacht und sah mit dem Fernglas nach Süden, wo in einigen Hundert Metern Entfernung die Front verlief. Von hier aus wanderte sein Blick weiter über das Sumpfgelände, das erst vor wenigen Tagen eingenommen worden war. Mitten im Sumpf lag ein ausgebrannter deutscher Panzer IV, davor seine Opfer, zwei sowjetische schwere Pakgeschütze, deren Rohre eigenartigerweise fast senkrecht in den Himmel zeigten, daneben die toten Bedienungsmannschaften, die der Schlamm schon fast zugedeckt hatte. Die Straße, die in gerader Linie zu den Sowjets hinüberführte lag einsam da, als wenn alles Leben um sie erloschen wäre.

Nur selten grollte sowjetisches Artilleriefeuer, auf dem Gefechtsstand des „Panzergrafen" herrschte verdächtige Ruhe. Im Funkbunker war die Schaltzentrale untergebracht, das Gehirn der Panzerführung für den gesamten Frontabschnitt. In drangvoller Enge hockten die Funker an ihren Geräten, die Kopfhörer über die Ohren gestülpt, um den Hals die Klammern des Kehlkopfmikrofons. Melder saßen erwartungsvoll auf den doppelstöckigen Pritschen, um sofort aufzuspringen, wenn sie angefordert wurden. Von hier aus gab der Panzerführer Strachwitz seine Befehle.

Der Graf hatte sich mittlerweile in seinen kleinen Wohnbunker zurückgezogen. Er saß vor dem Kartentisch, eine Zigarre zwischen den Lippen. Wie immer trug er die schwarze Panzeruniform mit dem Schriftzug Großdeutschland an den Ärmeln. Trotz seiner zahlreichen Auszeichnungen führte er nur das Eiserne Kreuz I. Klasse des Weltkrieges mit der Spange von 1939 und das goldene Verwundetenabzeichen. Und ständig war er an der Arbeit. Wenn er seinen Kopf nicht im Kartenmaterial vergrub, diktierte er Erfahrungsberichte oder arbeitete Vorschläge aus, wie in diesem völlig ungeeigneten, weil sumpfigen Gelände mit Panzern Krieg geführt werden konnte. Seine Angriffstaktik war dabei simpel: „Wenn wir sie erst einmal vor den Rohren haben, schießen wir sie schon zusammen."

Die erste Einsatzbesprechung für das dritte Unternehmen Strachwitz, den Sturm auf den Brückenkopf von Krivasso, fand am 15. April 1944 statt. Die gleiche illustre Runde, die schon bei den Gesprächen zur Vorbereitung der ersten beiden Operationen dabei war, nahm daran teil. Der Graf nahm die Meldungen der Offiziere entgegen, dankte ihnen, setzte seine Mütze ab, hob sein Stöckchen vom Tisch und wollte gerade seinen Vortrag beginnen, als ihn ein sowjetischer Feuerüberfall unterbrach. Doch das beeindruckte den

Grafen nicht. „Meine Herren, wie Sie bereits erfahren haben, müssen wir den letzten Brückenkopf der Russen bei Krivasso beseitigen, der uns wie ein Pfahl im Fleisch sitzt. Er ist etwa doppelt so groß, wie die beiden von uns zuvor aufgeriebenen Brückenköpfe zusammen.

Die für dieses Unternehmen zusammengestellte Kampfgruppe hat ungefähr die selbe Größe und Zusammensetzung wie beim Ostsack. Unsere Bereitstellung erfolgt", dabei zeigte Strachwitz mit dem Stöckchen auf die Karte, „in diesem Waldstück, wo wir nicht gesehen werden können. Aber um es zu erreichen, müssen wir ostwärts unseres ehemaligen Gefechtsstandes von der Rollbahn abbiegen.

Kommen wir zur Artillerie. Sobald das Vorbereitungsfeuer beginnt, überrollen wir unsere eigene Hauptkampflinie, die etwa zwei Kilometer vom Bereitstellungsraum entfernt ist, und zwar an der Seite, an der der Brückenkopf in nord-südlicher Richtung verläuft. Im zügigen Zupacken werden wir die sowjetische Hauptkampflinie aufreißen und durchbrechen.

Meine Herren! Bitte nehmen Sie die Karten zur Hand, die ich Ihnen vorhin gegeben habe, damit Sie meinen Ausführungen besser folgen können.

Unser erstes Kampfziel ist der Punkt 33,9. Die Rollbahn biegt hier nach Süden ab, wird in ihrem weiteren Verlauf fast geradlinig bis sie die Narwa erreicht. Der Feldweg, der an der Abbiegung von Norden her in unsere Vormarschstraße einmündet, wird von unserer Sturmspitze, von der 2. Kompanie der Tigerabteilung 502, so lange gesichert, bis der Rest der Kampfgruppe den Punkt 33,9 in südlicher Richtung überschritten hat. Unsere Kampfgruppe stößt dann bis zur Narwa vor, besetzt und hält vor allen Dingen das dort liegende Dorf, bis der Brückenkopf von anderen Einheiten in einzelne Abschnitte aufgesplittert und vernichtet ist.

Gleichzeitig stößt die zweite Kampfgruppe auf dem Weg bis zur Stiefelsohle nach Süden durch, fährt auf diesem Weg weiter nach Osten und erreicht dort die Vormarschstraße. Die dritte Kampfgruppe hat die Aufgabe, die feindlichen Linien 1.500 Meter südlich und parallel zu ihrer Strecke zu durchbrechen. Soweit der Angriffsplan!

Gibt es noch Fragen?"

Strachwitz sah die Offiziere der Reihe nach an, die aber noch zu sehr mit ihrem Kartenmaterial beschäftigt waren. So fuhr er fort:

„Unser jetziger Einsatz ist den beiden vorhergegangenen Operationen West- und Ostsack ziemlich ähnlich, nur werden wir diesmal wahrscheinlich vor erheblich größeren Schwierigkeiten stehen, auch wenn sich die grundlegende Strategie nicht geändert hat. Wir müssen abermals in zügiger Fahrt vorstoßen und so schnell wie möglich die Narwa erreichen, ohne dass die Russen überhaupt reagieren können. Seien Sie sich bitte darüber im Klaren, dass wir unsere Ziele nur erreichen, wenn die Panzerspitze unaufhaltsam vorwärtsstrebt. Ich hoffe, dass wir mit den Tigern keine Probleme kriegen. Rechts und links unseres Vormarschweges ist nur Sumpf. Wir können also nicht außerhalb der Straße fahren, und die ist gerade so breit, dass die Tiger darauf passen. Zudem müssen wir durch einen Wald, der bis zur Narwa reicht. Und das ist auch nicht angenehm, denn der Feind findet hier gute Verstecke.

Sie wissen, wir haben die Sowjets schon zweimal überrascht, und die können sich nun leicht ausrechnen, dass wir auch den Brückenkopf Krivasso erledigen wollen. Eine dritte Überraschung wird uns also kaum mehr gelingen, zumal die Russen ja wissen, dass unser Angriff nur auf einer Straße vorgetragen werden kann. Das macht die ganze Sache natürlich komplizierter.

Nach Gefangenenaussagen ist der Weg von der sowjetischen Hauptkampflinie bis zum Punkt 33,9 vermint. Der Iwan hat die Durchlässe durch den Straßendamm, die ungefähr alle dreißig Meter vorhanden sind, mit Sprengstoff aufgefüllt. Diese Sprengkammern können zentral von einem großen Bunker aus gezündet werden, der etwas östlich des Punktes 33,9 im Walde liegt. Damit die Russen den Straßendamm nicht in die Luft jagen, habe ich mit dem Kommandeur der schweren Heeresartillerieabteilung ausgemacht, dass sie mit ihren 28-cm-Kanonen während des Vorbereitungsfeuers nur diesen Bunker beschießen, damit die Leitungen unterbrochen werden.

Deshalb folgt der Spitzengruppe mit den Tigern ein Zug Pioniere, die nach dem Durchbruch rechts und links des Weges die Leitungen zu den Sprengkammern durchschneiden. So können wir hoffentlich die Sprengungen rechtzeitig verhindern. Übrigens steht gleich hinter der sowjetischen Hauptkampflinie ein abgeschossener T-34. Auf den Luftbildern kann man deutlich sehen, dass er die Straße versperrt. Der muss weg! Darum müssen sich auch die Pioniere kümmern. – Sie wollen etwas sagen Leutnant Carius?", unterbrach sich Strachwitz selbst und schaute den jungen Panzerleutnant erwartungsvoll an, den er aus den vorhergehenden Einsätzen kennen und schätzen gelernt hatte.

„Jawohl, Herr Graf! Vor dem T-34 ist ein Graben deutlich auf dem Luftbild zu erkennen. Über diesen Graben führte früher eine Holzbrücke, die jetzt aber beseitigt ist. Es ist nur noch ein kleiner Laufsteg zu erkennen, über den wir mit dem Tiger nicht hinüberkommen.

Strachwitz unterbrach den jungen Leutnant:

„Über diesen kleinen Graben kommen Sie auch ohne Brücke hinüber."

„Herr Graf, ich muss Ihnen widersprechen", meldete sich Carius erneut, „ich kenne diesen Weg von früher. Für die Infanterie ist er kein Hindernis, für einen Panzer aber …"

Der Graf hatte seine Hände in die Hüften gestützt und sah den Leutnant nun ungeduldig an.

„Für einen Panzer aber …?" wiederholte der Graf.

Leutnant Carius war im Gesicht puterrot angelaufen, gab aber nicht nach:

„Herr Graf! Die Ufer des Grabens sind absolut versumpft. Ein Hinüberkommen ohne Brücke ist unmöglich. Außerdem kann man auf dem Luftbild sehen, dass die Russen den Graben exakt abgestochen und somit für Panzer ein unüberwindbares Hindernis geschaffen haben." Der Conté verlor nun wirklich die Geduld:

„Carius! – Merken Sie sich: Wenn dieser Graben als Panzerhindernis für mich nicht existiert, dann existiert er auch nicht für Sie. Haben wir uns verstanden, Herr Leutnant?“

Im Raum wurde es schlagartig still. Erst als sich die anderen Offiziere zu Wort meldeten, wurde der Faden wieder aufgenommen. Zum Schluss der Besprechung wandte sich Strachwitz nochmals an Carius:

„Sie sehen den Graben immer noch als Hindernis an?“

„Jawohl, Herr Graf!“

„Sie haben sicher einen Vorschlag?“

„Ich würde meinen, man sollte starke Balken und Bohlen bereithalten und im richtigen Augenblick mit einem Schützenpanzer nach vorne bringen. Damit könnte eine Behelfsbrücke gebaut und der Graben für die Tiger passierbar gemacht werden – das würde nur eine kurze Verzögerung verursachen.“

Der Conté nickte versöhnt:

„Guter Vorschlag, ist genehmigt! Ich werde gleich das notwendige veranlassen.“

Dann griff er eilig nach Stock und Mütze und verließ das Zimmer. Wie früher klärte Graf Strachwitz auch jetzt wieder oftmals allein im Niemandsland zwischen den Fronten auf. Er fuhr mit seinem Schützenpanzer bis zur Infanteriespitze, ließ den Wagen stehen und pirschte sich bis an die feindlichen Linien heran. Wie immer lehnte er jede Begleitung ab. Zurück bei seinen Männern schwärmte er von den großen Panzerschlachten an der Südfront. Sein Gesicht begann zu leuchten, wenn er gestenreich schilderte, wie er an der Spitze fahrend – einem alten Reiterführer ähnlich – sowjetische T-34 zusammengeschossen und sich gegen zahlenmäßige Überlegenheit durchgesetzt hatte. Jeder spürte aus seinen Worten seine Sehnsucht nach dem freien Bewegungskampf, der seinem jugendlichen Draufgängertum eher entgegenkam, als der nervtötende Stellungskrieg.

Die Vorbereitungen für den Sturm auf den Brückenkopf von Krivasso liefen planmäßig ab. Die Jäger des Jagdgeschwaders 54 eroberten die Luftüberlegenheit. Stukas zerstörten zwei von russischen Pionieren hergestellte Unterwasserbrücken, die über die Narwa geschlagen waren. Damit konnte der Nachschub abgeschnitten und das Zurückweichen der Russen über den Fluss verhindert werden.

In den frühen Morgenstunden des 19. April erreichten die deutschen Truppen die zugewiesenen Bereitstellungsräume. Bei den Sowjets blieb es auffällig ruhig, obwohl sie den deutschen Aufmarsch zweifellos gehört hatten. Aber nichts geschah.

Unglücklicherweise hatte einige Tage zuvor Tauwetter eingesetzt und den Sumpf in einen grundlosen Morast verwandelt, in dem jeder Panzer, der sich von der Straße herunterwagte, unweigerlich steckenblieb. Flüsse und Seen waren über die Ufer getreten und hatten weite Teile des Einsatzraumes überflutet. Strachwitz war klar, dass nur die Kontrolle über die wenigen befahrbaren Straßen den Erfolg bringen konnte. Vor allem die Vormarschstraße von Osten, von Suur-Soldino nach Auwere, musste unter allen Umständen für die Panzer freigehalten werden, und deshalb wiederholte er noch einmal mit allem Nachdruck seinen Befehl, liegen gebliebene Panzer sofort von der Straße zu entfernen.

Wie schon bei Strachwitz II bildeten die Tiger der 2. Kompanie der schweren Panzerabteilung 502 die Hauptgruppe des Angriffs. Als die Spitze gerade die deutsche Hauptkampflinie erreicht hatte, blieb der Panzer von Feldwebel Carpaneto plötzlich stehen. Er war auf eine Mine gelaufen, völlig bewegungsunfähig und stand im Weg. Der Angriff stockte bereits kurz nachdem er begonnen hatte. Der liegengebliebene Panzer blockierte nun die anderen Tanks, die nun ungedeckt im freien Gelände standen.

Genau der Fall war eingetreten, vor dem Strachwitz immer und immer wieder gewarnt hatte.

Nur mit viel Glück überstanden die deutschen Einheiten den Beschuss durch die sowjetische Artillerie, die angreifenden sowjetischen Schlachtflieger konnten durch deutsche Jagdmaschinen abgedrängt werden.

Das Panzerwrack war mittlerweile beseitigt und der Vormarsch konnte weitergehen. Weil der Führer der 2. Tiger-Kompanie, Oberleutnant von Schiller, sich als träger Zeitgenosse entpuppte, löste ihn Strachwitz noch während des Gefechtes ab und übertrug die Führung dem bewährten Leutnant Carius, der den Angriff ohne zu Zögern forcierte.

Schon ging es wieder zügig voran. Die Tiger durchbrachen die Frontlinie. Erst ein Panzergraben zwang sie zum erneuten Halt. Da Strachwitz keine Möglichkeit sah, auf die Schnelle den Graben zu überwinden, verschob er die Fortsetzung des Angriffs auf den folgenden Morgen.

Die zweite Panzergruppe, bestehend aus der Panzerabteilung Feldherrnhalle mit Panzern IV, war mittlerweile von Norden nach Süden über die ehemalige Stiefelsohle und Punkt 33,9 vorgestoßen, wo sie dann aber im Schlamm steckenblieb. Ihr Übriges taten die hartnäckigen Gegenangriffe der Roten Armee, die mit ihren SU-76-Sturmgeschützen plötzlich auftauchten und durch konzentriertes Feuer einige P-IV vernichteten.

Trotz all dieser Widrigkeiten, gelang es Teilen des Grenadierregiments 401, der 170. Infanteriedivision, des Grenadierregiments 151 und der 61. Infanteriedivision, in die Feindstellungen einzubrechen und die Sowjets in erbitterte Nahkämpfe zu verwickeln.

Aber das war nur ein Strohfeuer.

Die Sowjets wurden immer stärker, die eigenen Verluste immer höher. Die deutschen Angriffskräfte mussten wohl oder übel zurückweichen.

Mitten in der tobenden Schlacht erhielt der Graf die Nachricht, dass einer seiner besten Panzerführer, sein jetziger Adjutant und Ordonnanzoffizier, Leutnant Famula, im unübersichtlichen Waldgelände schwer verwundet worden war, nachdem er noch kurz vorher stärkere Feindkräfte vernichtet hatte.

Der Graf versuchte sofort, für ihn ein Sanitätsflugzeug zu bekommen, das ihn nach Reval bringen sollte. Strachwitz sorgte sich um Günther Famula wie ein Vater, voller Dankbarkeit für die vielen gemeinsamen erfolgreichen Angriffe, die sie zusammen erlebt hatten. Für den jungen Leutnant kam aber jede ärztliche Hilfe zu spät. Am 22. April 1944 verstarb er in einem Lazarett an der Narwafront. Graf Strachwitz blieb nur noch, den gefallenen Günther Famula für das Ritterkreuz einzureichen, das ihm posthum am 4. Mai 1944 verliehen wurde.

In der Nacht vom 19. auf den 20. April bemühten sich Pioniere, den Graben, der die Panzer am Abend gestoppt hatte, passierbar zu machen.

Es wurde eine furchtbare Nacht, die deutschen Soldaten waren auf drei Seiten von den Sowjets umzingelt und mussten sich mit der blanken Waffe in der Hand ihrer Haut wehren.

Bereits am frühen Morgen des 20. April waren in Reval die Stukas des Schlachtgeschwaders 3 gestartet. Ihr Ziel war Krivasso, ihr Auftrag die Zerstörung der beiden Unterwasserbrücken.

Die waren aber so raffiniert knapp unterhalb der Wasseroberfläche angelegt, dass sie aus der Luft nicht auszumachen waren. Die Stukas griffen deshalb Artilleriestellungen des Feindes an, wobei zwei Flugzeuge von der russischen Flak abgeschossen wurden. Zu schaffen machten den deutschen Voraustruppen auch sowjetische Fesselballons mit Artilleriebeobachtern, die das Artilleriefeuer mit schweren Geschützen genau leiten konnten.

SS-Obersturmbannführer Albert Kausch, Ritterkreuz am 23. August 1944, führte die SS-Panzerabteilung 11 „Hermann von Salza".

Trotzdem lief an diesem Tag der Angriff vorerst wieder an.

Den Pionieren war es in der Nacht gelungen, den Panzergraben mit Balken zu überdecken und so passierbar zu machen. Die Kampfgruppe Feldherrnhalle konnte ein Stück weit zur Straße vorstoßen und versuchte, sie für die Panzer freizukämpfen.

Dann aber wurde auch hier die Abwehr der Russen so stark, dass sich die Infanterie wieder zurückziehen musste. Zu allem Überfluss traf das morgendliche Vorbereitungsfeuer der Werfer das eigene Infanteriebataillon.

Es ging einfach nicht mehr weiter. Zwar wurden am 21. April noch einige sowjetische Panzer und Sturmgeschütze vernichtet, aber an eine Offensive war nicht mehr zu denken. Trotz aller Anstrengungen war das dritte Strachwitz-Unternehmen im Sumpf erstickt und wurde noch am gleichen Tag abgebrochen.

Eine neue Hauptkampflinie wurde am Nordrand des Körge-Sumpfes aufgebaut.

Obwohl das Unternehmen Strachwitz III unvollendet blieb, hatte es doch zumindest einen strategischen Erfolg erzielt. In der Umgebung rund um den ehemaligen West- und Ostsack wurde es ruhig, und den deutschen Truppen war eine kurze Atempause vergönnt. Zudem war der Weg nach Narwa nun frei.

Die Panzerverbände des Führer-Begleitbataillons, der Division Feldherrnhalle und der 2. Kompanie der Tigerabteilung 502, die zur Gruppe Strachwitz gehörten und an der Vernichtung des West- und Ostsacks teilgenommen hatten, wurden anschließend von diesem Frontabschnitt abgezogen.

Ende April 1944 musste die Armeeabteilung Narwa das XXXXIII. Armeekorps, später auch noch das XXVI. Armeekorps an andere bedrängte Frontstellen abgeben, sodass die ganze Narwafront nur noch vom III. SS-Panzerkorps verteidigt wurde.

Ende April hatte sich die Lage in der Gegend um Narwa grundlegend geändert.

Die Panzergrenadierdivision Feldherrnhalle und die 61. Infanteriedivision waren abgezogen worden. Die 11. Infanteriedivision übernahm den Abschnitt südlich der Kinderheimhöhe bis südwestlich von Sirgala. Zwischen das SS-Panzergrenadierregiment 23 Norge, die 11. SS-Panzergrenadierdivision Nordland und die ostpreußische 11. Infanteriedivision wurde die Kampfgruppe Kausch eingeschoben.

Dieser Kampfgruppe, unter dem Befehl von Obersturmbannführer Kausch, vertraute man die Verteidigung der wohl gefährlichsten Frontstelle von der Lipsusstraße nach Krivasso an.

Zudem musste die 11. Infanteriedivision den Frontabschnitt des ehemaligen West- und Ostsacks mit der Front nach Süden übernehmen.

August 1944 – Die Panzergruppe Strachwitz

Einige Wochen nach diesen Kämpfen stand Graf Strachwitz Adolf Hitler persönlich gegenüber, um die ihm verliehenen Brillanten entgegenzunehmen. Dabei kam es zu einem eigentümlichen Vorfall. Kurz bevor der Graf offiziell geehrt werden sollte, suchte er in seiner Hosentasche nach einem Taschentuch. Kaum hatte er seine Hand in der Hosentasche, ergriff schon ein hinter ihm stehender SS-Offizier sein Handgelenk und ließ es erst wieder los, als er sich überzeugt hatte, dass Strachwitz nichts anderes als ein Taschentuch in der Hand hatte.

Nach der Verleihungszeremonie nahm ihn Hitler beiseite:

„Strachwitz, Sie werden mir diesen Brückenkopf bei Narwa noch bereinigen!"

Strachwitz schaute Hitler überrascht an:

„Das kann ich nicht!"

Hitler war erstaunt, ja verärgert ob dieses Widerspruchs und herrschte den Grafen an:

„Warum soll das nicht gehen?"

Der Conté musste erst einmal tief Luft holen, bevor er auf diese Frage antwortete:

„Mein Führer, einen solchen Auftrag würde ich sofort ausführen, wenn nur der Hauch einer Erfolgschance bestünde. Aber in diesem Fall ist jeder Versuch sinnlos. Im Sumpf können keine Panzer fahren. Wenn Sie mir nicht glauben, mein Führer, bitte ich Sie, mir an die Front zu folgen, um das Gelände anzuschauen."

Mit derart klaren Worten hatte Hitler wohl nicht gerechnet, trotzdem lächelte er nun und wandte sich den anderen hohen Offizieren zu: „Der Strachwitz hat Recht. Wenn er das so sagt, glaube ich es ihm!"

Der 20. Juli 1944, das Attentat auf Adolf Hitler überraschte Strachwitz zu Hause. Eine Beinverletzung zwang ihn zu einem Genesungsurlaub. Am 21. Juli erschien der berüchtigte SS-Obergruppenführer Schmauser bei der Familie Strachwitz und stellte einige Fragen nach den beiden Grafen Yorck und von der Schulenburg. Am folgenden Tag überstürzten sich die Ereignisse. Das Telefon der Familie Strachwitz hörte nicht mehr zu läuten auf, immer wieder baten ihn Verwandte oder Bekannte, sich für die Verhafteten des 20. Juli einzusetzen. Der Graf wandte sich sofort an den Landrat und an die Gestapo, doch auf all seine Anfragen bekam er nur Ausflüchte zu hören.

Obwohl in diesen Tagen der SS-Kriegsberichter Mielke bei Strachwitz zu Besuch war, um Fotos für Propagandazwecke zu machen, fuhr der Graf am 23. Juli nach Oppeln und sprach persönlich bei der Gestapo vor. Mit großem Nachdruck verlangte er Auskunft über die vielen Verhaftungen in seinem Verwandten- und Bekanntenkreis. Die Gestapo beruhigte ihn mit der Nachricht, dass die Angelegenheit bald erledigt sei und sich einige der Beschuldigten schon wieder auf freiem Fuß befänden. Sein Eintreten für den ehemaligen Major Guradze aus Tost in Oberschlesien, der im Ersten Weltkrieg mit dem Eisernen Kreuz I. Klasse ausgezeichnet worden war und der nun wegen seines jüdischen Glaubens verfolgt wurde, ignorierten die Herren der Gestapo aber einfach.

Aber nicht nur deren Ignoranz und Arroganz verärgerte Strachwitz maßlos. Im Laufe des Gespräches kritisierten die Gestapobeamten seine tiefe Religiösität und seine engen Verbindungen zu katholischen Kreisen, die angeblich in das Attentat verwickelt waren. Nun wurde Strachwitz richtig wütend. Mit scharfen Worten geißelte er seinerseits die atheistische Haltung der Partei, verließ dann wutschnaubend das Oppelner Gestapoquartier, ohne die verdutzten Beamten auch nur noch eines Blickes zu würdigen, und fuhr nach Breslau weiter.

Ohne Rücksicht auf seine eigene Person hatte sich Strachwitz für seine verhafteten Freunde, aber auch für seinen katholischen Glauben eingesetzt. Ob er deshalb Schwierigkeiten bekam, ist nicht nachzuweisen, allerdings erfolgte seine längst fällige Beförderung zum General der Waffen-SS nicht mehr. Möglicherweise entging er auch nur wegen seiner zahlreichen Auszeichnungen und seines hohen Bekanntheitsgrades in der Öffentlichkeit einer Verhaftung.

Die Geschehnisse um den 20. Juli hatten Strachwitz mürbe gemacht, er wollte so schnell wie möglich an die Ostfront zurück, wo sich die Lage immer mehr zuspitzte. Am 25. Juli 1944 feierte er noch mit seiner Frau die gemeinsame Silberhochzeit, dann kehrte er nach Russland zurück.

Seit dem 22. Juni 1944 lief die sowjetische Operation Bagration, die mit der Zerschlagung der deutschen Heeresgruppe Mitte enden sollte. Ab dem 13. Juli begann dann auch die Offensive gegen die Heeresgruppe Nord, die die deutschen Verbände zurückdrängte.

Am 21. Juli 1944 löste Generaloberst Guderian den bisherigen Chef des Generalstabes des Heeres, General Zeitzler, ab, der sich gegenüber Hitler nicht hatte durchsetzen können und deshalb um seine Versetzung bat.

Guderians größte Sorge galt der Heeresgruppe Mitte, deren völliger Zusammenbruch sich abzeichnete, was auch die Heeresgruppe Nord bedrohte. Dort wurde zuerst Generaloberst Lindemann entlassen und durch General Frießner ersetzt, der auf Befehl Hitlers seinerseits aber schon am 23. Juli von Generaloberst Schörner, der bis dahin die Heeresgruppe Südukraine geführt hatte, abgelöst wurde. Schörners energische Führung und Guderians listige Planungen brachten den sowjetischen Angriff auf der Linie Doblen – Tuckum – Mitau zum Stehen, aber immer noch waren die Heeresgruppen Mitte und Nord voneinander getrennt. Der Angriff der Sowjets war mit solch einer Wucht erfolgt, dass an der Nahtstelle der beiden Heeresgruppen eine große, teilweise 60 Kilometer breite, Lücke entstanden war. Die Führung der Roten Armee erkannte diese einmalige Chance und versuchte mit allen zur Verfügung stehenden Truppen, diese Lücke zu erweitern, um dann nach Westen, Nordwesten und Süden vorzustoßen.

Die Lage war verzweifelt. Die sowjetischen Truppen standen kurz davor, das von deutschen Soldaten völlig entblößte Niemandsland in Richtung Westen zu durchbrechen und im raschen Vormarsch in Ostpreußen einzufallen. Besonders Memel und Tilsit drohte größte Gefahr.

An der Front im Osten herrschten bei den deutschen Einheiten chaotische Zustände. Alleine bei der Heeresgruppe Mitte waren 400.000 Mann gefallen, vermisst, verwundet oder gefangen genommen. Wenn es nicht gelang, die Front in diesem Bereich neu aufzubauen und zu stabilisieren, war auch das Schicksal der Heeresgruppe Nord besiegelt.

Generaloberst Guderian bestand nachdrücklich auf die Räumung des baltischen Raumes und die Zurücknahme der Heeresgruppe Nord bis vor die ostpreußische Grenze. So wollte er die Front verkürzen und Kräfte freisetzen. Zugleich sollten alle verfügbaren Panzerkräfte in das Gebiet bei Schaulen geworfen werden, wo Guderian den nächsten Angriff der sowjetischen Truppen erwartete. Hitler aber beschäftigte sich nicht einmal mit diesen Planungen, er befahl aus politischen Gründen, die Front zu halten. Zwar war es Schörner mittlerweile gelungen, den Angriff der Roten Armee gegen die Heeresgruppe Nord zu stoppen, aber das weitere Vordringen der Sowjets durch die Frontlücke nach Westen konnte auch er nicht verhindern.

Generaloberst Guderian musste nun zunächst die Verbindung zwischen den beiden Heeresgruppen wieder herstellen. Vor allem galt es, die Stadt Riga zu befreien, die teilweise eingeschlossen war, nachdem russische Einheiten am 30. Juli von Mitau aus bis an die Rigaer Bucht bei Tuckum vorgestoßen waren. In Riga befanden sich zahlreiche Lazarette mit tausenden von Verwundeten, mit Ärzten und Pflegepersonal. Außerdem war die Heeresgruppe Nord durch den Einschluss Rigas nicht nur von ihren Landverbindungen getrennt, auch Kurland lag nun völlig offen vor den sowjetischen Truppen. Am 5. August bekam die SS-Panzerbrigade Groß den Auftrag, schleunigst über Tuckum auf Mitau vorzustoßen, um die Verbindung mit der Heeresgruppe Nord wieder herzustellen.

Generaloberst Guderian beugte sich in seinem Quartier über eine Landkarte und betrachtete sorgenvoll die Gegenden um Riga und Tuckum und weiter südlich um Mitau und Schaulen, das bereits am 28. Juli von den Sowjets erobert worden war. Er wusste nur zu gut, dass nur ein größerer Gegenangriff mit Panzern die Lage bereinigen konnte. Während der Generaloberst nervös mit den Fingern auf die Tischplatte trommelte, reichte ihm der I a des Stabes eine Meldung, die eben per Fernschreiber eingetroffen war. Guderian las das Schreiben und wandte sich an ihn: „Hitler hat entschieden, uns fünf Panzerdivisionen und einige Panzerbrigaden abzugeben. Bis die Verbände da sind, werden aber noch mindestens acht bis zehn Tage vergehen", sinnierte der Generaloberst, „hoffentlich können wir uns in Riga solange halten."

„Bestimmt, die kämpfen bis zum Letzten, wenn wir ihnen sagen, dass wir sie 'raushauen, Herr Generaloberst" antwortete der I a, „außerdem ist den Russen nach den vorliegenden Meldungen zur Zeit der Dampf ausgegangen. Sie müssen ihre Verbände ergänzen und neue Truppen an die Front werfen. Mit einem Angriff auf Riga ist vorerst nicht zu rechnen, und das müssen wir ausnutzen und selbst einen Gegenangriff führen, gleich mit den ersten Panzerverbänden, die eintreffen."

„Gut, aber dafür brauchen wir einen hervorragenden Panzerführer", murmelte Guderian.

„Der ist schon unterwegs, Herr Generaloberst!"

„Und wer ist dieser Wunderknabe?", fragte der Generaloberst.

„Generalmajor Graf Strachwitz", antwortete der I a ernst.

Nun musste Guderian ein wenig lächeln.

„Der Strachwitz also. Wenn es einen gibt, der das schafft, dann er. Wenn einmal die Geschichte dieses Krieges geschrieben wird, dann wird der Strachwitz als einer der fähigsten Panzerführer genannt werden."

Bis Mitte August 1944 änderte sich die Lage bei der Heeresgruppe Nord nur unwesentlich. Wie bereits erwähnt, hatte die sowjetische 1. baltische Front das so genannte „Baltische Loch" genau zwischen Heeresgruppe Nord und Mitte aufgestoßen und war bis an die Ostsee vorgerückt. Um diese Lücke zwischen den beiden Heeresgruppen zu schließen, organisierte die deutsche Führung die Operation Doppelkopf. Das Ziel war die Rückeroberung der Verkehrswege – Straße und Eisenbahn – zwischen Mitau und Schaulen, die die Heeresgruppe Nord und den wichtigen Flughafen in Schaulen miteinander verbanden. Dazu wurden die Panzergrenadierdivision Großdeutschland und eine weitere Panzerdivision, die zum XXXIX. und XXXX. Panzerkorps zusammengefasst worden waren, aus den heftig umkämpften Gebieten bei Wilkowischken, Raseinen und südlich und nördlich von Kauen herangezogen.

Das XXXIX. Panzerkorps sollte zusammen mit der 4., 5. und 12. Panzerdivision sowie der Panzergruppe Strachwitz von Libau aus in Richtung Tuckum und Mitau angreifen, das XXXX. Panzerkorps musste mit der 14. Panzerdivision, der Panzergrenadierdivision Großdeutschland, der 1. Infanteriedivision und der 7. Panzerdivision von Tauroggen aus in Richtung Schaulen operieren. Später sollte auch noch die 6. Panzerdivision herangeführt werden.

Zwischen dem 6. und 10. August war die SS-Panzerbrigade Groß bis auf drei Kilometer an Tuckum herangekommen, ein Angriff mit den wenigen Panzern der Brigade schlug jedoch fehl. Die Brigade bildete darauf wenige Kilometer nördlich und westlich von Tuckum auf der Linie Zentene – Kandava – Zemite einen Stellungsring gegen feindliche Angriffe. Von hier aus hielten Spähtrupps Kontakt mit der Heeresgruppe Nord. Schweigend hatte Graf Strachwitz den

Lagebericht von Generaloberst Guderian angehört. „Trauen Sie sich zu, Tuckum zurückzuerobern und Riga zu befreien?", wollte Guderian wissen.

„Selbstverständlich, Herr Generaloberst", antwortete Strachwitz wie aus der Pistole geschossen.

„Und wo wollen Sie beginnen?", wurde Guderian nun neugierig. „Ich muss mir das alles noch genauer auf der Karte anschauen, aber vielleicht von Frauenburg aus."

„Und was benötigen Sie an Truppen?", war die nächste Frage des Generaloberst.

„Am besten drei Panzerdivisionen, Herr Generaloberst!"

Guderian war baff:

„Drei Panzerdivisionen?"

„Jawohl, Herr Generaloberst! Wenn ich den Einschließungsring um Riga sprengen soll, muss ich schließlich den gesamten Abschnitt an der Nahtstelle zwischen den beiden Heeresgruppen absichern. Für den Angriff selbst werde ich mit den Verbänden auskommen, die ich jetzt schon habe!"

„Drei Panzerdivisionen kann ich Ihnen nicht versprechen, aber ich tue, was ich kann. Es befinden sich bereits mehrere Divisionen im Anmarsch nach Kurland. Welche Verbände für Sie zur Verfügung stehen, wird Ihnen Feldmarschall Model mitteilen. Ansonsten haben Sie freie Hand. Ich zähle auf Sie. Sie müssen es schaffen Strachwitz!"

Zwei Tage später meldete sich Strachwitz beim Oberbefehlshaber der Heeresgruppe Nord, Generaloberst Schörner, der ihn nochmals auf die Wichtigkeit der Wiedereinnahme von Tuckum und der Aufsprengung des feindlichen Einschließungsrings bei Riga hinwies. Noch glaubte Strachwitz fest an die Verstärkung durch drei Panzerdivisionen. Aber Schörner bremste dessen Enthusiasmus:

„Strachwitz, ich kann Ihnen nur den Stab der 337. Infanteriedivision mit der Nachrichtenabteilung 337, das sind zwei schwache Bataillone, geben. Zusätzlich bekommen Sie die Panzerbrigade 101, die über zwei Spähzüge, eine Panzerabteilung mit etwa 70 Panthern, einem Panzergrenadierbataillon auf Schützenpanzern und einer motorisierten Panzerpionierkompanie verfügt. Außerdem wird Ihnen die SS-Panzerbrigade Groß und die III. Abteilung des lettischen Artillerieregiments 19 unterstellt. Mehr gibt es nicht!"

Der Graf war bitter enttäuscht, doch Schörner winkte ab:

„Tut mir leid Strachwitz, die drei Panzerdivisionen, auf die Sie gehofft hatten, werden dem XXXIX. Panzerkorps unterstellt."

Schörner stellte dem Grafen einen Fieseler Storch zur Verfügung und verabschiedete ihn:

„Fliegen Sie nach Libau und sehen Sie zu, dass Sie so schnell wie möglich Ihren Einsatz beginnen. Ich weiß, dass Ihre Panzerbrigade 101 bereits auf dem Weg nach Libau ist."

In Libau angekommen, erwiesen sich Schörners Zusagen als leere Versprechungen. Der Hafenkommandant teilte Strachwitz mit, dass die Panzerbrigade 101 noch nicht angekommen sei. Man habe sie auf verschiedene Schiffe verladen, die zum Teil noch in den Häfen lägen. Die Panzer der Brigade 101 würden also nur sukzessive und teilweise auch erst nach Beginn der Offensive eintreffen.

Somit stand vorerst nur die SS-Panzerbrigade Groß zur Verfügung, und die bestand nur noch aus ungefähr fünfzehn einsatzbereiten Panzern III und IV, einem motorisierten Grenadierbataillon und einer Aufklärungsabteilung. Mit diesen Verbänden sollte Strachwitz Tuckum zurückerobern und bei Riga die Verbindung mit der Heeresgruppe Nord wieder herstellen – ein nahezu aussichtsloses Unterfangen.

Am 15. August befahl das Generalkommando des XXXIX. Panzerkorps der Panzergruppe Strachwitz, drei Tage später aus dem Raum Frauenburg zur Straße Mitau – Tuckum durchzustoßen und später die Stadt Tuckum zu nehmen. Danach sollte die Verbindung mit der deutschen 16. Armee hergestellt werden, die mit drei Gruppen bei Schlock und südlich davon über die Lielupe auf Kemmern zu sowie ostwärts von Dzukste angriff. Die Kriegsmarine sollte die Panzergruppe Strachwitz am 18. und 19. August mit Artilleriefeuer von See her unterstützen.

Am 16. August 1944 war die Operation Doppelkopf angelaufen. Westlich von Schaulen nahmen deutsche Truppen des XXXX. Panzerkorps zwei wichtige Brücken über die Venta, eroberten die Ortschaften Papile und Vaiguna zurück und marschierten weiter in Richtung Schaulen.

Auch am folgenden Tag ging es vorwärts. Auf dem Gefechtsstand der 3. Panzerarmee trafen sich der Chef des Generalstabes des Heeres, Generaloberst Guderian, der Chef des Generalstabes der Heeresgruppe Mitte, General Krebs, und Generaloberst Raus, der die Armee neu übernehmen sollte, um den Fortgang der Operation Doppelkopf zu besprechen.

Die Aussichten für ein Gelingen standen nicht schlecht, die deutsche Führung jedenfalls hegte große Hoffnung auf einen positiven Verlauf. Zwar wurde an diesem Tag die 14. Panzerdivision des XXXX. Panzerkorps einige Kilometer zurückgeworfen, aber es konnten Vegeriai, Kruopiai und Kursenai eingenommen werden.

Am 18. August um 00.30 Uhr begann die Panzergruppe Strachwitz, aus ihrem Bereitstellungsraum zwanzig Kilometer nordostwärts Frauenburgs über die Straße Tuckum – Mitau nach Tuckum vorzugehen. Die 52. Sicherungsdivision sollte in Richtung Tuckum vorrücken und die Panzergruppe Strachwitz dabei unterstützen.

Am Vormittag des 19. August 1944 um 10.00 Uhr trat die Panzergruppe Strachwitz mit etwa 60 Panzern zum Angriff an und kämpfte sich bis zum Abend bis sechs Kilometer südostwärts Jaunpils vor. Rechts von ihr kam eine lettische Kampfgruppe bis fünf Kilometer ostwärts Blidene. Die Rote Armee bildete um Tuckum einen Ring in etwa drei Kilometern Entfernung von der Stadt, sie stand allerdings auch in der Stadt selbst. Westlich davon hatten die Sowjets einen Brückenkopf und die Stadt Bauska zweimal eingenommen, dann aber wieder verloren.

Das erste Ziel der Panzergruppe Strachwitz war eine besetzte Brücke über einem schmalen Fluss, der sich westlich von Tuckum

Generalmajor Graf Strachwitz (Generalmajor seit 1. April 1944) trat nach seinen erfolgreichen Panzeroperationen bei Narwa einen Heimturlaub an. Das Foto zeigt seine Ankunft mit einer Fw 200 in Stubendorf/Oberschlesien. Seine Frau Alda empfängt ihren erfolgreichen Gatten mit Blümchen. Ein weiterer General entsteigt gerade der Focke-Wulf Fw 200. Das offizielle Verleihungsdatum für die Brillanten war der 15. April 1944.

Nach der Verleihung der Brillanten trat Hyacinth Graf Strachwitz einen längeren Heimaturlaub an. Hier wird er von einer lokalen Abordnung der Deutschen Arbeitsfront (DAF) und der Reichsjägerschaft begrüßt.

Auch die Jugend seines Heimatortes, wie damals üblich in BDM- oder HJ-Uniformen, gratulieren ihrem prominenten Mitbewohner. Graf Strachwitz muss viele Hände schütteln.

Oben links:
Graf Strachwitz begrüßt Bewohner aus der Nachbarschaft, der Bauernschaft und der zivilen Verwaltung seines Kreises.

Oben rechts:
Ein kurzer Moment der Ruhe. Hyacinth Graf Strachwitz beim Füttern seiner Kanarienvögel und Sittiche.

Graf Strachwitz mit Gästen bei einem Umtrunk in seinem Rittergut Alt Siedel.

Generalmajor Hyacinth Graf Strachwitz mit seiner Frau Alda, seinem Sohn Hyacinth und dessen Frau Constanze Gräfin von Francken-Sierstorpff im Mai 1944 auf dem Rittergut Alt Siedel. Die Hochzeit des Sohnes fand am 16. November 1943 statt. Der Sohn trägt das Deutsche Kreuz in Gold, dass ihm für besondere Verdienste am 29. Mai 1943 bei der 4. Kompanie/ Panzerregiment 15 verliehen wurde.

Dieses hochinteressante Foto zeigt, wie arbeitsreich es auch schon zu dieser Zeit war, als Prominenter seine „Fanpost“ zu beantworten. Graf Strachwitz signiert Fotopostkarten, sein Sohn und seine Schwiegertochter schreiben kurze Antwortbriefe oder beschriften Briefumschläge an die glücklichen Bestimmer der Fotokarten, die auch heute noch einen hohen Wert besitzen.

Ein Frühlingsspaziergang im Jahre 1944 auf dem Rittergut. Ein Kriegsberichter hat Graf Strachwitz dabei begleitet und eine Fotoserie aufgenommen.

Im Sommer 1944 toben an der Ostfront heftige Kämpfe und die Rote Armee erreichte im Spätsommer zum ersten Mal Deutschen Boden in Ostpreußen. Verzweifelt versuchten die deutschen Verbände, den übermächtigen Gegner zu stoppen und zurückzudrängen. Im Bild ein Gegenstoß deutscher Einheiten mit Panther-Panzern.

Oben links:
Der jüngste Sohn von Graf Strachwitz, Hubertus Arthur, genannnt „Harti“ der ebenfalls bei der Panzertruppe Dienst tat. Er fiel am 25. März 1945 als Leutnant in einem Panzerregiment in Holstein.

Oben rechts:
Graf Strachwitz in gelöster Stimmung auf seinem Grund und Boden.

Ein Bild für die Zeitung: Graf Strachwitz mit seinem ältesten Sohn Hyacinth beim Studium der Karten vergangener Schlachten.

Generalmajor Graf Strachwitz auf dem Zenit seines Erfolges. Als Träger des Eichenlaubs mit Schwertern und Brillanten zum Ritterkreuz des Eisernen Kreuzes, welches im Zweiten Weltkrieg nur 27 mal verliehen wurde, gehörte er zu den am höchsten ausgezeichneten Soldaten des Zweiten Weltkrieges. Hier ein weiteres Studiobild, dass Hyacinth Graf Strachwitz als Oberst und Schwerterträger zeigt. Er trug als einer der wenigen Generäle ein Goldenes Verwundetenabzeichen.

Oben links:
Im August 1944 wurde Graf Strachwitz zum Kommandeur des Panzerverbandes „Strachwitz" im Nordabschnitt der Ostfront ernannt, hier im Hauptquartier der Heeresgruppe Nord bei Pleskau.

Oben rechts:
Generalmajor Graf Strachwitz mit Oberst Friedrich Wilhelm von Mellenthin, der bereits in Afrika unter Rommel Führungseigenschaften bewies.

Graf Strachwitz an der Kaffeetafel mit dem Chef des Stabes der Heeresgruppe Nord, Oberst Oldwig von Natzmer, den er bereits aus seiner Zeit bei der Division „Großdeutschland" kannte. Natzmer wurde am 4. September 1943 als Chef des Stabes der Division „Großdeutschland" mit dem Ritterkreuz ausgezeichnet.

Generalmajor Strachwitz bei Schießversuchen mit dem neuen Sturmgewehr 44, einer automatischen Waffe, die besonders bei größeren Entfernungen erheblich bessere Schießergebnisse hervorbrachte, als die bekannte MPi 40. Das Sturmgewehr 44 wurde später von den Russen in leicht abgewandelter Form als AK-47 „Kalaschnikow“ herausgebracht und fand weltweit Verwendung. Die Aufnahme entstand Mitte August 1944 bei Tukkum.

Nur wenige Tage nach der Übernahme seines neuen Kommandos, wurde Graf Strachwitz bei einem Verkehrsunfall am 24. August 1944 schwer veletzt.

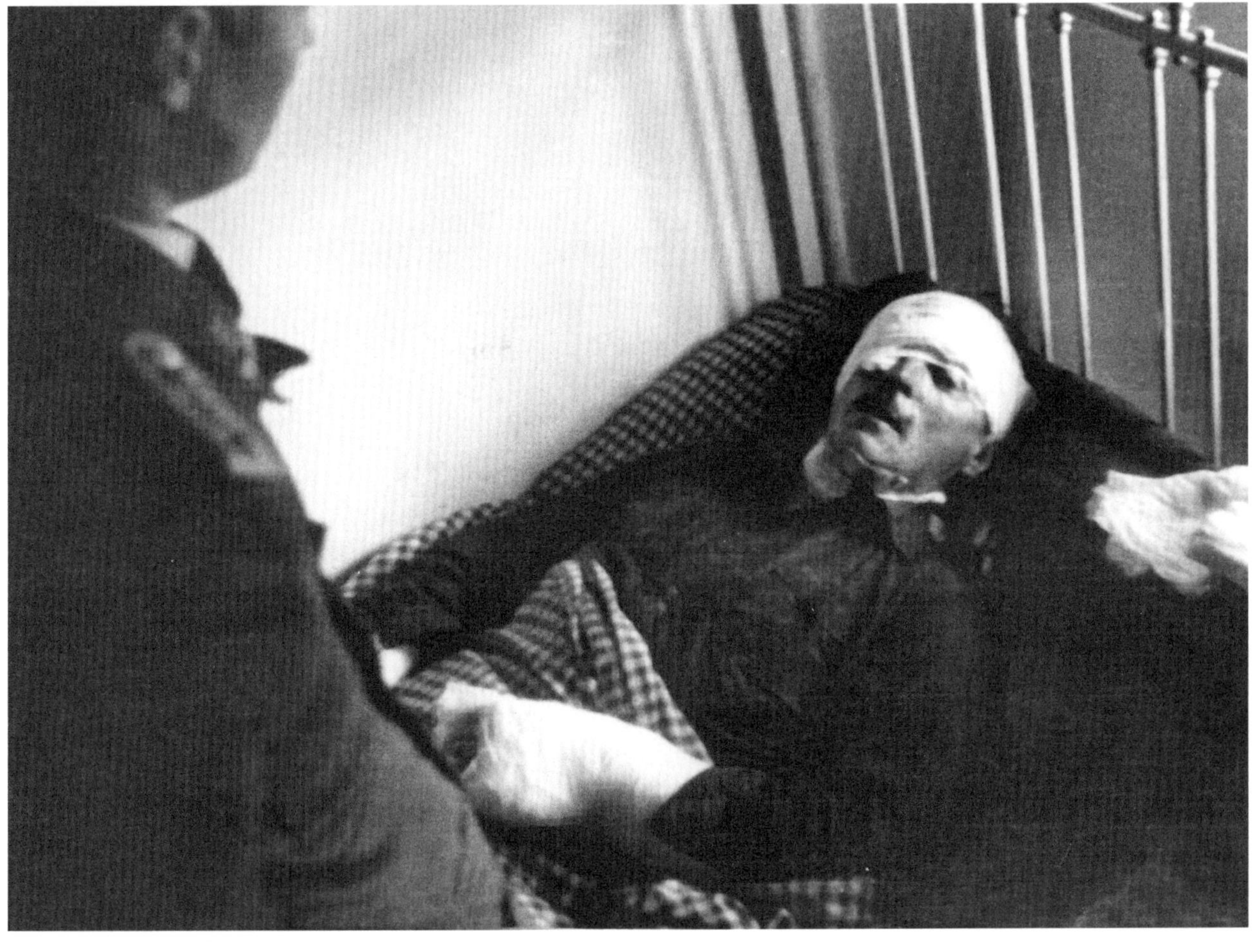

Graf Strachwitz mit schweren Arm- und Kopfverletzungen in einem Lazarett in Riga Ende August 1944.

Am 25. Juli 1944 feierte Graf Strachwitz mit seiner Frau Alda auf seinem Gut in Schlesien die Silberhochzeit. Diese Aufnahme entstand nur einen Monat vor dem Autounfall von Graf Strachwitz. Die Front im Osten war den deutschen Ostgrenzen bereits bedrohlich nahe gekommen. Niemand jedoch ahnte, welche Katastrophe über den deutschen Osten ab Herbst 1944 hereinbrechen sollte.

durch das lettische Land schlängelte. Strachwitz wollte sie im Handstreich nehmen. Als er mit seinen Panzern auf die Brücke zudonnerte, waren die sowjetischen Posten derart überrascht, dass sie sich sofort ergaben. Ein ganzes Bataillon der Roten Armee kam so in Gefangenschaft.

Es galt nun, keine Zeit zu verlieren, der Überraschungsmoment musste ausgenutzt werden.

„Weiter! Nur immer weiter! Vorwärts!", feuerte Strachwitz seine Männer an.

Um 21.00 Uhr am 19. August traf folgender Befehl der Heeresgruppe Mitte bei der 3. Panzerarmee ein:

Angriff mit XXXX. Panzerkorps, XXXIX. Panzerkorps und Panzergruppe Strachwitz ist fortzusetzen. Unter Zusammenfassung der inneren Flügel beider Panzerkorps und Aussparen ungünstigen und vom Feind stark besetzten Geländes ist auf Jonischken durchzustoßen. Bei günstigem Fortschreiten des Angriffs der Gruppe Strachwitz kann das Nachführen von einer oder zwei Panzerdivisionen hinter der Gruppe Strachwitz und ihr Einsatz in Richtung Mitau zur Herstellung der Verbindung mit der Heeresgruppe Nord in Frage kommen. Das IX. Armeekorps hat unter Streckung seiner Front dem XXXIX. Panzerkorps weitere Kräfte zuzuführen oder mit seinem Nordflügel anzugreifen. Südlich der Memel sind die Stellungen zu verteidigen. Im Einbruchsraum nordostwärts Naumiestis ist die Lage durch die 1. Infanteriedivision, verstärkt durch die Panzerbrigaden 103 und 104, wieder herzustellen.

Kurz vor Mitternacht des gleichen Tages bekam die Panzergruppe von Knobelsdorff, zu der nun auch das XXXIX. und das XXXX. Panzerkorps gehörten, folgende Aufträge:

- mit der Panzergruppe Strachwitz Fortsetzung des Angriffs auf Tuckum,
- mit dem XXXIX. Panzerkorps Fortsetzung des Angriffs auf Schagarren, eventuell mit der 12. Panzerdivision Angriff bis nördlich Autz,
- Umgliederung der Panzergrenadierdivision Großdeutschland und Vorstoß auf Gruzduiai, um dann im Zusammenwirken mit dem XXXIX. Panzerkorps den Feind im Raum um Schagarren zu schlagen,
- Zurücknahme des Frontbogens westlich Schaulen auf eine günstige Abwehrlinie,
- Herstellung der Verbindung zwischen 7. und 14. Panzerdivision.

„Panzer halt!" Der Conté gönnte seinen Männern eine Zigarettenpause, während er sich im Schein seiner Stablampe auf der Landkarte zu orientieren versuchte. Als er noch über der Karte brütete, zeigte ein junger Offizier auf einen nahen Wegweiser: Leningrad 450 Kilometer, Tuckum 105 Kilometer.„Verdammt! Da habe ich mich ja völlig verfranzt! 105 Kilometer hinter den feindlichen Linien und ewig weit vom eigentlichen Angriffsziel entfernt," schimpfte Strachwitz mehr mit sich selbst. Schnell hatte er sich aber wieder gefasst: „Zum Teufel nochmal, wir müssen weiter. Alle aufsitzen und los! Inzwischen hatte sich die Rote Armee aber hinter Strachwitz' durchgebrochenen Panzern wieder vereint und sie so abgeschnitten. Der Graf hatte zahlreiche Panzerausfälle hinzunehmen, weniger durch Feindeinwirkung als durch technische Schwierigkeiten der fabrikneuen Panther. Ein Jahr nach dem Unternehmen Zitadelle hatten die Ingenieure die Anfälligkeit dieses Modells immer noch nicht abstellen können.

Strachwitz holte das Letzte aus den Fahrzeugen und seinen Männern heraus, um noch im Laufe des Vormittags Tuckum zu erreichen. Es war ein wilder Ritt durch völlige Dunkelheit. Als die Sonne am Firmament aufging, stand Strachwitz vor Dzukste, das er nach kurzem, schwerem Kampf einnehmen konnte. Er ließ einige Sicherungskräfte zurück – und schon ging es weiter Richtung Tuckum.

Gegen Mittag stand Strachwitz mit nur noch wenigen Panzern und zwei motorisierten Grenadierbataillonen am Stadtrand von Tuckum. Das Städtchen lag in einem Tal, etwa 15 Kilometer landeinwärts, und war als Verkehrsknotenpunkt eine wichtige Schlüsselstelle. Die deutschen Angreifer mussten hier durch, und die Sowjets wussten das.

Während Strachwitz vor Tuckum stand, patrouillierte die 2. Kampfgruppe der Marine unter Vizeadmiral Thiele mit dem Schweren Kreuzer Prinz Eugen, vier Zerstörern und sieben Torpedobooten im Rigaer Meerbusen. Die Kriegsschiffe sollten gegen durchgebrochene feindliche Spitzen an der Küste bei Tuckum operieren, also gegen Ziele, die nicht auf See, sondern bis zu dreißig Kilometer landeinwärts lagen. Der I. Artillerieoffizier der Prinz Eugen, Korvettenkapitän Schmalenbach, hatte dazu eine einfache, aber wirkungsvolle Schießmethode entwickelt. Alles was er benötigte, war eine gute Karte des Zielgebietes und ein vom Schiff aus sichtbarer Orientierungspunkt an Land, wie zum Beispiel ein Kirch- oder Leuchtturm. So konnte er mühelos die Richtung und Entfernung vom Schiff zum Ziel errechnen.

Ende Juli 1944 war die Heeresgruppe Mitte endgültig unter dem Ansturm der Roten Armee zusammengebrochen. Im Nordabschnitt stießen sowjetische Truppen unter dem erfahrenen General Jeremenko aus dem Raum östlich Welikije Luki bis zur Ostseeküste westlich von Riga vor. Dadurch war die Heeresgruppe Nord von ihrer Landverbindung abgeschnitten. Lediglich der Zugang zum Meer und damit zur deutschen Kriegsmarine war frei.

Und dies war das Glück der Panzergruppe Strachwitz. Funker der Heeresgruppe Mitte fingen die Anfrage des Grafen auf, ob die Prinz Eugen die sowjetischen Bereitstellungen in und bei Tuckum beschießen könne, und leiteten sie an die Kriegsmarine weiter, die ihre Unterstützung sofort zusicherte.

Als das massive Artilleriefeuer der „Prinz Eugen" einsetzte, wussten die Russen nicht, woher die schweren Brocken kamen, die sie mit verheerender Wucht eindeckten. Schon die ersten Salven der acht 20,3 cm-Kanonen lagen exakt im Ziel und ließen die Sowjets verzweifeln. Fast ungestört fuhr die Prinz Eugen vor der Küste auf und ab und jagte Schuss auf Schuss aus ihren Rohren. Strachwitz hatte mittlerweile per Funk erfahren, dass die Sowjets 48 T-34 auf dem Marktplatz von Tuckum zusammengezogen hatten. Die sollten noch von See aus erledigt werden, dann wollte der Graf den Einmarsch in die Stadt beginnen.

Schon kurze Zeit später fegten die Granaten der Schiffsgeschütze jaulend heran und explodierten donnernd auf dem Marktplatz, mitten in der sowjetischen Panzerbereitstellung. Innerhalb kürzester Zeit war aus Tuckum ein Schrottplatz für russische Panzer geworden. Die sowjetischen Soldaten suchten ihr Heil in der Flucht, wurden aber zum Großteil gefangengenommen. Erst nachdem die Prinz Eugen 265 20,3-cm-Granaten verschossen hatte, befahl Strachwitz die Einstellung des Artilleriefeuers.

„Der Prinz hat gute Arbeit geleistet", grinste er, „jetzt aber los!"

Noch bevor die Sowjets Atem holen konnten, preschte der Graf mit seinen Panzern bis zum Marktplatz vor und besetzte anschließend zusammen mit den Grenadieren die Stadt. Er hatte einen großen Erfolg errungen, natürlich nicht zuletzt dank der ausgezeichneten Unterstützung des Kreuzers Prinz Eugen.

Die sowjetische 51. Armee meldete derweil für den Bereich Tuckum den Angriff von 300 Panzern und die Landung von 35 großen Booten. Diese Meldungen waren stark übertrieben, teilweise sogar einfach falsch, führten aber dazu, dass die 1. Baltische Front den Rückzug aus dem Frontvorsprung Tuckum antrat.

„Jetzt könnten eigentlich die versprochenen Divisionen kommen, nachdem wir mit einer Handvoll Männern Tuckum genommen haben, was vielleicht mehreren Armeekorps nicht gelungen wäre", meinte Strachwitz lächelnd zu seinen Offizieren, als ihn plötzlich ein herbeigeeilter Obersturmführer der SS-Brigade Groß unterbrach:

„Herr Graf, wir haben außerhalb der Stadt ein riesiges russisches Tanklager gefunden."

„Na, da haben wir wieder Mal Glück gehabt", freute sich Strachwitz, „Männer, wir tanken bis zur Halskrause voll und nehmen noch Sprit mit auf den Weg. Wir haben schließlich heute noch Einiges vor."

Eine halbe Stunde später waren die Panzer vollgetankt. Der Graf ließ die SS-Brigade Groß in Tuckum zurück und machte sich mit dem Rest der Panzergruppe auf den Weitermarsch nach Riga.

Begeistert von Strachwitz' überraschendem Erfolg, führten die Heeresgruppe Mitte und die 3. Panzerarmee Gespräche über den Fortgang der Operation. Es galt nun, den Vorteil auszunutzen. Generaloberst Raus, der Oberbefehlshaber der 3. Panzerarmee, ordnete gegen 14.00 Uhr an, noch im Laufe des Tages mindestens eine Panzerdivision an Strachwitz heranzuführen.

Der Kommandierende General des XXXX. Panzerkorps kam zum gleichen Urteil:

„Nach meiner Ansicht sollten wir mit der Masse hinter Strachwitz herfahren. Auch die Division Großdeutschland muss dorthin."

Bis zum späten Nachmittag diskutierte man auf deutscher Seite, ob zwei Divisionen des XXXIX. Panzerkorps zu Strachwitz verlegt werden sollten, um von dort auf Mitau vorzustoßen. Dann ließ man den Plan aber fallen, als der Kommandierende General des XXXIX. Panzerkorps, von Saucken, seinen eigenen Angriff als „gut voranschreitend" einstufte, dies, obwohl zur gleichen Zeit rund 60 feindliche Panzer und 600 Lastkraftwagen im Anmarsch von Mitau auf Tuckum gemeldet wurden. In Tuckum selbst befanden sich nur noch einige Schützenpanzer der SS-Panzerbrigade Groß. Der kostbare Versorgungsweg, den Strachwitz freigeschlagen hatte, war wieder in höchster Gefahr.

Strachwitz' Panzer waren inzwischen mit Höchsttempo abgefahren. Der „Panzergraf" stand im Turm seines Führungsfahrzeugs und spähte ins Gelände. Plötzlich sah er im Osten Staubwolken. War das der Feind? Er stutzte, nahm sein Glas erneut an die Augen. Kein Zweifel, da waren seine eigenen Mannschaftstransportwagen und weitere Fahrzeuge seiner Kampfgruppe. Mit großem Hallo wurden die Männer begrüßt, und rasch stellte sich heraus, dass den Soldaten die Gefangennahme einer größeren russischen Lastwagenkolonne gelungen war, die Nachschub nach Tuckum bringen sollte.

„Ein Mannschaftstransportwagen begleitet die Gefangenen nach Tuckum, der Rest schließt sich mir an", befahl Strachwitz kurzerhand.

Kaum hatte sich seine Einheit wieder in Bewegung gesetzt, gab der Graf schon wieder das Zeichen zum Halt. Diesmal war es wirklich der Feind, der da vor der Kampfgruppe aufgetaucht war. Es handelte sich um versprengte Teile eines sowjetischen Panzerkorps, das zuvor auf der Krim gekämpft hatte, und die Reste von zwei Schützendivisionen, die über das Auftauchen deutscher Panzer in ihrem Rücken so überrascht waren, dass sie sich für eingekesselt hielten und sofort ergaben. Diesmal stellte Strachwitz fünf Mannschaftstransportwagen zu ihrer Bewachung ab und machte sich erneut auf den Weg – Riga war das Ziel. So einfach dieser Erfolg war, so wichtig war er auch, denn der „Panzergraf" hatte den geplanten Vorstoß der Sowjets zur Rückeroberung von Tuckum ohne großes Blutvergießen vereitelt.

Kurz vor Riga stieß Strachwitz erwartungsgemäß auf ein riesiges Waldgebiet. Durch das Fernglas erblickte er am Waldrand mehrere russische Tanks, die gerade in Bereitstellung fuhren. Noch bevor sie ihrerseits die Deutschen sahen, waren sie zu brennenden Fackeln geworden.

Da die Abenddämmerung bereits einsetzte, beschloss der Graf, bis zum nächsten Morgen eine Ruhepause im Wald einzulegen. Fast nebenbei wurde während der Suche nach einem geeigneten Rastplatz eine russische Verwundetensammelstelle und ein komplettes Feldlazarett mit dem dazugehörenden Personal gefangen genommen. Auch für sie musste der Conté noch einmal zwei Schützenpanzer abstellen, bevor er sich und seinen Männern endlich die dringend benötigte Ruhepause gönnen konnte.

Kurz vor Mitternacht, es war immer noch der 20. August, schätzte die Führung der Heeresgruppe Mitte die Lage des XXXIX. Panzerkorps als glänzend ein. Auch Generaloberst Guderian machte sich große Hoffnungen, dank der Erfolge der Panzergruppe Strachwitz, am nächsten Tag auf Mitau vorgehen zu können, schließlich war Schagarren genommen und Tuckum zurückerobert worden.

Die deutschen Stäbe wussten jedoch auch, dass die momentan gute Lage einfach auch der bei den Russen ausgebrochenen Panik geschuldet war. Denn nur die stark übertriebenen sowjetischen Meldungen über die Anzahl der Deutschen bei Tuckum hatten die sowjetische 51. Armee und die 1. Baltische Front zur übereilten Räumung des Frontvorsprungs an der Rigaer Bucht und den Rückzug auf die Linie Mitau – Autz bewegt. Die vergleichsweise kleine Panzergruppe Strachwitz mit ihren beiden Grenadierbataillonen, einer Aufklärungsabteilung, der geschwächten SS-Panzerbrigade Groß und der Panzerbrigade 101 mit etwa 60 Panzern – deren Gros dazu noch in Richtung Riga fuhr – wäre von den Sowjets bei Tuckum ohne große Anstrengung zu schlagen gewesen. Das hätte die gesamte Operation Doppelkopf beendet, bevor sie so richtig begonnen hatte. Doch Glück und die Schnelligkeit Strachwitz' wie auch sein operatives Denken führten zur Eroberung der bedrohten Versorgungswege, ja sogar zur Säuberung vom Feind.

Am Morgen des 21. August, nach einer viel zu kurzen Ruhepause, erreichten Strachwitz' Panzer die deutschen Sicherungslinien vor der Stadt. Strachwitz war 60 Kilometer auf der Straße durch den Wald direkt nach Riga gefahren. Unterwegs kam es immer wieder zu Scharmützeln mit russischen Einheiten, die sich im Wald versteckt hielten. Doch auch aus diesen Feuergefechten kam man mit heiler Haut heraus. Der Graf hatte sein Ziel erreicht, der Auftrag war erfüllt.

In Riga erwarteten jubelnde Soldaten aller Dienststellen und die lettische Bevölkerung die Panzergruppe Strachwitz. Der Graf rollte mit seinen Fahrzeugen in langsamer Fahrt auf die Stadtmitte zu und hielt mitten auf dem Marktplatz vor einer Gruppe deutscher Generäle.

Er trug weder Rangabzeichen noch Auszeichnungen und war von den anderen Männern nicht zu unterscheiden, als er sein ölverschmiertes Gesicht aus dem Turmluk des Panzers streckte.

„Hurra, Herr Leutnant", rief einer der Generäle, „Sie haben den Kessel gesprengt!"

Bedächtig kletterte Strachwitz aus seinem Panzer. In seinem von Dreck und Öl starrenden Overall hob er sich von den Generälen in ihren gepflegten Uniformen ab wie die Frontkämpfer von den Etappenhengsten.

„Wo sind die anderen Panzer?", wollten die Generäle wissen.

„Meine Herren. Ich und meine wenigen übriggebliebenen Panzer kommen alleine", antwortete Strachwitz erschöpft.

Die Generäle blickten ihn zweifelnd an, aber der Conté nickte nur.

„Doch das ist so. Hinter uns ist nichts. Höchstens der Russe und ein paar eigene Panzer, die Gefangene in das eroberte Tuckum bringen."

„Sie Saukerl! Wie kommen Sie dazu, die eigenen Panzer, die hier dringend gebraucht werden, zurückzulassen, Leutnant?" brauste einer der Generäle auf. „Bitte mäßigen Sie sich", entgegnete Strachwitz mit einer müden Geste, „Sie haben es bei mir nicht mit einem Leutnant, sondern mit einem leibhaftigen General zu tun."

Strachwitz ließ die verstörten Generäle stehen, kletterte wieder in seinen Panzer und fuhr zur Stadtkommandantur weiter, wo ihn ein gutes Dutzend anderer hoher Offiziere erwartete. Auch hier hagelte es die gleichen Fragen wie auf dem Marktplatz, vor allem:

„Wie haben Sie denn mit so wenig eigenen Kräften den Kessel um Riga gesprengt?"

„Na ja, sehen Sie meine Herren, ich bin halt Old Shatterhand persönlich", antwortete der Conté, dem langsam der Hut hochging.

Ohne Zweifel hatte Graf Strachwitz seine Panzergruppe zu einem überraschenden, gleichzeitig aber souveränen Sieg geführt. Er hatte mit seinen wenigen Männern die Großstadt Riga freigekämpft. Es war nun möglich, Verwundete und Pflegepersonal abzutransportieren. Und er hatte – und das war das Wichtigste – die Landverbindung zur Heeresgruppe Nord wieder hergestellt, zwar nur einen schmalen Schlauch, durch den aber in den folgenden Wochen die Heeresgruppe Nord mit 29 Divisionen und mehreren Brigaden mit allen schweren Waffen und Geräten und über 100.000 Fahrzeugen abrücken konnte.

Alleine die Panzergruppe Strachwitz machte in diesen drei Kampftagen etwa 18.000 Gefangene, hinzu kamen 28 Batterien, eine Unzahl an Panzern, Pak und sonstigem Kriegsgerät, das teils erbeutet und teils vernichtet wurde.

Der Durchbruch der Panzergruppe Strachwitz über Tuckum nach Riga zeigte eindrücklich, welch operative Erfolge selbst kleine Panzerverbände bei entschlossener Führung erzielen konnten. Und diese entschlossene Führung, gepaart mit Kaltschnäuzigkeit und ungestümem Draufgängertum, hatte der Graf gezeigt, dem als alten Kavallerieoffizier die überraschende Attacke in der kriegerischen Auseinandersetzung am wichtigsten war. Wie pflegte er immer so schön zu sagen: „Panzer dürfen nicht in der Gegend herumstehen – sie müssen rollen! Und wenn sie nicht schießen, müssen sie den Feind mit Höchstgeschwindigkeit angreifen und nachstoßen, bis er vernichtet ist. Sie sind nur dann gefährdet, wenn sie langsam fahren oder stehen bleiben."

Mit dem Durchbruch der Panzergruppe Strachwitz nach Riga war zwischen den Heeresgruppen Mitte und Nord wieder eine Verbindung hergestellt, und bereits einige Tage später rollten die Eisenbahntransporte von Königsberg und Memel über Libau nach Riga. Auch in Tuckum blieb die Lage stabil. Während die Rote Armee an der Küstenstraße noch Widerstand leistete, bauten Eisenbahnpioniere der Heeresgruppe Nord bereits an den Gleisen von Kemmern nach Tuckum.

Am 22. August konnte der Korridor sogar noch vergrößert werden. Die Straße Tuckum – Riga war fest in deutscher Hand, und die SS-Panzerbrigade Groß konnte in Tuckum abgelöst werden und sich wieder in die Panzergruppe Strachwitz einreihen. Von

Frauenburg aus setzte sich nun der erste große Versorgungstransport für die Heeresgruppe Nord in Marsch. Zwei Infanteriebataillone der 52. Sicherungsdivision kämpften sich aus dem Raum Tuckum weiter nach Süden vor, und die Korpsgruppe Kleffel nahm Dzukste erneut ein. Zur Gruppe Strachwitz stieß jetzt endlich auch der Stab der Panzerbrigade 101.

Am folgenden Tag wurde der Korridor nach Riga weiter ausgebaut und gefestigt. Bereits am frühen Morgen meldete die lettische SS-Gruppe Hierthes die Ortschaften Lestene und Irlava feindfrei. Bis zum Abend rückte die der 16. Armee unterstellte Korpsgruppe Kleffel zusammen mit der 81. Infanteriedivision und weiteren Vorausabteilungen bis siebeneinhalb Kilometer nordnordwestlich Doblen und sechs Kilometer nordwestlich Berze. Bei Jaunpils festigten die 52. Sicherungsdivision und die 81. Infanteriedivision die Verbindung der Heeresgruppen Mitte und Nord. Bei Krupiai wurde der Angriff des I. sowjetischen Panzerkorps mit rund 50 Panzern und starken Schützenverbänden von der 5. Panzerdivision abgewehrt, die 29 sowjetische Panzer abschießen konnte.

Am 25. August 1944 kamen die Angriffsverbände der Heeresgruppe Nord und die der Division Großdeutschland aus zwei Richtungen bis auf acht Kilometer an Doblen heran, die 12. Panzerdivision besetzte ein großes Waldstück etwa drei Kilometer südöstlich von Autz. Dann fror die deutsche Führung die Bewegungen an der Front ein. Die Operation Doppelkopf wurde als erfolgreich beendet angesehen.

Doch zurück zum 22. August 1944. An diesem Tag musste sich Graf Strachwitz bei Generaloberst Ferdinand Schörner melden, der ihn gar nicht erst zu Wort kommen ließ.

„Strachwitz, ich halte Sie und Ihre Männer gegen den Willen des OKH hier fest.“

„Wenn Sie das auf Ihre Kappe nehmen, Herr Generaloberst, soll's mir recht sein“, schmunzelte der Graf.

„Gut, ich will Sie kurz über die Lage unterrichten“, sagte Schörner und ließ sich in seinen Sessel fallen, „gestern ist die Schlacht um Estland entbrannt. Die 3. Baltische Front greift mit drei Armeen zwischen Dorpat und Walk nach Norden an, um der Leningrader Front vor Reval die Hand zu reichen. Bei Embach nimmt die Schlacht gewaltige Formen an. Es wird erbittert am Ostufer des Wirzsees gekämpft. Die Stoßrichtung der Sowjets ist klar. Sie wollen Dorpat nehmen und so das freie Hinterland gewinnen. Unser II. Armeekorps weicht langsam zurück. Die Panzer der 67. sowjetischen Armee sind schon bis sieben Kilometer südlich Dorpat vorgerückt. Ich brauche Sie, Strachwitz, Sie werden mit Ihrem Panzerverband der Armeeabteilung Narwa unterstellt.“

Aber das war noch nicht alles. Schörner informierte Strachwitz, dass die 87. Infanteriedivision, die der Vetter des Conté, Mauritz Graf Strachwitz, führte, in großer Gefahr war, von den Sowjets eingekesselt und vernichtet zu werden. Und Schörner sagte auch offen und ehrlich, dass seiner Meinung nach in den nächsten Wochen der endgültige Rückzug aus Estland unvermeidlich wäre, sollte nicht ein entscheidender Befreiungsschlag gelingen. „Herr Generaloberst, mit meinen paar Panzern soll ich die ganze Division in Estland 'raushauen?“ fragte Strachwitz seinen Oberbefehlshaber zweifelnd.

„Der Heeresgruppe Nord werden gerade zwei Panzerdivisionen zugeführt, die ich Ihnen unterstellen kann. Allerdings dauert es noch zwei bis drei Tage, bis die da sind“, sagte Schörner lächelnd, „ich kann Ihnen aber versprechen, dass Ihr Panzerverband sofort durch die Heeres-Artillerieabteilung 153 und die 1. Kompanie des Pionierbataillons 44 verstärkt wird.“

Schörner erteilte nun das Wort einem Generalstabsoffizier, der dem „Panzergrafen“ auf der Landkarte das Gebiet zeigte, in das er vorstoßen sollte.

„Sie müssen den feindlichen Einbruch im Abschnitt der 87. Infanteriedivision zwischen Modohn und Werro eindrücken“, erklärte ihm der Generalstabsoffizier.

Strachwitz hatte verstanden. Mit seinen drei neuen Offizieren, die ihm vom Chef des Stabes der Heeresgruppe Nord zur Verfügung gestellt worden waren, besprach er kurz darauf seine Pläne:

„Meine Herren, wie Sie bemerkt haben, brennt es hier an allen Ecken und Enden. Ich selbst fahre gleich morgen früh zur Division und schaue mir die Lage an. Ich muss mich erst direkt im Gelände orientieren. Sie wissen ja, vorne sehen die Dinge meist anders aus, als hier hinten. Auf alle Fälle will ich sofort wissen, wenn die Panzer da sind. Sie müssen möglichst schnell anrollen. Nur so bleibt die Initiative bei uns.“

Am 23. August 1944 traf der Panzerverband Strachwitz in Elva ein und machte sich gleich zum Angriff bereit. Der Graf bestieg am Morgen dieses Tages einen von Generaloberst Schörner bereitgestellten Mercedes und fuhr von zwei weiteren Fahrzeugen begleitet auf Erkundungstour. Bereits nach kurzer Zeit stießen sie auf die Lielupe, einen kleinen Fluss, an dem der Graf einen Übergang für die Panzer suchen wollte.

„Herr Graf, schauen Sie sich das einmal an“, sagte ein Ordonnanzoffizier aufgeregt und wedelte mit der Hand in Richtung des Flussknickes.

Strachwitz spähte angestrengt in die gewiesene Richtung und sah den Schlamassel. Sowjetische Infanterie überquerte bereits die Straße, auf der er selbst weiterfahren musste, um zum Gefechtsstand der Division zu kommen. Es konnte nicht mehr lange bis zu deren Überquerung der Lielupe dauern, womit sie dann im Rücken der Division stehen würden. Es war eindeutig. Die Sowjets waren auch hier bereits durchgebrochen.

„Aufsitzen, Waffen schussbereit“, befahl Strachwitz ungeduldig.

Noch waren sie nicht entdeckt, noch war das Überraschungsmoment auf ihrer Seite. Nur mit Schnelligkeit konnten sie dem Feind noch entkommen. Aus allen Rohren feuernd rasten die drei Fahrzeuge in einem Höllentempo auf die russischen Truppen zu, die völlig überrascht nach allen Seiten auseinanderstoben. Bis sie sich wieder gefasst hatten, waren die deutschen Fahrzeuge schon in einer Staubwolke verschwunden. Aber wie kamen die Sowjets so schnell an das Flüsschen Lielupe, das Strachwitz mit seinen Panzern unbedingt überqueren musste, wenn er die 87. Infanteriedivision retten wollte?

Die Antwort war simpel: Teile der 12. Luftwaffen-Felddivision hatten ihre Stellungen beim ersten sowjetischen Angriff verlassen und waren zurückgegangen, ohne die Nachbardivisionen zu verständigen. Wutschnaubend stellte Strachwitz den Kommandeur der Division zur Rede. Schnell stellte sich heraus, dass dessen Männer überhaupt keine infanteristische Kampf- und Fronterfahrung hatten, doch Strachwitz hielt dies für bloße Schutzbehauptungen. Seiner Meinung nach hätte die Division unbedingt ihre Stellungen halten müssen.

Am folgenden Tag änderte sich das Leben für Graf Strachwitz grundlegend. Auf der Weiterfahrt passierte ein schwerer Verkehrsunfall, den nur er überlebte, sein Fahrer kam ums Leben. Deutsche Soldaten entdeckten zufällig den völlig demolierten Mercedes des Grafen mitten auf der Straße liegend. Zuerst sahen sie den toten Fahrer, dann in einem Graben einen weiteren Mann.

„Mensch, das ist ja ein General", rief der Soldat, der in den Graben gestiegen war und sich über den reglosen Körper bückte.

„Er lebt noch, hat aber ganz schwachen Puls. Anfassen Männer – schnell! Er muss sofort in ein Lazarett", befahl der Führer des Stoßtrupps, ein Leutnant.

Der schwerverletzte Graf Strachwitz wurde von den Soldaten in ein Feldlazarett gebracht, wo er erstversorgt und dann in das Hauptlazarett nach Riga verlegt wurde.

„Eine Weiterbehandlung bei uns ist ausgeschlossen", erklärte der Oberstabsarzt, „der Mann hat einen schweren Schock, Gehirnerschütterung und einen doppelten Schädelbruch. Außerdem hat er noch eine Vielzahl von Knochenbrüchen, die wir noch gar nicht genau angesehen haben."

In Riga übernahm der Chefchirurg des Lazaretts, Professor Kingrin, persönlich die Behandlung. Er war sehr ernst, als er seine Diagnose stellte.

„Meine Herren, ich kann mich nur der Diagnose des Feldlazaretts anschließen. Zu den schweren Verletzungen kommen noch einige Rippenbrüche. Gott sei dank sind seine inneren Organe heil geblieben. Der Patient darf auf keinen Fall bewegt werden. Er ist bewusstlos und muss künstlich ernährt werden", Kingrin sah traurig zu seinen Mitarbeitern, „ich glaube kaum, dass er mit dem Leben davonkommt. Wir sollten seine Frau verständigen."

Als Gräfin Alda einige Tage später im Lazarett eintraf, konnte ihr Professor Kingrin berichten, dass sich der Zustand ihres Gatten völlig unerwartet gebessert hatte und er vielleicht schon in den nächsten Tagen aus der Ohnmacht erwachen würde.

„Zugleich muss ich Ihnen sagen, sehr geehrte Gräfin, dass die Genesung Ihres Mannes – wenn überhaupt – nur langsam voranschreiten wird. Es bedarf größter Schonung. Schließlich ist Ihr Mann mehrmals verwundet worden und hat sich auch sonst im Leben nicht sehr geschont." Zwei Wochen nach diesem Gespräch schossen die Russen bereits bis in die Innenstadt von Riga, wobei auch das Lazarett mehrmals getroffen wurde.

Zwar war Strachwitz seit einigen Tagen aus dem Koma erwacht, aber noch immer zögerte Professor Kingrin mit dem Abtransport des Grafen, der kaum ansprechbar war, starke Schmerzmittel bekam und immer wieder die Besinnung verlor. Erst als der Fall Rigas unmittelbar bevorstand, gab er sein Einverständnis zur Verlegung des Schwerverletzten.

Eine Junkers 52 flog Strachwitz nach Breslau. Zu seiner Begrüßung war sein Sohn Harti angereist. Er beugte sich über die Trage, auf der sein Vater in warme Decken eingepackt lag:

„Papa! Hörst Du mich? Ich bin es, Harti!"

Mühsam öffnete der Graf die Augen. Als er seinen Sohn wahrnahm lächelte er und bewegte seinen Arm.

Graf Strachwitz wurde ins Lazarett Breslau eingeliefert, wo er wochenlang bis zum Hals eingegipst lag. Als er endlich vom Gips befreit wurde, stellten die Ärzte eine Trombose am linken Bein fest. Aber auch diese gefährliche Erkrankung überstand der alte Fahrensmann dank seiner eisernen Konstitution und seiner Willensstärke. Die besten Ärzte Deutschlands beorderte man an sein Krankenbett. Sie verschrieben Spritzen und Tabletten, bis Strachwitz nach einiger Zeit der Kragen platzte.

Er verlangte, ab sofort nur noch von einem einzigen Arzt behandelt zu werden. Zudem gab er den anwesenden Ärzten zu verstehen, dass er in acht Tagen das Krankenhaus zu verlassen gedenke. Die konnten nur mit Mühe ein Lachen unterdrücken, und auch der Oberstabsarzt schmunzelte:

„Lieber Graf, einigen wir uns auf acht Monate."

Aber sie kannten den alten Kämpfer Strachwitz nicht, der sich bereits selbst ein hartes Trainingsprogramm verschrieben hatte:

1. Tag: aufrichten und hinsetzen, und solange üben, bis es ordentlich klappt,
2. Tag: Beine aus den Bett hängen und wieder einziehen,
3. Tag: an Krückstöcken bis zum Waschtisch gehen,
4. Tag: baden gehen, unterstützt vom Pflegepersonal,
5. Tag: an Krückstöcken bis zur Türe gehen,
6. Tag: Maßnahmen zum Gehen ausweiten,
7. Tag: Maßnahmen zur Abreise treffen und das Krankenhaus verlassen.

Was niemand erwartet hatte, trat ein. Strachwitz konnte sein Trainingsprogramm exakt durchführen und entließ sich schließlich am siebten Tag selbst aus dem Lazarett Breslau – trotz aller Proteste der Ärzte. Er ließ sich zwar der Form halber in das Lazarett Oppeln überweisen, wo er allerdings niemals aufgetaucht ist.

Auf der Fahrt nach Hause wurde Strachwitz in jeder Kurve ohnmächtig. Dennoch gelangte er einigermaßen wohlbehalten auf sein Rittergut Alt Siedel bei Groß Stein, wo er vom 28. November bis 23. Dezember 1944 einen Genesungsurlaub antrat.

Tatsächlich gesundete Strachwitz bis zum Ende des Jahres 1944 fast völlig, auch wenn nach seinem Geschmack alles viel zu langsam ging.

Das Ende

Am 12. Januar 1945 begann die sowjetische Winteroffensive, die die Russen binnen weniger Wochen weit nach Westen an die Oder und Neisse führen sollte. Pünktlich um 01.30 Uhr eröffneten 32.000 sowjetische Geschütze aller Kaliber einen Feuerorkan ohnegleichen auf die Stellungen der deutschen Divisionen am Baranów-Brückenkopf, der sich in einem großen Bogen von der Weichsel ostwärts Opatów bis zur Bahnlinie Debica – Krakau erstreckte. Das verschneite Land wurde innerhalb weniger Stunden buchstäblich umgepflügt.

Nachdem sich fünf Stunden lang Feuer und Tod über die weite Landschaft ergossen hatten, brachen 163 sowjetische Schützendivisionen mit 6.460 Panzern zum Angriff auf. Dabei griffen alleine 34 Schützen- und acht Panzerdivisionen die deutschen Divisionen des XXXXVIII. Panzerkorps an. Drei völlig ausgebrannte, erschöpfte und fast waffenlose deutsche Divisionen, die 68., 168. und 304. Infanteriedivision, standen auf einer Breite von 60 Kilometern gegen einen übermächtigen Feind. – Und wurden von ihm überrollt und zermalmt.

Die deutsche Front am Baranów-Brückenkopf brach bereits in der ersten Angriffsstunde zusammen. Sowjetische Kampfverbände stießen an diesem Tag bis zu 30 Kilometer nach Westen vor. Hinter den sowjetischen Panzerverbänden schob sich Schützendivision an Schützendivision in die 35 Kilometer breite Frontlücke. Es gab auf deutscher Seite so gut wie keine Soldaten mehr, die dem Feind entgegengeworfen werden konnten. Die russischen Panzer und motorisierten Schützenverbände hatten längst die rückwärtigen Reserve- und Artilleriestellungen, Trosse und Stäbe überrollt. Nur noch ganz kleine deutsche Kampfgruppen versuchten, sich nach Westen durchzuschlagen.

Der Zusammenbruch der deutschen Heeresgruppe A, besonders der 4. Panzerarmee, erfolgte rasend schnell.

Die Verbindung zwischen den höheren Stäben riss vollkommen ab, sodass es keinerlei Führung mehr gab. Die Truppe, vom stundenlangen Trommelfeuer zermürbt und durch sowjetische Panzerrudel auseinandergerissen, blieb sich selbst überlassen. Die anstürmenden russischen Verbände konnten praktisch ungehindert nach Westen rollen.

In Südpolen gab es keine feste Front mehr, der Weg nach Tschenstochau und in den Reichsgau Wartheland war frei.

Wieder einmal versuchte die oberste deutsche Führung die Probleme zu lösen, indem sie den Oberbefehlshaber austauschte. Generaloberst Harpe wurde seines Postens enthoben und durch Generaloberst Schörner ersetzt.

Doch bis der neue Oberbefehlshaber mit seinem Stabschef aus Kurland eingetroffen war, vergingen Tage, in denen die gesamte Heeresgruppe führerlos war. Am 17. Januar 1945 eroberten die Sowjets Tschenstochau, zwei Tage später waren sie schon auf dem Weg von Lodz nach Krakau, der ehemaligen Hauptstadt des Generalgouvernements. An diesem 19. Januar überschritten die Spitzen der sowjetischen 3. Gardepanzerarmee und der 52. Armee die schlesische Grenze.

Die Rote Armee hatte damit innerhalb einer Woche das Ende 1939 gebildete Generalgouvernement und ebenso den südlichen Teil des Reichsgaues Wartheland hinter sich gelassen.

Diese Offensive erinnerte an die sogenannten deutschen Blitzfeldzüge aus den ersten Kriegsjahren – doch jetzt schlug der Blitz in Deutschland ein.

Der neue Oberbefehlshaber Schörner schlug sein Hauptquartier zunächst in Oppeln auf. Er war dafür bekannt, dass er hart, oft sogar brutal durchgriff. Mit eiserner Hand kämmte er die rückwärtigen Trosse und Stäbe durch und schickte selbst Zahlmeister und Verwaltungssoldaten, die vom Krieg nun wirklich nichts verstanden, an die Front.

In diesen Tagen, die den Anfang vom Ende einläuteten, meldete der persönliche Adjutant Schörners seinem Vorgesetzten, dass Graf Strachwitz eingetroffen sei und um ein Gespräch bitte. Ungläubig blickte Schörner von seinem Aktenstapel hoch:

„Das ist doch nicht möglich! Den hat es doch so schwer erwischt, der kann unmöglich wieder einsatzfähig sein!“

Sekunden später stand der Graf auf Krücken vor Schörner.

„Was wollen Sie denn hier, Strachwitz?“

„Ich benötige ein Fahrzeug, Herr Generaloberst!“

„Wozu das denn?“

„Ich möchte an die Front, um meine Heimat zu verteidigen!“

Ungläubig schaute Schörner den Grafen an.

„Das kann ich nicht verantworten. Ihre Verwundung ist doch noch gar nicht ausgeheilt.“

„Dann geben Sie mir bitte eine andere Aufgabe, Herr Generaloberst!“

Schörner merkte, dass sich der Graf nicht so leicht abschütteln ließ. „Na, dann bleiben Sie erst einmal hier in meinem Stab.“

Der immer noch sichtbar angeschlagene Strachwitz nickte zufrieden. In den folgenden Tagen studierte er aufmerksam die eintreffenden Meldungen von der Front und machte sich innerhalb kürzester Zeit ein Bild über die Lage. Ständig grübelte er, wie er doch noch aktiv in die Kampfhandlungen eingreifen konnte. Dann hatte er eine Idee:

„Wir müssen Panzervernichtungstrupps, ja sogar ganze Panzerjagdbrigaden aufstellen, die den russischen Tanks auflauern und sie dann im Nahkampf zerstören. Dann können wir auch die nachfolgenden motorisierten Verbände der Roten Armee aufhalten.“

Graf Strachwitz formulierte seine Gedanken schriftlich und bat dann Schörner erneut um ein Gespräch.

„Herr Generaloberst, ich habe einen Plan!"

„Ach so! Und was wollen Sie machen?"

„Ich werde Panzerjagdbrigaden aufstellen!"

Verblüfft lehnte sich Schörner in seinem Schreibtischstuhl zurück.

„Sie wollen bitte was?"

„Panzerjagdbrigaden aufstellen. Jawohl, Herr Generaloberst!"

Schörner zögerte. Das Chaos ließ es eigentlich nicht zu, neue Einheiten aufzustellen, die alten waren kaum mehr aufzufüllen. Aber schließlich willigte er ein, er wusste genau um das Organisationstalent und die Improvisationsfähigkeiten des Grafen.

Schon am 16. Januar war aus dem Gau Oberschlesien ein Kriegsgebiet geworden. An diesem Tag überschritten die Sowjets bei der Ortschaft Borów, am Ostufer der Lisswarthe, die Grenze der Kreise Loben und Guttenberg. Am 17. Januar 1945 überwanden sie die Lisswarthe an der alten polnischen Grenze und drangen in das dahinterliegende unverteidigte Hegersfelde ein.

Generaloberst, später dann Generalfeldmarschall Ferdinand Schörner. Wegen seines oftmals harten und rücksichtslosen Durchgreifens war er auch bei den eigenen Soldaten sehr gefürchtet.

Am gleichen Tag stießen starke sowjetische Kräfte der Heeresgruppe 1. Ukrainische Front unter der Führung von Marschall Konjew südlich Lodz auf die deutsche Reichsgrenze bei Militsch und Groß Wartenberg vor. Die 3. Garde-Panzerarmee unter General Rybalko stürmte auf die Grenze bei Namslau zu und ein Stoßkeil der sowjetischen 21. Armee unter General Gussjew bedrohte den nördlichen Teil Oberschlesiens. Weitere russische Verbände marschierten über Sodow und Droniowitz auf Loben zu.

Am 18. Januar 1945 rollten die sowjetischen Panzer der Nordgruppe durch das südlich von Hegersfelde gelegene Waldwiesen und besetzten am folgenden Tag Loben. Gleichzeitig erreichten feindliche Vorausabteilungen die Straße Guttenberg – Peiskretscham – Gleiwitz bei Erzweiler. Die Ortschaft Hedwigsruh und die Kreisstadt Guttenberg fielen in sowjetische Hände.

Am 19. Januar kamen sowjetische Panzer in den Grenzkreis Rosenberg und passierten die Dörfer Ellguth, Hedwigsstein, Weidenthal und Wiesbach. Dabei kam es zu kleinen Scharmützeln mit deutschen Einheiten, die freilich viel zu schwach waren, um der Roten Armee etwas entgegenzusetzen. In den nächsten beiden Tagen fielen die Kreisstädte Gnadenkirch, Kreuzburg und schließlich Rosenberg in russische Hände.

Nachdem die Rote Armee durch den Kreis Kreuzburg gefegt war, drehte sie ostwärts der Oder nach Süden ab, überschritt das Malapaneflüsschen und drang in den Kreis Oppeln vor. Ohne Widerstand fielen die Gemeinden Carlsruhe, Dammfelde, Falkendorf und Dammrode.

Der Krieg traf die Zivilbevölkerung nun mit unerbittlicher Härte. Die politischen Dienststellen der NSDAP weigerten sich, gegen den Rat der militärischen Stäbe und zivilen Regierungspräsidenten, die Grenzkreise räumen zu lassen. So blieb eine verängstigte, manchmal sogar völlig uninformierte Bevölkerung in den Dörfern zurück – bis die sowjetischen Panzer ankamen. Nur wenige mutige Landräte widersetzten sich dem Nazi-Regime und evakuierten ihre Gebiete.

Trotz der Kampfhandlungen musste der Gau Oberschlesien als „Rüstungsschmiede im Osten des Reiches" weiter mit Hochdruck arbeiten. Noch im Februar 1945 verließen 3.500 Transportzüge mit 270.000 Waggons Kohle Oberschlesien. Die Männer mussten bleiben. Nur den Frauen und Kindern erlaubten die Behörden im Januar den Abzug aus den oberschlesischen Städten ins Reich.

Oppeln, das noch vor wenigen Tagen das Hauptquartier der Heeresgruppe Mitte war, sollte von den drei Volkssturmbataillonen 281, 282 und 283 verteidigt werden. Doch was konnten diese älteren, zumeist ungedienten Männer schon ausrichten? Nichts! Sie starben völlig umsonst!

Nachdem am 23. Januar 1945 Oppeln gefallen war, rückte die sowjetische 3. Garde-Panzerarmee weiter nach Süden vor und vereinigte sich mit den über Groß Strehlitz von Osten kommenden Kräften. Am folgenden Tag war Groß Stein und damit das Schloss der Familie Strachwitz mit sämtlichen Ländereien in russischer Hand.

„Jetzt wollen Sie auch noch Freiwillige für Ihre Panzerjagdbrigaden, Strachwitz?“, fragte Schörner den Panzergrafen völlig entgeistert.

„Jawohl, Herr Generaloberst“, antwortete der selbstbewusst.

„Und wo wollen Sie die hernehmen?“

„Sobald ich Ihre Genehmigung zur Aufstellung der Brigaden bekommen habe, werde ich schon Freiwillige kriegen.“

Schörner schüttelte den Kopf.

„Sie sind ein verrückter Hund, Strachwitz, aber tun Sie, was Sie für richtig halten!“

Schon wenige Tagen später hatte der Graf einen Stab zusammengestellt und ein Hauptquartier in Bad Kudowa errichtet. Trotz seiner Verletzungen, die immer noch ärztlicher Behandlung bedurften, baute er seine Brigaden auf. Die Offiziere seines Stabes suchten in Unteroffiziersschulen und Ersatzkompanien nach Freiwilligen für die Panzerjagdbrigaden. Und sie hatten Erfolg. Obwohl der Zusammenbruch des Reiches abzusehen war, meldeten sich innerhalb weniger Wochen etwa 8.000 Freiwillige, meist aus den von der Roten Armee bedrohten Ostgebieten Pommern, Ostpreußen und Schlesien.

Strachwitz' Panzervernichtungs-Taktik sprach sich schnell herum. Sogar Feldmarschall Kesselring, seit dem 9. März 1945 Oberbefehlshaber West, interessierte sich plötzlich für die Pläne des Grafen. Schließlich beschloss er, dessen Panzerjagdverfahren auch im Westen einzuführen. Strachwitz stellte Kesselring einen seiner besten Offiziere dafür zur Verfügung.

Mitte März 1945 wurde der Graf vom Kommandeur der Panzerjagdverbände der Heeresgruppe Weichsel, Oberst Freiherr von Jungenfeld, besucht. Der Oberst berichtete danach der Heeresgruppe Weichsel von der guten Arbeit des Grafen und schlug vor, die Panzerjagdverbände als Brigade Oberschlesien unter ein zentrales Kommando zu stellen. So kam es dazu, dass ab April 1945 alle Panzerjagdeinheiten der Heeresgruppe Mitte Strachwitz unterstanden, nämlich die Panzerjagdverbände A, B und C, die Heeres-Panzerjagdbrigaden 1 und 3, zwei Volkssturm-Panzerjagdbrigaden und die Panzerjagdbrigaden Niederschlesien und Freie Ukraine.

Die Brigade Oberschlesien wurde in drei Jagdkommandos in Bataillonsstärke gegliedert und hatte am 10. April 1945 16 Motorräder, 19 Personenkraftwagen, 11 Lastkraftwagen, 20 Fahrräder, 613 Gewehre, 68 Pistolen und 333 Panzerfäuste zur Verfügung. Bis zu diesem Tag hatte die Brigade bei kleineren Einsätzen einen Toten und 19 Verwundete zu beklagen.

Von seinem Gefechtsstand aus hielt Strachwitz ständigen Kontakt zu seinen Männern, die als Einzelkämpfer oder in kleinen Gruppen hinter den feindlichen Linien abgesetzt wurden und versuchten, die sowjetischen Tanks mit Panzerfäusten zu vernichten. Aber auch hinter den eigenen Frontlinien lauerten die Panzerjäger in ihren Verstecken, um feindliche Rudel im Nahkampf anzugreifen, und dies nahezu ohne Aufklärung durch die Luftwaffe, die praktisch nicht mehr existierte. Im April 1945 verstärkten sich die Einsätze der Brigade von Tag zu Tag. Mit Todesverachtung bekämpften die freiwilligen Panzerjäger die anrollenden Sowjetfahrzeuge. Manch einer der Männer konnte schließlich mehr als zehn Panzerabschüsse aufweisen.

Mittlerweile verlief die deutsche Hauptkampflinie der Heeresgruppe Mitte in Schlesien am Zobten entlang über Schweidnitz und Jauer bis Lauban, wobei sich die deutschen Verbände in den Bergzügen um die Katzbach und den Bober festkrallten. Die Sowjets zielten mit ihrer Offensive auf das Innere des Reiches, auf Berlin und Dresden. Die in Schlesien kämpfenden deutschen Truppen standen somit entweder vor der Einkesselung oder wurden ins Sudetenland und in die Tschechoslowakei abgedrängt, ohne dass es zu größeren Kampfhandlungen kam.

Der Großteil des deutschen Ostheeres war bereits schwer angeschlagen, konnte kaum noch Widerstand leisten, geschweige denn eine Offensive führen. Zudem brach in den letzten Kriegswochen der Nachschub für die Truppen vollkommen zusammen. Während immer mehr Panzer und Geschütze wegen Munitions- und Treibstoffmangel gesprengt wurden, hielten deutsche Infanteristen bis in die allerletzten Tage des Krieges ihre Stellungen. Auch die Panzerjagdkommandos des Grafen blieben bis zum Schluss am Feind.

Eine feste Hauptkampflinie bestand in den letzten Kriegstagen nur noch im schlesischen Raum. Nördlich davon waren die Sowjets bereits nach Berlin vorgerückt. Hinter den russischen Panzerspitzen kämpften die Reste der deutschen Armee von allen Seiten vom Feind eingekreist. In den Städten, Dörfern und Wäldern verbluteten rasch aufgestellte Volkssturm- und Hitlerjugendverbände.

Trotz seiner Schmerzen und immer noch auf Krücken gestützt, inspizierte Strachwitz seine Männer und warf sie an die Frontabschnitte, wo der Feind am stärksten drückte. Überall wurden sein Rat und seine Erfahrung gebraucht und gesucht. Aber aller Mut der Soldaten konnte die Niederlage nicht aufhalten. Die Heeresgruppe Mitte unter der Führung von Feldmarschall Schörner kämpfte bis zum bitteren Ende und sorgte so dafür, dass sich rund 1,6 Millionen Schlesier und Sudetendeutsche vor der anrückenden Roten Armee in Sicherheit bringen konnten.

Auch Strachwitz hatte nun erkannt, dass die Niederlage nicht mehr abzuwenden war. Trotzdem hielt er es für seine Pflicht, bis zum Ende für Deutschland zu kämpfen.

Als der Krieg am 8. Mai 1945 mit der bedingungslosen Kapitulation Deutschlands sein Ende gefunden hatte, war auch für Strachwitz der Augenblick gekommen, die Bilanz der letzten Jahre zu ziehen. Seine Besitztümer in Oberschlesien waren verloren. Dort, wo seine Familie seit Jahrhunderten ansässig war, wohnten nun die Russen, die dann von Polen abgelöst wurden. Er selbst besaß nur noch eine abgerissene Uniform und seine Orden und Ehrenzeichen, die von besseren Tagen kündeten. Seine Frau war auf der Flucht nach Bayern. Seine Tochter Lisalex befand sich als Nachrichtenhelferin bei der Heeresgruppe Mitte, hatte aber schon seit Tagen kein

Lebenszeichen mehr von sich gegeben. Der älteste Sohn Hyacinth – Oberleutnant und Chef der 1. Kompanie des Panzerregiments 15 der schlesischen 11. Panzerdivision und am 29. Mai 1943 mit dem Deutschen Kreuz in Gold ausgezeichnet – lag schwerverwundet in einem Lazarett. Der jüngste Sohn Hubertus Arthur hatte sich, trotz einer Beinamputation, freiwillig an die Front gemeldet, wo er am 25. März 1945 zwanzigjährig in Holstein gefallen war.

In den letzten Kriegstagen war es Strachwitz gelungen, den größten Teil seiner Soldaten durch das Sudetenland und die Tschechoslowakei aus dem Dunstkreis der sowjetischen Truppen zu bringen. Kurz vor Kriegsende erreichten sie die bayerische Grenze und damit den amerikanischen Einflussbereich.

Hier versammelte der Graf noch einmal seine Männer um sich. Trotz seines schlechten körperlichen Zustandes verabschiedete er sich bei jedem seiner übriggebliebenen Soldaten persönlich. Er konnte nun nichts mehr tun, als ihre Entlassungspapiere auszustellen und sie mit den besten Wünschen nach Hause zu schicken, wenn sie denn noch eines hatten.

General Karl-Adolf Hollidt führte 1943 die 6. Armee und erhielt dafür das Eichenlaub. Nach Kriegsende wurde er zum Lagerkommandanten im Gefangenenlager Allendorf ernannt.

Den Männern aus den deutschen Ostgebieten riet er, sich in den Westen abzusetzen und dort abzuwarten.

Die meisten seiner Soldaten wurden allerdings bald gefasst und kamen in Gefangenschaft.

Nur wenige Stunden nach der Kapitulation traf Graf Strachwitz mit seinem Stab bei Felgen auf amerikanische Streitkräfte und ergab sich.

Ein amerikanischer Leutnant grüßte den humpelnden Strachwitz, an dessen schwarzer Generalsuniform das Ritterkreuz mit Eichenlaub, Schwertern und Brillanten blinkte, militärisch.

„Sind Sie verwundet, Herr General?", fragte der Leutnant.

„Ja!"

„Ich muss Sie trotzdem und natürlich auch ihre Leute gefangen nehmen und ins nächste Lager überführen", sagte der amerikanische Offizier mit einem fast entschuldigenden Unterton.

„Tun Sie Ihre Pflicht", antwortete Strachwitz lapidar und stieg in einen wartenden Jeep, während die Männer seines Stabes in einen Lastwagen kletterten.

Über ein Übergangslager brachte man den Generalleutnant d. R. Graf Strachwitz in das Lager Allendorf bei Marburg. Hier hatten die Amerikaner in einer ehemaligen Munitionsfabrik einige Hundert deutsche Generäle und Generalstabsoffiziere zusammengezogen, um die Geschichte des Krieges systematisch niederschreiben zu lassen. Neben den meisten Befehlshabern, Truppenkommandeuren und höheren Generalstabsoffizieren des deutschen Westheeres, waren auch die beiden ehemaligen Chefs des Generalstabs des Heeres, die Generaloberst Halder und Guderian, nach Allendorf gebracht worden. Unter den sogenannten Experten befanden sich beispielsweise für das Thema „taktischer Panzerkampf" Graf Strachwitz und für „Jäger-Luftkriegsführung" der General der Jagdflieger Adolf Galland.

Die hohen Offiziere bildeten in Allendorf verschiedene Wohngemeinschaften, wobei sich diejenigen zusammenfanden, die sich schon aus dem Krieg kannten.

Außerhalb dieser Wohngemeinschaften bestand unter den kriegsgefangenen deutschen Offizieren nur wenig Kontakt. Angehörige der Waffen-SS übernahmen die Bedienung ihrer ehemaligen Vorgesetzten.

Der Lagerkommandant, General Hollidt, kümmerte sich aufopferungsvoll um die Behebung der Missstände im Lager und die Sorgen der Gefangenen. Außer während der täglichen Verhöre, konnten sich die Gefangenen im Lager relativ frei bewegen.

Im Januar 1946 traf Strachwitz ein neuer Schicksalsschlag. Seine Ehefrau Alda war am 6. Januar 1946 in Velden an der Vils in Niederbayern von einem US-Militär-Lastwagen überfahren worden und zu Tode gekommen. Seine Bitte, an der Beerdigung seiner Frau teilnehmen zu dürfen, wurde abgelehnt.

Nach dem Krieg

Im Frühsommer 1947 wurde Hyacinth Graf Strachwitz aus der Gefangenschaft entlassen. Trotz des Todes von Ehefrau und jüngstem Sohn und der schweren Verwundung des ältesten Sohnes, des Verlusts der Heimat und des ganzen Vermögens und seiner durch 14 Verwundungen angeschlagenen Gesundheit, beschloss er, sich nicht unterkriegen zu lassen, sondern mutig nach vorne zu schauen. So gründete er noch einmal eine Familie.

Am 30. Juli 1947 heiratete er in Holzhausen im Kreis Marburg an der Lahn seine zweite Frau Nora von Stumm, die am 23. Oktober 1916 († 2004) in Den Haag/Niederlande als Tochter des Kaiserlichen Legationsrates Ferdinand Freiherr von Stumm und dessen Frau Constance Hoyt geboren worden war.

Mit seiner jungen Frau folgte er dem Ruf des syrischen Staatspräsidenten Oberst Husni al-Za'im, der ihn als Landwirtschafts- und Militärberater – er sollte die Panzerwaffe aufbauen – nach Syrien holte. Über Tirol und Italien emigrierte der Graf mit seiner Frau Anfang 1949 nach Syrien. Beide waren anfangs begeistert von dem Land und den Möglichkeiten, die ihnen geboten wurden.

Der starke Mann hinter dem Staatspräsidenten Husni al-Za'im war Oberst Adib asch-Schischakli, der eine panarabische Revolution anstrebte und versuchte, den Staat Syrien aus dem Hintergrund zu regieren. Er wollte aus Syrien das Preußen Arabiens machen, sah sich bereits als der kommende Bismarck der arabischen Völker zwischen dem Indischen Ozean und dem Atlantik und gefiel sich darin, in Damaskus in einem Mercedes herumzufahren, der früher Adolf Hitler gehört hatte.

Auf seine Bitte hin, hatte Husni al-Za'im seit 1948 über dreißig deutsche Berater nach Syrien geholt.

Strachwitz hatte allerdings von Anfang an einen schweren Stand. Die syrischen Offiziere hielten ihn für überheblich, weil er permanent mit seinen militärischen Erfolgen in Russland prahlte. Gleichwohl nahm Strachwitz seine Arbeit zunächst sehr ernst. Er arbeitete Pläne zur Schulung der Panzerbesatzungen aus und forderte hundert moderne Tanks.

Der Kauf der neuen Kriegsgeräte scheiterte allerdings schnell an den hohen Kosten.

Auch seine Vorschläge auf landwirtschaftlichem Gebiet stießen auf taube Ohren.

Als schließlich Oberst Adib asch-Schischakli putschte und Husni al-Za'im stürzte, der noch in der selben Nacht hingerichtet wurde, war der Beratervertrag von Graf Strachwitz gegenstandslos. Nach nicht einmal einem halben Jahr in Syrien packten Graf und Gräfin Strachwitz ihre Koffer. Sie hatten in der Zwischenzeit ein Einreisevisum für Argentinien bekommen, wo der hochdekorierte ehemalige deutsche General auf eine neue Beraterstellung hoffte.

Über den Libanon gelangten der fast 57jährige Graf und seine Frau nach Italien, wo sie kurz entschlossen blieben. Bei Livorno begannen sie die Bewirtschaftung eines Weinguts.

Mit einem Rot-Kreuz-Pass kehrten die Strachwitz 1951 dann nach Deutschland zurück, wo sie ein kleines Anwesen am Chiemsee erwerben konnten.

Das Ehepaar bekam zwischen 1951 und 1960 noch zwei Mädchen und zwei Jungen, die in Oberbayern aufwuchsen.

Fern der eigentlichen Heimat, in Winkl bei Grabenstätt am Chiemsee, verbrachte der Graf aus Oberschlesien seine letzten Lebensjahre.

Mit seinen Landsleuten blieb er durch das von ihm gegründete „Oberschlesische Hilfswerk" verbunden.

Oft erzählte der Graf von seinen Kriegserlebnissen und gestand offen: „Ich hatte mehr Glück als Verstand. Zwei Kopfschüsse, neun schwere und mehrere leichte Verwundungen, dazu noch ein schwerer Autounfall, und kaum genesen, ging es wieder an die Spitze meiner Einheit."

Im Ruhestand konnte Strachwitz endlich seiner alten Leidenschaft, der Jagd, frönen. In Wagrain im Salzburger Land, in der Nähe von St. Johann, pachtete er ein Jagdrevier und ging in jeder freien Minute auf die Pirsch.

Der Graf blieb der alte Feuerkopf, den körperliche Schmerzen und seelisches Leid nicht aus der Bahn werfen konnten. Bis zu seinem Lebensende blieb er ungebrochen.

Am 25. April 1968 erlag er im Alter von 75 Jahren im Krankenhaus von Trostberg in Oberbayern einem Lungenkrebsleiden. In Grabenstätt wurde er am 30. April 1968 bei strömendem Regen auf dem neuen Friedhof zur letzten Ruhe gebettet.

Offiziere der Bundeswehr hielten während des Requiems die Totenwache.

Ein langer Trauerzug folgte seinem Sarg, neben den Angehörigen und zahlreichen Einwohnern von Grabenstätt, der Musikzug der 1. Gebirgsdivision, die Ehrenkompanie des Gebirgsflakbataillons 8 aus Traunstein, die Kranzträger der Bundeswehr und Major Matthias Graf Strachwitz, der das Ordenskissen mit den höchsten Tapferkeitsauszeichnungen des Toten, dem Eichenlaub mit Schwertern und Brillanten zum Ritterkreuz des Eisernen Kreuzes, trug.

Das Bundesverteidigungsministerium schickte die Generäle Lemm und von Kleist, und auch zahlreiche Offiziere der beiden Weltkriege und Offiziere der Bundeswehr nahmen an der Trauerfeier teil.

In seiner Trauerrede überbrachte General Lemm der Familie des Verstorbenen die Anteilnahme des Bundesverteidigungsministers Schröder und der ganzen Bundeswehr und betonte die Prinzipien

Während Graf Strachwitz noch in Gefangenschaft war, wurde seine Frau Alexandrine, Alda genannt, bei einem tragischen Unfall getötet. Nach seiner Heimkehr aus der US-Gefangenschaft heiratete er, sichtlich abgemagert, seine zweite Frau Nora von Stumm. Auch sein ältester Sohn Hyacinth ist auf dem Hochzeitsbild zu sehen, das in Holzhausen bei Marburg am 30. Juli 1947 aufgenommen wurde.

Unten links:
Die Verbandszeitschrift der 16. Panzerdivision widmete 1976 Graf Strachwitz ein Titelbild.

Unten rechts:
Das Familiengrab der Familie Strachwitz in Grabenstätt.

K 21479 F

UNSERE 16.

Mitteilungsblatt der Traditionsgemeinschaft 16. Panzer-Division und 16. Infanterie-Division Münster in Westfalen

Ausgabe 101 | Juli 1978 | 28. Jahrgang

Graf Strachwitz erlag am 25. April 1968 einem Krebsleiden. Er wurde unter großer Anteilnahme der Bevölkerung in Grabenstätt am Chiemsee beigesetzt. Ein Ehrengeleit der Bundeswehr war anwesend und erwies Graf Strachwitz die letzte Ehre.

Enge Freunde und Mitkämpfer trugen den Sarg. Sein Ordenskissen wurde dem Sarg vorangetragen.

Gott dem Allmächtigen hat es gefallen meinen innigstgeliebten Mann, unseren lieben Vater, Großvater, Schwiegervater, Bruder, Schwager und Onkel

Hyacinth Graf Strachwitz

von Gross-Zauche und Camminetz

Generalleutnant d. R.

Ehren- und Devotionsritter des Souv. Malteser-Ritter-Ordens

Träger des Ritterkreuzes mit Eichenlaub, Schwertern und Brillianten

nach langem, mit größter Geduld ertragenem Leiden am 25. April 1968, versehen mit den Sakramenten der hl. Kirche, im 75. Lebensjahr zu sich abzuberufen.

Nora Gräfin Strachwitz geb. von Stumm
Hyacinth Graf Strachwitz
Fredegunde Gräfin Strachwitz geb. Freiin von Rechenberg
Aloysia Alexandrine Gutbrod geb. Gräfin Strachwitz
Wolfgang Gutbrod
Sylvia Gräfin Strachwitz
Johannes Graf Strachwitz
Antonius Graf Strachwitz
Marie-Joséphine Gräfin Strachwitz
Manfred Graf Strachwitz
Aloysia Gräfin Kerssenbrock geb. Gräfin Strachwitz
Elisabeth Gräfin Wengersky geb. Gräfin Strachwitz
Daisy Heydweiller geb. Gräfin Strachwitz
Yvonne Gräfin Strachwitz
Verena Gutbrod
Wolfgang Gutbrod
Ferdinand Gutbrod

Das Requiem wird am 30. April um 11 Uhr in der Kirche zu Grabenstätt am Chiemsee gelesen.

Die Beisetzung findet anschließend in Grabenstätt am Chiemsee statt.

R. I. P.

8211 Winkl, Post Grabenstätt am Chiemsee, Obb.

Die Todesanzeige von Hyacinth Graf Strachwitz von Gross-Zauche und Camminetz mit Angabe seiner wichtigsten Titel und Auszeichnungen.

Herrschaft Groß Stein.

Waldgut und Allod □,

bestehend aus den Gütern Nr. 3875—3880.

Besitzer: Hyacinth Graf **von Strachwitz jun.**, Hptm. d. R. auf Schloß Alt Siedel über Gogolin. F 6 Groß Stein. Im Besitz der Gräfl. von Strachwitzschen Familie seit 1799, vorher durch steten Erbgang seit 1000 Jahren.

Verwaltung: Graf von Strachwitzsches Forst- und Rentamt Groß Stein über Gogolin.

Leiter: Rentmstr.* Hermann Gayer, Amtsvorsteher u. Bürgermstr. in Groß Stein. 1 Sekretärin, 2 Assistentinnen. F 37 Groß Stein. Bkk Dresdner Bank Oppeln, Schles. Landschaftl. Bank Breslau, Kreis- u. Stadtsparkasse Groß Strehlitz. Pschk 838 Breslau.

Oberförsterei: Alt Siedel über Gogolin. F 15 Groß Stein. Oberförster* Karl Nerrlich in Alt Siedel. — 3 Förster, 3 Hilfsförster, 2 Heger.

Kalkwerk Groß Stein, Steinbrüche Groß und Klein Stein, Brennerei Groß Stein (92 894 l) und Alt Siedel (116 386 l).

Gesamt-Fl 4109,2 ha: 1182,6 Acker, 69,9 Wiesen, 26,3 Weiden, 6,1 Wasser, 2737,3 Wald, 10 Park, 6,6 Gärten, 35 Ödland, 19,4 Gebäude u. Höfe, 16 Wege.

Gesamt-GRE 19 350 RM.

Anerkannte Saatgutwirtschaft: Forstsamen, Saat-Roggen, -Gerste, -Mais-, -Kartoffeln, -Lupinen. Braugersten.

Schwarzb. Niederungsvieh, Fohlenaufzucht, Deutsches Edelschwein, Merinofleischschafe. Fischteiche.

Eine Zeitungsmeldung aus den 20er-Jahren listet die Liegenschaften von Strachwitz' Gut „Groß Stein" auf.

Heute gehört das Anwesen der Familie Strachwitz zu Polen. Das Anwesen heißt heute Kamien Slaski, wurde liebevoll restauriert und ist heute ein touristisches Ausflugsziel in Oberschlesien.

des Grafen, an denen er sein ganzes Leben lang festgehalten hatte. Auszugsweise sei Lemms Rede wiedergegeben:

Wir nehmen an diesem Tage Abschied von einem großen Soldaten, der seinem Volk und der Heimat immer zur Seite stand, wenn diese in Kriegen bedroht waren.
General Graf Strachwitz hatte getreu seiner Familientradition seine Pflicht als Offizier mit beispielloser Tapferkeit getan, ohne Ansehen der Staatsform und der jeweiligen Regierungen.
Im Ersten Weltkrieg zeichnete er sich als Führer eines Fernspähtrupps besonders aus, und auch in der Gefangenschaft zeigte er Würde und seelische Kraft, die ein Mann nur aus tiefem Glauben heraus haben kann.
Im Jahre 1921 kämpfte er bei der Bedrohung seiner oberschlesischen Heimat gegen polnische Insurgenten am Annaberg.
Auch seine Verdienste im Zweiten Weltkrieg, in dem er nicht mehr als Kavallerieoffizier, sondern zu der noch jungen Panzertruppe einrückte, waren vorbildlich und werden in der deutschen Geschichte einmalig bleiben. Im Kampf um Russland hat sich Graf Strachwitz als Führer seiner Panzereinheiten besonders in den Kämpfen um Uman und Stalingrad verdient gemacht.
Er galt als Meister der raschen Entschlüsse und der Improvisationskunst. Durch seine speziellen Panzertaktiken war er vor allem bei den Sowjets gefürchtet, seine ihm unterstellten Verbände zerstörten unzählige feindliche Panzer, und das bei sehr wenigen eigenen Verlusten.

So ist er auf Grund seiner persönlichen Tapferkeit, die allen Offizieren und Soldaten ein Vorbild war, Träger der höchsten Auszeichnung des Ritterkreuzes mit Eichenlaub, Schwertern und Brillanten gewesen.

Den lebenden Soldaten der Bundeswehr soll der tote General Vorbild und Ansporn sein, den Soldatendienst getreulich zu erfüllen.

Das Lied vom guten Kameraden beendete die Trauerfeier. An seiner Seite wurde nun auch seine erste Ehefrau, Alda Gräfin Strachwitz, beigesetzt.

Heinz-Georg Lemm, hier als Major der Wehrmacht erhielt im März 1945 noch das Eichenlaub mit Schwertern zum Ritterkreuz des Eisernen Kreuzes und wurde bei der späteren Bundeswehr noch Generalleutnant. Er hielt die Grabrede für Hyacinth Graf Strachwitz.

Das Grab der Familie Strachwitz mit den verstorbenen Familienangehörigen: Hyacinth Graf Strachwitz, Alexandrine Gräfin von Strachwitz geb. Freiin von Saurma-Jeltsch, Nora Gräfin Strachwitz geb. von Stumm und Laura Freiin von Saurma-Jeltsch

Anlagen

Anlage 1: Hyacinth Graf Strachwitz im Widerstand gegen das NS-Regime und der „Plan Lanz"

Im Jahr 1969 erschien im Piper-Verlag, München ein Buch des kanadischen Professors und Historikers deutscher Abstammung, Peter Hoffmann, der an der McGill University in Montreal, Quebec (Kanada) lehrt, mit dem Titel „Widerstand, Staatsstreich, Attentat – Der Kampf der Opposition gegen Hitler".

In diesem Werk, das ein Jahr nach dem Tod von Hyacinth Graf Strachwitz von Groß Zauche und Camminetz publiziert worden ist, erscheint der „Panzergraf" im Kreis der Personen aus dem Militär, die Widerstand gegen das NS-Regime geleistet hatten, und zwar zusammen mit General Hubert Lanz, General Hans Speidel und Generalmajor Paul von Loehning im Rahmen des „Planes Lanz". Als Quelle dafür dienten die Berichte der vier genannten Offiziere, die sie während ihrer Gefangenschaft in westalliierten Gefängnissen – im Auftrag der US-Armee – verfasst hatten und die heute im amerikanischen Nationalarchiv unter dem Titel „Beiträge zur Geschichte des deutschen Widerstandes gegen das nationalsozialistische Regime" aufbewahrt werden.

Eine Bestätigung, dass es den „Plan Lanz" wirklich gegeben hat, existiert allerdings nur vom General der Gebirgstruppe a. D. Hubert Lanz, der nach Erscheinen des Buches zu diesem Thema Stellung genommen hat. Von den anderen drei Offizieren, von denen Hans Speidel nachweislich zum Kreis der Verschwörer des 20. Juli 1944 gehört hat, gibt es keinerlei Bekenntnisse dazu.

Auffällig ist an den Berichten der vier Offiziere, dass sie den Eindruck erwecken, von einer einzigen Person verfasst oder zumindest in enger Zusammenarbeit niedergeschrieben worden zu sein. Alle vier Schriftstücke enthalten ähnliche Formulierungen und die gleichen Ungereimtheiten. Viele Zusammenhänge sind historisch schlicht falsch, zahlreiche Zeit- und Ortsangaben unrichtig.

Bereits Ende Mai 1945 hatte Hubert Lanz in der Gefangenschaft ein Schriftstück verfasst, in dem er seinen „Plan Lanz" schilderte. Er erklärte, dass er die Absicht hatte, im Februar des Jahres 1943 Hitler bei einem geplanten Frontbesuch festzunehmen und auszuschalten. Bei der Durchführung dieser Aktion sollte Lanz das ihm unterstellte und als besonders schlagkräftig geltende Panzerregiment des Oberst Graf Strachwitz behilflich sein. Während der Vorbereitung zu dieser Aktion wurde Lanz am 20. Februar 1943 überraschend von seinem Posten abgelöst, in die Führerreserve versetzt und in die Heimat geschickt. Da ihm nun keine Truppen mehr zur Verfügung standen, konnte er seinen Plan nicht mehr in die Tat umsetzen.

Lanz' Schriftstück zufolge waren dessen ehemaliger Stabschef, General Hans Speidel, Hyacinth Graf Strachwitz und Major Döppenschmitt in den Plan eingeweiht. Doch vieles, allzu vieles spricht gegen diese Darstellung. Beispielsweise stieß Döppenschmitt erst im August 1943 als Adjutant zu General Lanz, als dieser das neu aufgestellte XXII. Gebirgskorps in Griechenland übernahm. Folglich konnte er am „Plan Lanz" aus dem Februar 1943 gar nicht beteiligt sein.

In seinen Erinnerungen mit dem Titel „Aus unserer Zeit", erschienen im Ullstein-Verlag, Berlin im Jahr 1977, berichtet General a. D. Hans Speidel über diesen Zeitraum:

Die Sowjets drängten seit Anfang Februar 1943 scharf nach und versuchten, Charkow doppelt zu umfassen, um ein neues Stalingrad zu erzwingen. Alle verfügbaren Kräfte und die herankommenden Teile des SS-Panzerkorps unter Obergruppenführer Paul Hausser mußten sogleich nach und nach in den Kampf geworfen werden. Die einzige Weisung, die von Hitler kam, war die Erklärung von Charkow zur Festung und ein utopischer Angriffsbefehl in Richtung Kubjansk.

Diese Führerweisung entsprach weder der Lage noch den Kräften. So trugen wir Feldmarschall von Weichs, dem Befehlshaber der Heeresgruppe B, dem die Armeeabteilung Lanz unterstellt war, vor, daß Hitler zur Zurücknahme seiner sinnlosen Befehle bewogen, notfalls gezwungen werden müsse. Im Auftrag von Weichs flog Lanz zu Hitler, um Operationsfreiheit zu erhalten, da sonst die Vernichtung der Heeresgruppe im Bereich des Möglichen liege und die gesamte Südfront ins Wanken kommen könne.

Am Abend des 6. Februar rief mich Lanz vom Führerhauptquartier an, dass Hitler von seiner Entscheidung – Angriff des SS-Panzerkorps nach Osten und Erklärung Charkows als Festung – nicht abgehen werde. „Charkow bleibt Festung, die bis zum letzten Mann verteidigt werden muss." Nach seiner Rückkehr unterrichtete sich Lanz über die neu eingetretene Lage, dann flog er umgehend zum Divisionskommandeur der SS-Division „Das Reich" und änderte selbstständig den sinnlosen Angriffsbefehl Hitlers.

Doch der SS-Divisionskommandeur SS-Gruppenführer Georg Keppler wandte sich darauf direkt an Hitler, um zu melden, dass Lanz einen Führerbefehl nicht ausführen wolle. Wahrscheinlich handelte Hitler daraufhin rasch, denn bereits am 13. Februar 1943 unterstellte er die Armeeabteilung Lanz der Heeresgruppe Don, die am folgenden Tag erneut in Heeresgruppe Süd umbenannt wurde und unter dem Oberbefehl von Generalfeldmarschall von Manstein stand. Die Unklarheiten in der obersten Führung beherrschten die nächsten Tage, die für mich dadurch noch erschwert waren, dass ich auf dem Gefechtsstand Walki mit über 40 Grad Fieber und einer Bronchitis zu wirken hatte. Am 15. Februar 1943 wurde Charkow von Obergruppenführer Hausser aufgegeben, und überlegene Feindkräfte strömten in den Raum. Hitler forderte Rechenschaft von beiden Feldmarschällen. Am 17. Februar 1943 kam Hitler mit Generaloberst Zeitzler, dem Generalstabschef des Heeres, nach Saporoshje, wohin auch General Lanz bestellt war, dem Hitler seine schärfste Missbilligung aussprach. Die Bedenken von Manstein

und Lanz schlug Hitler in den Wind und lehnte ihre Beurteilung der Gesamtlage nach dem Fall von Stalingrad schroff ab.
Anderntags erschien der General der Panzertruppen Werner Kempf auf dem Gefechtsstand, um mitzuteilen, dass Lanz abberufen und er sein Nachfolger sei.
Hans Speidel erwähnte in seinen Erinnerungen mit keiner Silbe einen „Plan Lanz", wohl aber die Missstimmungen zwischen Hitler und der militärischen Führung der Heeresgruppen B und Süd sowie der Armeeabteilung Lanz. Man sollte doch annehmen, dass Speidel in seinem Buch von einem „Plan Lanz" berichtet hätte, wenn es einen solchen wirklich gegeben hätte.

Doch wie schildert Hubert Lanz selbst die Ereignisse dieser Zeit? Im Jahr 1988 erschien im Biblio-Verlag, Osnabrück seine Biographie „Hubert Lanz, General der Gebirgstruppe 1896–1982", verfasst von dem amerikanischen Professor Charles B. Burdick. Da der Autor seine Informationen hauptsächlich von Hubert Lanz selbst erhalten hat, ist es interessant, was dort zu diesem Thema steht:

Er, Lanz, habe noch am 14. Februar 1943 Obergruppenführer Hausser mitgeteilt, dass die Stadt Charkow laut Führerbefehl bis zum letzten Mann gehalten werden müsse. Hausser aber habe ihm geantwortet, dass er nichts anderes tun könne, als sich zurückzuziehen. Sein Rückzugskorridor sei nur zwei Kilometer breit und ständig durch die Sowjets bedroht. Er sei darauf sofort zu Hausser geflogen, um ihm noch einmal von Mann zu Mann den eindeutigen Führerbefehl klar zu machen, habe sich jedoch nach langer Diskussion mit Haussers Entschluss, Charkow zu räumen, einverstanden erklärt. Er habe überhaupt keine andere Wahl gehabt.

Unter schwerstem sowjetischen Druck wurde Charkow dann von den SS-Panzerkorps geräumt. Die letzten deutschen Truppen verließen die Stadt am 15. und 16. Februar 1943.

Natürlich habe er, Lanz, gewusst, dass er sich persönlich durch das Mittragen dieser Entscheidung in Gefahr gebracht habe. Am 17. Februar sei Hitler nach Saporoshje ins Hauptquartier des Generalfeldmarschalls von Manstein gekommen, um die gegenwärtige Lage und die Zukunft zu erörtern; auch er selbst habe erscheinen müssen.Charles B. Burdick schreibt dazu in seinem Buch:
Manstein empfing Lanz außerordentlich kühl und teilte ihm mit, dass der Führer bereits anwesend sei. Spontan erbat Lanz eine Audienz, die der Feldmarschall jedoch abrupt ablehnte. Auf die wiederholte Bitte hin, war er dann doch bereit und bat Lanz zu warten, bis er gerufen werde.
Nach etwa 30-minütigem Warten wurde Lanz wie versprochen gerufen. Als er ins Besprechungszimmer ging, dachte Lanz: „Mönchlein, du gehst einen schweren Gang." Dann trat er ein. Nach kurzer Pause fragte Hitler: „Lanz, warum haben Sie meinen Befehl nicht befolgt?"
Der General versuchte seine Handlungsweise zu erklären, aber der Führer hatte offensichtlich gar kein Interesse zu einer Klärung. Hitler wollte von Lanz wissen, welche Auswirkung der Verlust von Charkow auf die Front haben werde, wies aber die Meinung von Lanz zurück, dass die sinnlose Opferung der Truppe am endgültigen Ergebnis nichts ändern werde. Ärgerlich wandte sich der Führer nun an von Manstein, um dessen Meinung zu hören. Manstein verteidigte den Zweck der Lanzschen Entscheidung, verteidigte aber nicht die Missachtung des Führerbefehls. General Zeitzler sagte gar nichts.

Als General Lanz am 18. Februar 1943 in seinen Gefechtsstand zurückgekehrt war, stellte er zu seiner Überraschung fest, dass der General der Panzertruppen Kempf die Führung seiner Armeeabteilung übernommen hatte, ohne dass er vorher darüber informiert worden war.

Dem Verfasser liegen Briefe von Professor Charles B. Burdick an Hubert Lanz vor, in denen Ersterer um nähere Angaben zum „Plan Lanz" bat. Hubert Lanz erklärte, dass er über dieses Thema nicht reden wolle und es auch in seiner Biographie keine Erwähnung finden solle.

Dem Verfasser liegt aber auch eine Abschrift eines Briefes von Hubert Lanz an Professor Peter Hoffmann vor, in dem er die Vorgänge seines „Planes" zur Beseitigung Hitlers bestätigt. Dort ist wörtlich zu lesen:
Der von mir in den ersten Februar-Tagen 1943 gefasste Plan war kurz folgender: Hitler hatte sich an einem Tag Anfang Februar 1943 bei meinem Oberkommando der „Armeeabteilung Lanz" zu einem kurzen Frontbesuch angesagt.
Ich beabsichtigte, Hitler bei diesem Besuch gefangen zu nehmen, bei Widerstand jedoch zu erschießen.
Gedachter Verlauf des nur mit meinem Stabschef Generalmajor Dr. Speidel und dem Kommandeur meines in Armeereserve gehaltenen Panzerregiments Hyacinth Graf Strachwitz im einzelnen besprochenen Vorgehens:
Am Landetag von Hitler übt eine Abteilung des genannten Panzerregiments in der Nähe des Landeplatzes. Sobald die beiden Führerflugzeuge einschweben – in einem befand sich die Leibwache SS des Führers, im anderen er selbst mit seiner Begleitung –, sollte sich der Ring, gebildet aus einer Panzerkompanie (von Graf Strachwitz ausgesuchte Männer), um die beiden Flugzeuge bilden und immer mehr schließen. War dies in wenigen Minuten erfolgt, wollte ich auf Hitler zugehen und ihn auffordern, sich mir zu ergeben. Würde im Lauf dieser Aktion von der Führerseite geschossen, würde das Feuer von allen umstehenden Panzern mit allen Waffen so lang erwidert, bis von Hitler und seiner Umgebung alles zusammengeschossen war – und dabei sicher auch ich, was ich als sicher annahm. Aber dieses Opfer war die Befreiungstat wert. Ob dies so geklappt hätte, ist nicht mit Sicherheit zu sagen.
Es kam aber anders. Wenige Stunden vor dem angesagten Eintreffen wurde Hitlers Ankunft abgesagt. Wahrscheinlich traute er (Hitler) der Sicherheit bei mir nicht mehr, nachdem ich kurz vorher seinen Befehl zum Angriff der SS-Division „Das Reich" abgeändert hatte. Jedenfalls kam er statt zu mir nach Poltawa zu Feldmarschall von Manstein nach Dnjepropetrowsk, weil Hitler wusste, dass ihm dort keine Gefahr drohte.
Dieses Dokument, nachweislich auf der Schreibmaschine von Hubert Lanz getippt, weist Ungereimtheiten auf und lässt Fragen unbeantwortet.

1. Hitler hätte sich nie bei der untergeordneten Armeeabteilung Lanz zum Besuch angekündigt, deren Gefechtsstand in Walki war, sondern bestenfalls bei der Heeresgruppe B des Generalfeldmarschalls von Weichs in Poltawa, dem die Armeeabteilung Lanz zu diesem Zeitpunkt unterstellt war. Im Übrigen flog Hitler in Begleitung des Chefs des Wehrmachtsführungsstabes und des Chefs des Generalstabes des Heeres Zeitzler über Winniza nach Saporoshje, wo sich das Hauptquartier der Heeresgruppe Süd (Generalfeldmarschall von Manstein) befand, nicht nach Dnjepropetrowsk, wie Hubert Lanz berichtet.
2. Die Absicht von General Lanz, Hitler entweder festzunehmen oder zu töten, wäre bei der Besprechung am 17. Februar 1943 in Saporoshje durchaus in die Tat umzusetzen gewesen, befanden sich doch bei der Besprechung außer Hitler nur von Manstein, Zeitzler und Lanz selbst im Raum. Da im Jahr 1943 die Offiziere noch mit ihren Schuss- und Stichwaffen bei Hitler vorgelassen wurden, wäre es für General Lanz, wenn er es denn wirklich gewollt hätte, leicht möglich gewesen, Hitler zu töten.
3. Weiter steht zweifelsfrei fest, dass Graf Strachwitz Mitte Februar 1943 keinen einzigen Panzer zur Verfügung hatte, es gab auch kein Panzerregiment in Armeereserve. Die Panzerabteilung Großdeutschland, die spätere I. Abteilung des Panzerregiments Großdeutschland hatte nur noch wenige einsatzbereite Fahrzeuge, die als Feuerwehr an den überall brennenden Frontabschnitten eingesetzt waren. Diese wenigen Panzer hätte Strachwitz unmöglich aus der Front herauslösen können, ohne dass es dem Kommandeur der Division Großdeutschland, Generalleutnant Hoernlein, sofort gemeldet worden wäre. Zum fraglichen Zeitpunkt befanden sich der noch in Aufstellung befindliche Regimentsstab und die II. Abteilung des Panzerregiments Großdeutschland auf dem Truppenübungsplatz Neuhammer in Pommern. Das Gros dieser Einheiten kam erst Ende Februar/Anfang März 1943 nach Russland. Nur die 13. Tiger-Kompanie des Regiments war bereits am 19. Februar 1943 eingetroffen, wurde jedoch sogleich an die Front geworfen. Zu diesem Zeitpunkt war Lanz im Übrigen bereits abgelöst.
4. Hitler wurde in seinen Flugzeugen nie von einer Wache der SS-Leibstandarte begleitet. Außer den hohen militärischen Führern der Wehrmacht und deren Stabschefs begleiteten ihn Adjutanten, Kammerdiener, Funker, Köche etc. – also der übliche Tross –, aber keine Sicherungskräfte.

Zu Hubert Lanz bleibt in diesem Zusammenhang noch nachzutragen, dass er sich nach seiner Versetzung in die Führerreserve im Februar 1943 keineswegs als Widerstandskämpfer gerierte. Im Gegenteil, in seiner neuen Position, die ihn im August 1943 als Chef des neu aufgestellten XXII. Gebirgskorps nach Griechenland führte, zeigte er sich bei der Bekämpfung von Partisanen als Erfüllungsgehilfe des Regimes. Im Jahr 1948 wurde er wegen Kriegsverbrechen in Jugoslawien, Albanien und Griechenland zu zwölf Jahren Gefängnis verurteilt, jedoch bereits 1951 aus der Haft entlassen. Auch der ehemalige deutsche Stadtkommandant von Charkow, Generalmajor Paul von Loehning, hatte sich zum „Plan Lanz“ geäußert. Sein Bericht stammt vom 26. Juni 1946 und wird ebenfalls im amerikanischen Nationalarchiv verwahrt.

Paul von Loehning war vom 15. Oktober 1942 bis zum Fall Charkows Kommandant der Stadt. Am 24. Februar 1943 wurde er abgelöst und in die Führerreserve versetzt. Als am 15. Februar 1943 die ersten sowjetischen Truppen mit Unterstützung von Zivilisten in Bataillonsstärke von Nordosten nach Charkow eingedrungen waren, befahl von Loehning, die gesamte männliche Bevölkerung im Alter zwischen 16 und 60 Jahren zu sammeln und aus der Stadt zu bringen. In der Aussage von Generalmajor von Loehning heißt es, dass er um den 12. Februar 1943 mit Graf Strachwitz über die Beseitigung Hitlers gesprochen habe und dass beide der Auffassung gewesen seien, dass die „Nazigewaltherrschaft“ gebrochen werden müsse. In den folgenden Tagen habe es dann noch weitere Gespräche mit Strachwitz gegeben. Danach habe Strachwitz noch Verbindung mit General Speidel aufgenommen. Mit seiner (von Loehnings, d. Verf.) Versetzung in die Führerreserve seien die Gespräche dann abgebrochen. Auch Paul von Loehnings Bericht weist Widersprüche auf. Graf Strachwitz war am 12. Februar 1943 nördlich von Charkow auf Frontbesuch bei Major Pössl, dem Kommandeur der Panzerabteilung Großdeutschland. Wie er an diesem oder einem der folgenden Tage Gespräche mit Generalmajor von Loehning hätte führen können, der als Stadtkommandant von Charkow gewiss andere Probleme zu lösen hatte – die Aufgabe der Stadt durch die Waffen-SS am 15. und 16. Februar 1943 stand unmittelbar bevor –, bleibt unklar. Dass sich Graf Strachwitz und Generalmajor von Loehning nach dem 17. Februar 1943 noch einmal trafen, ist ebenfalls unwahrscheinlich, da sich der Graf nach mehrtägigem Frontbesuch sofort nach Poltawa begab, wo er die Auffrischung und Zusammenlegung zweier Panzerabteilungen und einer Tiger-Kompanie zum Panzerregiment Großdeutschland vorzubereiten hatte.

Die Abschrift der Aussage von General Hans Speidel vom 19. Mai 1946, ebenfalls aufbewahrt im amerikanischen Nationalarchiv, bestätigt zunächst, dass Graf Strachwitz im Frühjahr und Sommer 1943 mit ihm Fühlung aufgenommen hat, um Mittel und Wege zur Beendigung des Krieges und der nationalsozialistischen Gewaltherrschaft zu finden. Nach dem Krieg wusste Speidel allerdings nichts von einem „Plan Lanz“, und auch über einen Kontakt zwischen ihm und Graf Strachwitz im Frühjahr und Sommer 1943 ist in seinen Memoiren „Aus unserer Zeit“ nichts zu lesen.

Auch Strachwitz selbst hatte sich zu dieser ganzen Thematik in den „Beiträge[n] zur Geschichte des deutschen Widerstandes gegen das nationalsozialistische Regime“ geäußert. Sein Bericht ist auf den 17. Februar 1947 datiert und enthält ebenfalls Unklarheiten. Unter anderem ist wörtlich zu lesen:

Einige Zeit später flog ich, wieder verwundet, aus dem Kessel von Stalingrad heraus, um in ein Heimatlazarett überführt zu werden. An diesem Tag, als ich meine Kameraden in aussichtsloser Lage verlassen musste, stand mein innerer Entschluss fest, einen Weg zu suchen, der unsere militärische Führung und unsere Politik freimachen sollte.

Hyacinth Graf Strachwitz war zwar am Vormarsch nach Stalingrad und bei den Abwehrkämpfen in der Wolga-Don-Riegelstellung im Einsatz, befand sich aber nie im Kessel von Stalingrad. Die Bildung des Kessels um Stalingrad begann am 19. November 1942, fünf Tage später waren die 6. deutsche Armee und Teile der 4. Panzerarmee sowie rumänische Verbände um und in Stalingrad eingeschlossen. Zu diesem Zeitpunkt beendete Strachwitz gerade eine Nachbehandlung in der Charité in Berlin, der ein Aufenthalt – seit etwa Mitte Oktober 1942 – im Heimatlazarett in Breslau voranging und der sich ein Erholungsurlaub anschloss. Weiter heißt es:

Als ich am 8. Februar 1943 wieder zur Front kam, meldete ich mich daher bei dem damaligen Chef des Stabes der Armee Lanz, General Speidel. Ich fühlte gleich vor, um meine Ansicht und mein Denken anbringen zu können. Ich wusste, dass ich mit meinem Kopf spielte und dachte an Frau und Kinder. Von dem Mann, dem ich gegenüber saß, hing mein Leben ab, und doch konnte ich nicht schweigen, wenn ich nicht eine Chance für meine Idee, Hitler auszuschalten, verpassen wollte. Ich glaube, dass diese Minuten auch für Speidel, der ja vorsichtiger sein musste, bemerkenswert waren. Erst zögernd, dann aber ganz offen ging ich auf das mir gesteckte Ziel los, und die befristet angegebene Zeit unserer Unterredung dehnte sich bis in die Morgenstunden aus. Einzelheiten des Gespräches vermag ich erst anzugeben, wenn ich mit General Speidel gesprochen habe, da mich das Gedächtnis infolge einer schweren Gehirnverletzung im Stich lässt.

Bereits am nächsten Tag führte Graf Strachwitz ein Gespräch mit General Lanz, an das er sich diesmal aber bestens erinnern konnte:

Am 9. Februar 1943, wurde ich durch General Speidel zum Oberbefehlshaber, General Lanz, befohlen. Speidel hatte mir vorher gesagt, ich könne ganz offen reden. Aber wieder saß ich einem fremden Offizier gegenüber, sodass unwillkürlich der Gedanke an die Gefahr eines neuen Zeugen meines „Hochverrates" aufzuckte. Auf die Frage, wie ich mir die Ausschaltung Hitlers denke, antwortete ich, dass ich die Durchführung der Beseitigung Hitlers an der Front für die beste Lösung halte, und dass ich mich hierfür restlos zur Verfügung stelle. Es sei Sache der Generäle, den Frontbesuch Hitlers hierzu in die Wege zu leiten, da ich als kleiner Mann nichts dafür tun könne. Speidel und Lanz brachten noch andere Gedanken zur Durchführung vor ... Ich (Strachwitz, d. Verf.) hatte aber ein eigenes Handeln vorgenommen und sah die Möglichkeit der Durchführung nur an der Front bei der Truppe. Ich wusste, dass ich zwei treue Offiziere, meinen Adjutanten und Ordonnanzoffizier, zu meiner Verfügung haben würde. Beide waren über meine Denkweise orientiert. Es waren Männer, die bei Stalingrad stets an meiner Seite waren, tapfere Offiziere, die ein Denken an ihre eigene Person nicht kannten. An dem Abend wurden noch viele Einzelheiten zur Vorbereitung der Durchführung des Unternehmens besprochen. Alle diese Vorbereitungen mussten von mir selbst unauffällig vorgenommen werden. Sie bestanden in der Auswahl von Männern und dem Festlegen eines Planes, nach dem alles ablaufen sollte. Im Übrigen musste ich warten, bis die Generäle die Möglichkeit zum Handeln schufen. Durch Geheimzeichen gab ich in einem Brief Nachricht an meine Frau, die außer dem genannten Personenkreis und General Loehning als Einzige über meine Absichten unterrichtet war. Es mag für manchen Menschen schwer sein, einen Entschluss zu fassen, bei dessen Durchführung seine Person den sicheren Tod findet; schwerer ist es aber, unter diesen Umständen seine Frau orientieren zu müssen, um – wie man damals noch glaubte – einen Überlebenden zurückzulassen, der alles kannte und so tapfer an der Schwere des Entschlusses mittrug. Jedoch der Frontbesuch fand nicht statt.

Die in diesem Abschnitt getroffenen Aussagen erwecken den Anschein, dass es einen „Plan Strachwitz" zur Ausschaltung Hitlers gab, nicht einen „Plan Lanz". Wie bereits erwähnt, spricht Hans Speidel in seinen Erinnerungen „Aus unserer Zeit" mit keiner Silbe von einem „Plan Lanz". Auch von einer Unterredung zwischen ihm und Graf Strachwitz oder zwischen General Lanz und Graf Strachwitz zu diesem Thema ist in seinen Erinnerungen nichts zu lesen. Erwähnt wird Strachwitz nur auf Seite 144:

Der sorgsam vorbereitete Angriff hatte Erfolg. Am 14. März 1943 wurde Charkow durch die 1. SS-Panzerdivision unter Sepp Dietrich wieder gewonnen. Die Panzerdivision „Großdeutschland" unter Hyacinth Graf Strachwitz setzte sich in Besitz von Bjelgorod und schoss in zwei Panzerschlachten über 70 sowjetische Panzer ab. Beide Divisionskommandeure führten beispielhaft von vorne.

Warum sollte ein dem Widerstand angehörender Graf Strachwitz – er war zu diesem Zeitpunkt Kommandeur des Panzerregiments Großdeutschland, aber nicht der Division Großdeutschland – sein Panzerregiment nur wenige Wochen nach Gesprächen über eine Beseitigung Hitlers so treu und entschlossen führen? Auch das von ihm nur wenige Tage nach der Rückeroberung von Charkow und Bjelgorod gegebene Interview in der Radiosendung „Der Soldat hat das Wort", in dem er von der „überlegenen deutschen Führung" und dem „Endsieg" spricht, passt nicht zur Gesinnung eines Widerstandskämpfers. Außerdem berichtet Graf Strachwitz in seinen „Beiträge[n] zur Geschichte des deutschen Widerstandes gegen das nationalsozialistische Regime" von einem lang andauernden Gespräch mit Speidel, kann sich dann aber an nähere Einzelheiten nicht erinnern, da ihn das Gedächtnis auf Grund einer schweren Gehirnverletzung im Stich lasse, obwohl er bereits im nächsten Satz das genaue Datum (9.2.1943) und Einzelheiten des Gesprächs mit General Lanz kennt. Interessant ist auch folgendes Detail aus Strachwitz' Bericht:

Es sei Sache der Generäle, den Frontbesuch Hitlers hierzu in die Wege zu leiten, da ich als kleiner Mann nichts dafür tun könne.

Dass Graf Strachwitz keinen Einfluss auf einen Frontbesuch Hitlers hatte, ist richtig – Hitler bestimmte völlig allein, wem und wann er Besuche abstattete –, sich aber als „kleinen Mann" hinzustellen, wird der Sache nicht gerecht, schließlich war der Graf bereits Eichenlaubträger und stand kurz vor dem Höhepunkt seiner Popularität. Und dies war ihm sehr bewusst. Verwirrend ist auch, dass

Strachwitz Hitler später noch mehrfach persönlich gegenüberstand, beispielsweise bei der Verleihung der Schwerter und der Brillanten, und er die Möglichkeit gehabt hätte, ihn zu beseitigen, wenn er es denn wirklich gewollt hätte. An Entschlusskraft hatte es ihm ja nie gemangelt. Interessant erscheint in diesem Zusammenhang auch Strachwitz' Verhältnis zu seinem Vetter Rudolph Christoph Freiherr von Gersdorff. Rudolph Christoph Freiherr von Gersdorff gehörte dem Widerstandskreis um Henning von Tresckow an. Am 21. März 1943 versuchte er, sich und Hitler bei dessen Besuch im Berliner Zeughaus in die Luft zu sprengen. Das Attentat misslang, weil Hitler die Ausstellung schon nach wenigen Minuten wieder verließ. Gersdorff gelang es, eine Toilette aufzusuchen, den Zünder der Haftmine zu entfernen und ihn im WC zu beseitigen.

Zum einen betonte Strachwitz bei Gesprächen mit seinem Vetter Rudolph Christoph Freiherr von Gersdorff in der Gefangenschaft und nach dem Kriege immer wieder, dass eine Tötung Hitlers für ihn Mord gewesen wäre. Zum anderen schreibt Gersdorff in seinem Buch „Soldat im Untergang", erschienen im Ullstein-Verlag, Berlin 1977, mit keiner Silbe, dass Strachwitz dem Widerstand angehörte. Dagegen bestätigt er, dass 1945/46 in Allendorf einige Hundert, zum Teil hoch dekorierte Generäle und Generalstabsoffiziere zusammengezogen wurden, um hier mit einer systematischen Kriegsgeschichts(um)schreibung nach westalliierter Vorstellung zu beginnen. Rudolph Christoph Freiherr von Gersdorff hätte sehr wahrscheinlich Strachwitz in seiner Biographie erwähnt, wenn dieser tatsächlich dem Widerstand angehört hätte.

Zwar trägt das Dokument „Beiträge zur Geschichte des deutschen Widerstandes gegen das nationalsozialistische Regime" die Unterschrift von Hyacinth Graf von Strachwitz, was allerdings weder beweist, dass er den Inhalt dieser Niederschrift kannte noch dass er an ihr mitgewirkt hat. Vielleicht war seine Unterschrift nur der Freibrief für seine Entlassung aus der US-Kriegsgefangenschaft. Vielleicht war Strachwitz auch ein Mann mit zwei Gesichtern.

Die Wahrheit wird wohl nie ans Licht kommen. Als Verfasser möchte ich allerdings folgendes persönliche Fazit ziehen: Für Hyacinth Graf Strachwitz, einen durch und durch tapferen und entschlossenen deutschen Offizier preußischer Prägung und Erziehung, kann die Zugehörigkeit zum militärischen Widerstand gegen Hitler – meiner Meinung nach – mit großer Wahrscheinlichkeit ausgeschlossen werden. Obwohl er im Zweiten Weltkrieg große Teile seines Besitzes und viele ihm nahestehende Menschen verloren und auch die Gräuel des NS-Systems erlebt hatte, er also sicherlich allen Grund gehabt hätte, gegen das System aufzubegehren, sprechen die Indizien doch gegen ein derartiges Handeln.

General der Gebirgstruppe Hubert Lanz. nach dem der „Plan Lanz" benannt wurde.

Generalleutnant Dr. Hans Speidel, Ritterkreuz am 1. April 1944 als Generalstabschef der 8.Armee, zählte zum Kreis der Verschwörer des 20. Juli 1944.

Anlage 2: Der militärische und zivile Werdegang des Hyacinth Graf Strachwitz

Lebenslauf:

* 30. Juli 1893 in Groß Stein/Oberschlesien
† 25. April 1968 in Trostberg/Oberbayern

1899–1912	Volksschule und Gymnasium Oppeln, Kadettenkorps Wahlstatt, Hauptkadettenanstalt Groß Lichterfelde.
08.1912–08.1914	Fahnenjunker und Leutnant im Kavallerieregiment des Garde du Corps in Potsdam, zugleich 1912 Offizierslehrgang auf der Kriegsschule Hannover.
08.1914–10.1914	Führer einer Fernpatrouille des Garde du Corps durch Nordfrankreich in Richtung Paris. Gefangennahme durch die Franzosen. Eine standrechtliche Exekutierung wurde im letzten Moment aufgehoben. Von einem französischen Militärgericht zu fünf Jahren Zwangsarbeit in der Sträflingskolonie Cayenne verurteilt. Zugleich Degradierung und Verlust des Kriegsgefangenenstatus.
10.1914–12.1918	Strafverbüßung in den Zuchthäusern Lyon, Montpellier, Insel Ré, Riom, Avignon, Fort-Barreau, Fahrten als Geisel auf Handelsschiffen von Toulon oder Marseilles durch das Mittelmeer nach Saloniki. Ausbruchsversuch in Richtung Schweiz, der nach zwei Wochen wegen einer Blutvergiftung scheiterte. Nach Einlieferung in das Offizierslager Carcassonne bringt eine Schweizer Ärztekommission des Roten Kreuzes den Schwerkranken mit französischem Einverständnis in ein Genfer Krankenhaus. Nach Genesung und Entlassung aus dem Krankenstand Einweisung in die Schweizer Irrenanstalt Herisau, um der Zurückführung nach Frankreich zu entgehen. Nach Kriegsende Entlassung nach Deutschland.
12.1918–01.1919	Einsatz in Berlin gegen kommunistische Aufständische. Später Rückkehr nach Groß Stein/Oberschlesien.
25.07.1919	Heirat mit Alexandrine Freiin Saurma-Jeltsch, genannt „Alda".
1920–08.1921	Anwerbung von Freiwilligen für den Kampf um Oberschlesien. Nach der oberschlesischen Abstimmung für Deutschland Aktivitäten im Oberschlesischen Selbstschutz, Führer der Selbstschutzabteilung Strachwitz, erster Deutscher auf dem Annaberg. Polen setzt ein Kopfgeld auf ihn aus.
09.1921–1929	Verwalter eines Hofgutes und einer Molkereigenossenschaft, Student der Forstwirtschaft, Mitglied der Landwirtschaftskammer.
1929	Übernahme des väterlichen Besitzes, damit wird er zum vermögendsten Land- und Forstbesitzer Oberschlesiens.
1934	Reserve-Übung beim Reiterregiment 7 in Breslau.
20.10.1935	Freiwillige Versetzung zur Panzerwaffe, zum Panzerregiment 2 in Eisenach.
05.1936	Erstes Manöver beim Panzerregiment 2 auf dem Truppenübungsplatz Ohrdruf in Thüringen.
07.1937–08.1937	Zweite Reserveübung beim Panzerregiment 2 auf dem schlesischen Truppenübungsplatz Neuhammer und dem Schießplatz Putlos.
28.08.1937–09.1937	Teilnahme am Herbstmanöver des Panzerregiments 2 auf den Truppenübungsplätzen Königsbrück bei Dresden und Fürstenberg in Mecklenburg.
03.1938–05.1938	Im Rahmen der Angliederung Österreichs an das Deutsche Reich Verlegung mit dem Panzerregiment 2 der 1. Panzerdivision als Sperrverband nach Westen, anschließende Gefechtsmanöver.
07.1938–08.1938	Sommermanöver und Schießübungen des Panzerregiments 2 in Jüterbog und Putlos.
08.1938–20.09.1938	Herbstmanöver des Panzerregiments 2 auf dem Truppenübungsplatz Grafenwöhr.
21.09.1938–02.10.1938	Bereitschaft des Panzerregiments 2 in Grafenwöhr wegen der Sudetenkrise.
03.10.1938–05.10.1938	Einmarsch in das Sudetenland über Gossengrün nach Chodau bei Karlsbad.
06.10.1938–15.10.1938	Stationierung des Panzerregiments 2 in Saatz und Kaaden im Sudetenland.
16.10.1938	Rückführung des Panzerregiments 2 nach Eisenach.
03.1939–20.03.1939	Im Rahmen der Besetzung der „Rest-Tschechei" in Bereitschaft in Oppeln/Oberschlesien.
04.1939–20.04.1939	Teilnahme des Panzerregiments 2 an der großen Wehrmachts-Parade am 20. April 1939 in Berlin, am Geburtstag Adolf Hitlers.
07.1939–08.1939	Sommermanöver des Panzerregiments 2 in Jüterbog und Putlos, anschließend Übungen auf dem Truppenübungsplatz Altengrabow.

26.08.1939–31.08.1939	Bereitstellung der Verbände der 1. Panzerdivision bei Grunsruh, Verpflegungsoffizier des Panzerregiments 2.
01.09.1939–04.09.1939	Polenfeldzug, Verpflegungsoffizier des Panzerregiments 2.
05.09.1939–05.06.1940	Nachschuboffizier der Panzerbrigade 1 und 1. Panzerdivision.
06.06.1940–10.1940	Nachschuboffizier des Panzerregiments 2.
10.1940–10.1942	Kommandeur der I. Abteilung des Panzerregiments 2 der 16. Panzerdivision, Jugoslawienfeldzug, Feldzug gegen die Sowjetunion im Rahmen der Heeresgruppe Süd.
13.10.1942–10.11.1942	Heilbehandlung nach schwerer Brandverletzung im Feldlazarett und im Heimatlazarett Breslau.
10.11.1942–18.11.1942	Nachbehandlung in der Charité in Berlin.
19.11.1942–01.1943	Kuraufenthalt in Bad Gastein, Eichenlaubverleihung im Führerhauptquartier, anschließend Genesungsaufenthalt in Alt Siedel.
01.1943–03.1943	Vom Oberkommando des Heeres als Kommandeur mit der Aufstellung des Panzerregiments Großdeutschland betraut.
09.03.1943	Graf Strachwitz führt das Panzerregiment Großdeutschland erstmals ins Gefecht.
03.1943–09.1943	Kommandeur des Panzerregiments Großdeutschland, Rückeroberung von Bjelgorod und Charkow im März 1943, Operation Zitadelle.
05.07.1943–16.07.1943	Rückzug nach Krementschug.
03.1943–04.1943	mit der Führung der Infanteriedivision (mot.) Großdeutschland beauftragt, zugleich
07.07.1943–09.1943	mit der Führung der Panzerbrigade 10.
09.1943–01.1944	Nach schwerer Verletzung Behandlung im Lazarett Breslau mit anschließendem Kuraufenthalt und Genesungsurlaub.
02.1944–05.1944	Höherer Panzerführer bei der Heeresgruppe Nord, Beseitigung des West- und Ostsacks.
05.1944–08.1944	Brillantenverleihung im Führerhauptquartier, anschließend längerer Genesungsurlaub.
15.08.1944–24.08.1944	Kommandeur des Panzerverbandes Strachwitz, Rückeroberung von Tuckum (20.08.1944), Aufsprengen des Einschließungsringes um Riga (21.08.1944), Herstellung der Verbindung zwischen den Heeresgruppen Mitte und Nord.
24.08.1944–01.1945	Durch Autounfall schwer verletzt, doppelter Schädelbruch, etliche Rippenbrüche. Behandlung und Genesungsurlaub in der Heimat.
01.1945–Kriegsende	Kommandeur der Panzerjagdbrigade Oberschlesien, später Kommandeur sämtlicher Panzerjagdbrigaden der Heeresgruppe Mitte, Stab in Bad Kudowa, bis Kriegsende kaum noch Einsätze.
05.1945–06.1947	Marsch durch das Sudetenland nach Bayern, amerikanische Gefangenschaft im Lager Allendorf.
30.07.1947	Heirat mit Nora von Stumm in Holzhausen.
01.1949–06.1949	Militär- und Landwirtschaftsberater in Syrien.
07.1949–1951	Bewirtschaftung eines Weingutes bei Livorno/Italien.
1951	Rückkehr nach Deutschland, nach Grabenstätt, Ortsteil Winkl.
1952–25.04.1968	Ruhestand.
25.04.1968	Erliegt einem Krebsleiden im Krankenhaus von Trostberg/Oberbayern.

Beförderungen:

17.02.1914	Leutnant
1921	Oberleutnant, rückwirkend von 1916
17.04.1933	Eintritt in die SS
09.08.1933	SS-Mann
15.09.1933	SS-Scharführer
19.12.1933	SS-Truppführer
10.03.1934	SS-Obertruppführer
28.04.1934	SS-Untersturmführer
09.11.1934	SS-Obersturmführer
1934	Hauptmann der Reserve
15.09.1935	SS-Hauptsturmführer

1935	Rittmeister der Reserve
13.09.1936	SS-Sturmbannführer
30.01.1939	SS-Obersturmbannführer
1940	Major der Reserve
01.01.1942	Oberstleutnant der Reserve
01.01.1943	Oberst der Reserve
03.11.1943	SS-Standartenführer, mit Wirkung vom 01.09.1943
01.04.1944	Generalmajor der Reserve
30.01.1945	Generalleutnant der Reserve

Orden und Auszeichnungen:

1914	Eisernes Kreuz II. Klasse 1914
1914	Eisernes Kreuz I. Klasse 1914
1921	Schlesischer Adlerorden II. und I. Klasse mit Eichenlaub und Schwertern, Ehrenkreuz für Frontkämpfer
05.10.1939	Spange zum Eisernen Kreuz II. Klasse 1939
06.06.1940	Spange zum Eisernen Kreuz I. Klasse 1939
09.06.1941	Rumänischer Orden Lorcana Romaniei
1941	Verwundetenabzeichen in Schwarz
1941	Panzerkampfabzeichen in Silber
1941	Deutsches Reichssportabzeichen in Gold
25.08.1941	Ritterkreuz des Eisernen Kreuzes
17.03.1942	Verwundetenabzeichen in Silber
08.1942	Medaille „Winterschlacht im Osten“ (Ostmedaille)
13.11.1942	144. Eichenlaub zum Ritterkreuz des Eisernen Kreuzes
16.02.1943	Verwundetenabzeichen in Gold
28.03.1943	27. Eichenlaub mit Schwertern zum Ritterkreuz des Eisernen Kreuzes
15.04.1944	11. Eichenlaub mit Schwertern und Brillanten zum Ritterkreuz des Eisernen Kreuzes
1943/1944	Panzerkampfabzeichen in Gold mit Einsatzzahl „100“

Mehrfache Nennung seiner ihm unterstellten Verbände im Wehrmachtsbericht

Anlage 3: Kurze Geschichte der Familie der Grafen und Freiherren von Strachwitz (von Moritz Graf Strachwitz)

Der Name der Familie ist vom Ort Strachwitz abgeleitet, der etwa zehn Kilometer westlich des Stadtzentrums von Breslau liegt. Heute ist Strachvice (Strachowice) nach Breslau eingemeindet, der Flughafen von Breslau befindet sich dort. Der Ort Strachwitz bzw. Strachvice (Strachowice) bei Wahlstatt im Kreis Liegnitz hat nichts mit der Familie Strachwitz zu tun.

Die ersten Träger des Namens Strachwitz waren ein Johann, der 1338 in Strachwitz eine dreiviertel Hufe kaufte und diese 1339 seinen Brüdern Heinrich und Martin überließ, ein Herr Thilo, der ebenfalls im Jahr 1338 Äcker in Strachwitz erwarb, und der Breslauer Ratsherr und Schöffe Nikolaus, der 1346/47 in Strachwitz ansässig war. Damals war es durchaus üblich, dass wohlhabende Bürger einer Stadt außerhalb der Stadtmauern Grund erwarben und dann im Zuge der Entstehung von Familiennamen nach diesem Ort benannt wurden. Der Name Strachwitz blieb der Familie, auch wenn sie gar nicht mehr in der gleichnamigen Ortschaft ansässig war.

Der Enkel des Nikolaus von Strachwitz, ebenfalls mit Namen Nikolaus, war Bürger in Breslau und heiratete Katharina von Zauche, Tochter des Christoph von Zauche auf Groß Zauche bei Trebnitz im Herzogtum Öls, etwa 25 Kilometer nördlich von Breslau. Dieses Gut blieb über drei Generationen hinweg in der Familie und gab ihr den bis heute geläufigen Beinamen. Die Familienmitglieder nannten sich von diesem Zeitpunkt an „von Strachwitz und Groß Zauche“ oder „Strachwitz von Groß Zauche“. Der Name Zauche stammt aus dem Polnischen „suchy“, was übersetzt „trocken“ bedeutet. Einige Familienmitglieder nannten sich auch nur „Suski“, was so viel wie „von Zauche“ heißt. Man sprach aber auch von „den Susker“ oder „den Suschker“. Der Name Strachwitz geriet dabei sogar eine Zeit lang fast in Vergessenheit.

Der Beiname war notwendig zur Unterscheidung. Es gab nämlich noch eine Familie „von Strachwitz-Gäbersdorf“, die in Gäbersdorf bei Striegau ihren Besitz hatte, aber mit den Strachwitz aus Strachwitz nicht verwandt war und auch ein anderes Wappen führte. Im Jahre 1626 kam es in Zobten zu einem denkwürdigen Treffen der beiden Familien, auf dem beschlossen wurde, sich künftig als eine Familie zu betrachten, da beide Familien zu dieser Zeit vom Aussterben bedroht waren. Sinnbild dafür wurde die Vereinigung beider Wappen, die noch im gleichen Jahr von Kaiser Ferdinand II. bestätigt wurde. Die Familie der Freiherren (seit 1726) „von Strachwitz und Gäbersdorf“ starb erst im 19. Jahrhundert aus.

Mit dem Erwerb von Groß Zauche verlagerte sich der Schwerpunkt der Familie im 15. Jahrhundert in das Herzogtum Öls nördlich von Breslau. Hier wurden im 16. und 17. Jahrhundert mehrere Güter erworben, vor allem Hammergüter im wasserreichen Gebiet nördlich von Trebnitz, zum Beispiel in Massel, Deutsch-Hammer, Polnisch-Hammer oder Borek-Hammer. Zu damaliger Zeit wechselten vor allem in Schlesien Güter relativ häufig ihren Besitzer. Nach der Familiensage – so auch in den ersten Bänden des alten „Gotha“ niedergeschrieben – stammt die Familie Strachwitz von einem Führer der Quaden ab. Andere Genealogen wollen festgestellt haben, dass die Strachwitz und die Familie „von Schweinichen“ auf die Familie der „Swin“ zurückzuführen seien, die auf der Burg Swin, später Schweinhaus (heute eine Ruine), bei Bolkenhain saßen. Die Swin sollen vandalischen Ursprungs sein. Nach der Wappensage hat ein Urahn dem Markomannenkönig Marbod († 37 n. Chr.) im heutigen Böhmen das Leben gerettet, indem er einem angreifenden Keiler mit seinem Schwert den Kopf abschlug.

Die Familientradition überliefert auch die Rolle der Strachwitz bei der Schlacht von Wahlstatt. Bei der Schlacht von Wahlstatt bei Liegnitz 1241 gegen die Mongolen musste ein Reiterheer des schlesischen Adels unter der Führung Herzog Heinrich des Frommen schwerste Verluste hinnehmen. Auch der Herzog selbst fiel. Die Schlacht ging zwar verloren, aber das Mongolenheer zog sich nach Innerasien zurück, als es die Nachricht vom Tod des Khans erreichte.

Bei dieser Schlacht sollen allein 14 Mitglieder der Familie Strachwitz gefallen sein. Neben den Strachwitz waren die Familien Prittwitz, Nostitz, Seidlitz, Rothkirch und Zedlitz beteiligt. Die davongekommenen Mitglieder dieser Familien sollen sich um den einzig überlebenden Rothkirch, damals ein Kleinkind, versammelt und einander versprochen haben, sich um das Kind zu kümmern und sich gegenseitig als Vettern anzusehen.

Diese Geschichte scheint aber eher unwahrscheinlich, weil die ersten Vorfahren unserer Strachwitz erst im 14. Jahrhundert als Bürger von Breslau nachgewiesen sind. Möglicherweise ist aber auch eine andere Familie von Strachwitz gemeint, die aus dem Ort Strachwitz bei Wahlstatt stammte.

Das 17. und 18. Jahrhundert war hauptsächlich von Besitzerwerb und Eheschließungen geprägt. So kamen beispielsweise Groß Borek, Cziesschowa und Sodow im Kreis Lublinitz von den Freiherren von Koschützky und Alt-Rosenberg in die Familie Strachwitz, Kostau über die Freiherren von Frankenberg und Proschlitz und vor allem die große Herrschaft Stubendorf-Groß Stein über die Freiherren von Larisch.

Karl von Strachwitz kaufte die Herrschaften Kamienitz und Dombrowka und wurde 1798 in den preußischen Grafenstand als „Graf Strachwitz von Groß Zauche und Camminetz“ erhoben. Sein Sohn Ernst Joachim erwarb die minderfreie Standesherrschaft Loslau im Kreis Rybnik, Polnisch Krawarn im Kreis Ratibor und andere Güter.

Von großer Bedeutung waren die Familienmitglieder aus dem geistlichen Stand, der wohl bedeutendste unter ihnen war Johann

Moritz von Strachwitz (1721–1781), ein älterer Bruder des ersten Grafen Karl, der als Weihbischof von Breslau nach der Flucht des Fürstbischofs Schaffgotsch nach Mähren apostolischer Vikar von Breslau wurde und nach dem Hubertusburger Frieden am Ende des siebenjährigen Krieges 1763 den schwierigen Übergang von der habsburgischen zur preußischen Herrschaft in äußerst geschickter Weise durchführte.

Er wurde von König Friedrich II., dem Alten Fritz, genauso geschätzt wie in Rom, wo er im Collegium Germanicum et Hungaricum studiert und 1744 den Dr. theol. erworben hatte. Er rief nicht nur eine Stiftung zur Unterstützung der Studien junger Familienmitglieder ins Leben, sondern gründete auch das Fideikommiss Weigelsdorf und Bruschewitz nordöstlich von Breslau, das an die ältere freiherrliche Strachwitz-Linie überging. Johann Moritz ist im Dom von Breslau beigesetzt. In einer linken Seitenkapelle erinnert ein sehenswertes Epitaph an ihn.

In diesem religiösen Zusammenhang soll auch der heilige Hyazinth erwähnt werden, der allerdings kein Strachwitz war, wie es manchmal fälschlich vermittelt wird, sondern zur Familie der Grafen Odrowaz gehörte. Er wurde in Groß Stein geboren, weshalb das dortige Strachwitzsche Schloss bis heute eine Art schlesischer Wallfahrtsort ist. Hyazinth war wie sein seliger Bruder Ceslaus einer der ersten Schüler des heiligen Dominikus und als Gründer des Dominikanerordens in Polen zweifelsohne sein berühmtester. Seine Missionsreisen führten ihn nicht nur nach Preußen, sondern auch nach Dänemark, Schweden und Gotland und bis weit in den Osten Russlands. Noch heute findet man in allen Kirchen des Dominikanerordens seine Statue, die man an einer Monstranz und einer Muttergottesfigur in seinen Händen erkennt. Zum Gedenken an diesen Heiligen hießen alle Besitzer von Groß Stein Hyacinth. Das war in der Familie Larisch so und setzte sich in der Familie Strachwitz fort.

Eines der berühmtesten Familienmitglieder war der Dichter Moritz Graf Strachwitz, der 1822 auf dem väterlichen Gut Peterwitz im Kreis Frankenstein geboren wurde und schon 1847 nach schwerer Erkrankung während einer Italienreise in Wien verstarb. Obwohl er nur 25 Jahre alt wurde, gelangte er in der deutschen Literaturgeschichte wegen seiner Balladendichtung zu großer Bedeutung. Noch heute findet man seine Gedichte, wie zum Beispiel „Das Herz von Douglas", in Anthologien deutscher Gedichte.

Wie es früher in adeligen Familien üblich war, brachten auch die Strachwitz viele hohe Offiziere hervor. Genannt seien nur die beiden hochdekorierten Generäle des II. Weltkriegs, Mauritz Freiherr von Strachwitz, der als Ritterkreuzträger 1953 in sowjetischer Kriegsgefangenschaft starb, und natürlich Hyacinth Graf Strachwitz. Zugleich soll aber auch der sechs im Ersten und zehn im Zweiten Weltkrieg gefallenen oder umgekommenen Strachwitz gedacht werden. Im 19. und 20. Jahrhundert waren die meisten Familienangehörigen Landwirte und Gutsbesitzer, sowohl in Nieder- als auch in Oberschlesien. Noch am Ende des Zweiten Weltkrieges gehörten der Familie in Schlesien etwa 30.000 ha. Seit der zweiten Hälfte des 19. Jahrhunderts gab es auch Linien in Zdounek in Mähren, in Schebetau in Mähren und in Graz in der Steiermark.

Die größte Zäsur in der Familiengeschichte brachte das Ende des Zweiten Weltkriegs, als alle Güter in Schlesien und in Mähren enteignet und die Familie aus Schlesien vertrieben wurde. Die meisten Strachwitze ließen sich darauf in der Bundesrepublik Deutschland nieder, aber auch in Österreich, England und den USA. Sie ergriffen die unterschiedlichsten Berufe, und viele brachten es bald wieder zu Wohlstand. Auch Grundbesitz gibt es heute wieder in der Familie. Der tschechische Staat gab Zdounek in Mähren zurück, und Vetter Wolfgang aus der Linie Gustau konnte nach der Wiedervereinigung mit der früheren DDR an der polnischen, früher schlesischen, Grenze ansehnlichen Grundbesitz erwerben.

In den 1980er und 1990er Jahren wurden bis dahin verschollene Linien in Argentinien und Australien wieder entdeckt. In den 1870er Jahren waren zwei Brüder dorthin ausgewandert. Seit dieser Zeit war jeglicher Kontakt abgerissen. Umso erstaunter waren die deutschen und die österreichischen Strachwitz, als sich Nachkommen dieser Brüder meldeten und glaubhaft machen konnten, dass sie echte Strachwitz sind. Seither nehmen Vertreter dieser Linien regelmäßig an den Familientagen teil. Die australischen Verwandten führen den Familiennamen Alexander, weil der ausgewanderte Großvater seinen dritten Vornamen zum Familiennamen machte. Die argentinischen Vettern heißen nach wie vor Strachwitz, wenn auch ohne Adelstitel. Zum Abschluss noch ein Wort zum Freiherrentitel der Familie: Am 22. September 1630 erhielten der Prälat und Domherr zu Breslau, Christoph von Strachwitz, und sein Bruder, der Landeshauptmann des Fürstentums Neisse, Maximilian von Strachwitz auf Arnoldsdorf von Kaiser Ferdinand II. als König von Böhmen den Freiherrenstand verliehen. Bei dieser Gelegenheit wurden die bisherigen Farben der kurz zuvor vereinten Wappen der Familien Strachwitz von Groß Zauche (Keilerkopf) und Strachwitz-Gäbersdorf (Muscheln) aus besonderer Gnade in die kaiserlichen Farben Schwarz und Gold verändert.

Da aber der eine Bruder geistlichen Standes war und der andere keine männlichen Nachkommen hatte, konnte der Freiherrentitel nicht weitervererbt werden. Trotzdem scheinen danach viele Familienmitglieder zumindest zeitweise den Freiherrentitel geführt zu haben, und auch das Wappen wurde nur noch mit den neuen Farben Schwarz und Gold geführt. Dieses Wappen wurde auch in das 1798 verliehene gräfliche Wappen übernommen und durch den preußischen Adler im Mittelschild ergänzt.

Der Freiherrentitel wird bis heute von den nichtgräflichen Mitgliedern der Strachwitz geführt, und zwar aufgrund einer Bestimmung des Preußischen Landrechts, wonach ein Titel, der mindestens 44 Jahre lang unbeanstandet geführt wurde, zu Recht besteht. Bestätigt wurde der Freiherrentitel am 17.02.1826 dem herzoglichen Hofmarschall in Köthen, Louis Moritz von Strachwitz aus der erloschenen Linie Jastrzemb, durch den Herzog von Anhalt-Köthen.

Anlage 4: Schloss und Parkanlagen von Groß Stein

Das Schloss Groß Stein wurde im 11. Jahrhundert gebaut und gehörte im Jahre 1104 der Familie Odrowaz. In dem Schloss wurden wahrscheinlich der heilige Hyazinth, der selige Ceslaus und die selige Bronislawa geboren. Im Jahre 1660 kaufte Balcar von Larisch das Schloss und baute es zum Palast um. 1701 richtete man im Turm eine Kapelle ein, die dem heiligen Hyazinth geweiht wurde. Nach dem Tod der Gräfin Sophia von Larisch ging das Schloss 1799 in den Besitz der Familie Strachwitz über, deren Erstgeborene fortan den Namen Hyacinth erhielten und die es bis zum Ende des Zweiten Weltkrieges bewohnte.

Im 19. Jahrhundert gestaltete man den einstigen Barockgarten in einen Englischen Garten um. Die letzte große Renovierung des Schlosses durch die Familie Strachwitz vor Ende des II. Weltkrieges geschah 1852.

Mit Beginn des II. Weltkrieges im September 1939 wurde der unmittelbar neben dem Schloss Groß Stein gelegene private Grasnarben-Flugplatz der Familie Strachwitz in einen Einsatzhafen der Luftwaffe umgewandelt. Der in der Nähe von Groß Stein befindliche private Flugplatz Stubendorf gehörte Strachwitzscher Verwandtschaft und wurde nach Kriegsausbruch ebenfalls von der deutschen Luftwaffe genutzt. Hier zog Ende des Jahres 1939 die Flugzeugführerschule A/B 110 unter Führung von Major von Winterfeld ein. Im Juni 1943 wurde die Flugzeugführerschule A/B 110 in die Blindflugschule 11 zur Ausbildung von Piloten einmotoriger Schlachtflugzeuge umgewandelt. Zu Beginn des Krieges stellte die Familie Strachwitz ihr Schloss Groß Stein der Wehrmacht als Lazarett zur Verfügung. Sie selbst zog nach Alt Siedel, früher Schedlitz, in Oberschlesien auf ein der Familie gehörendes Rittergut, das heute nicht mehr existiert.

Im Januar 1945 eroberte die Rote Armee Schloss, Park und Flugplatz. Bis 1971 wurden Schloss und Flugplatz als Lazarett und Militärflugplatz genutzt. Nach Abzug der sowjetischen Armee wurde das bereits im Verfall befindliche Schloss in Brand gesetzt und fast vollständig zerstört. 1989 übergab man die zerstörte Schlossanlage auf Vorschlag der Woiwodschaftsverwaltung Oppeln an die Diözese Oppeln, die den gesamten Schloss- und Parkkomplex wieder aufbaute. Zum 400. Jubiläum der Heiligsprechung Hyazinths, am 14. August 1994, wurde die vollkommen neu restaurierte Wallfahrtsstätte feierlich eingeweiht. Heute dienen Schloss und Park nicht nur als Pilgerstätte, sondern auch als Kongress- und Tagungszentrum. Sie werden von in- und ausländischen Touristen häufig besucht.

Im Jahre 2005 entstand neben dem Schloss das Kneipp-Sanatorium „Sebastianeum Silesiacum". Auf dem ehemaligen Militärflugplatz wird derzeit der private Flughafen Oppeln gebaut.

Ein heutiges Bild von Schloss Groß Stein nach dem Wiederaufbau.

Anlage 5: Quellen- und Literaturauswahl

Ahlfen, Hans von: Der Kampf um Schlesien 1944/45, Stuttgart 1991.
Burdick, Charles B.: Furchtlos und Treu, zum 75. Geburtstag von General der Gebirgstruppe a. D. Hubert Lanz, Köln 1971.
Burdick, Charles B.: Hubert Lanz. General der Gebirgsjägertruppe 1896–1982, Osnabrück 1988.
Busse, Fritz: Patrouille Schierstaedt. Selbsterzähltes aus französischer Gefangenschaft, Berlin 1918.
Carell, Paul: Unternehmen „Barbarossa", Frankfurt a. M./Berlin 1963.
Carell, Paul: Verbrannte Erde, Frankfurt a. M./Berlin 1966.
Carius, Otto: Tiger im Schlamm, Stegen am Ammersee 2007.
Craig, William E.: Die Schlacht um Stalingrad. Kriegswende an der Wolga, München 1974.
Doerr, Hans: Der Feldzug nach Stalingrad. Versuch eines operativen Überblicks, Darmstadt 1955.
Foltmann, Josef und Möller-Witten, Hanns: Opfergang der Generale, Berlin 1952.
Fraschka, Günter: Der Panzergraf. General Graf Strachwitz – ein Leben für Deutschland, Rastatt 1962.
Fraschka, Günter: Mit Schwertern und Brillanten. Die Träger der höchsten deutschen Tapferkeitsauszeichnung, München 1989.
Gersdorff, Rudolf-Christoph Frhr. v.: Soldat im Untergang. Lebensbilder, Frankfurt a. M./Berlin/Wien 1977.
Hoffmann, Peter: Widerstand gegen Hitler, München 1979.
Hoffmann, Peter: Widerstand – Staatsstreich – Attentat, München 1979.
Jung, Hans-Joachim: Panzerregiment „Großdeutschland" im Einsatz, Riesa 2000.
Lanz, Hubert: Die 1. Gebirgsjägerdivision 1935–1945, Bad Nauheim 1954.
Lucke, Christian v.: Die Geschichte des Panzerregiments 2, Kleve 1953.
Mellenthin, Friedrich-Wilhelm v.: Deutschlands Generale im II. Weltkrieg, Bergisch-Gladbach 1977.
Meyer, Brün (Hrsg.): Dienstaltersliste der Schutzstaffel der NSDAP (SS). Stand 1. Dezember 1938, mit Berichtigungsheft. Stand 15. Juni 1939, Osnabrück 1996.
Meyer, Hermann Frank: Blutiges Edelweiß. Die 1. Gebirgsjägerdivision im II. Weltkrieg, Berlin 2008.
Niepold, Gerd: Mittlere Ostfront, Juni 1944, Herford/Bonn 1985.
Niepold, Gerd: Panzer-Operationen „Doppelkopf" und „Cäsar" Sommer 1944, Herford/Bonn 1987.
Pruett, Michael H.: Panzerkampfgruppe Strachwitz, Zweibrücken 2009.
Ries, Karl: Deutsche Flugzeugführerschulen und ihre Maschinen 1919–1945, Stuttgart 2000.
Ries, Karl und Dierich, Wolfgang: Fliegerhorste und Einsatzhäfen der Luftwaffe, Stuttgart 1993.
Rohwer, Jürgen und Hümmelchen, Gerhard: Chronik des Seekrieges 1939–1945, Oldenburg 1968.
Scherzer, Veit: Ritterkreuzträger 1939–1945, Ranis/Jena 2005.
Scherzer, Veit: Ritterkreuzträger 1939–1945. Ergänzungsband, Ranis/Jena 2006.
Schmitz, Günter: Die 16. Panzerdivision. Bewaffnung – Einsätze – Männer 1938–1945, Eggolsheim 2004.
Schramm, Percy E. (Hrsg.): Kriegstagebuch des Oberkommandos der Wehrmacht 1943. Teilband I, München 1982.
Schricker, Rudolf: Blut – Erz – Kohle. Der Kampf um Oberschlesien, Berlin 1933.
Spaeter, Helmut: Die Geschichte des Panzerkorps „Großdeutschland". II. Band, Bielefeld 1958.
Speidel, Hans: Aus unserer Zeit. Erinnerungen, Frankfurt a. M./Berlin/Wien 1977.
Stoves, Rolf: Die 1. Panzerdivision 1935–1945, Bad Nauheim 1961.
Tieke, Wilhelm: Tragödie um die Treue, Coburg 1996.
Werthen, Wolfgang: Geschichte der 16. Panzerdivision 1939–1945, Bad Nauheim 1958.
Wieder, Joachim und Einsiedel, Heinrich Graf v.: Stalingrad und die Verantwortung des Soldaten, Augsburg 1999.
Sowie eine große Anzahl von Zeitungsberichten aus der Zeit des II. Weltkrieges und der Nachkriegszeit.

Dr. Franz Wilhelm Lochmann/Richard Freiherr von Rosen/
Alfed Rubbel (Hrsg.)

Erinnerungen an die Tigerabteilung 503

Die schwere Panzerabteilung 503 an den Brennpunkten der Front in Ost und West

692 Seiten, Großformat 24 x 30 cm,
948 historische Abbildungen,
viele Karten, gebunden mit Schutzumschlag.

ISBN 978-3-88189-0779-2

€ 49,95 (D) / € 51,40 (A) / SFr 66,90

Dies ist die Geschichte der Tigerabteilung 503. Am 4. Mai 1942 als erste von zehn selbstständigen Tigerabteilungen in Neuruppin, Putlos, Fallingbostel und Döllersheim aufgestellt, hatte sie am 30. Dezember 1942 ostwärts und westlich des unteren Don und am Manytsch ihre Feuertaufe zu bestehen.

Im Februar 1943 wurde sie auf volle Stärke – 3 Kompanien – aufgerüstet und nahm im März und April 1943 an der Abwehrschlacht im Donezgebiet und in der Mius-Donez-Stellung teil. Verlegt in den Raum von Charkow, kämpfte die Abteilung an vorderster Front beim Unternehmen „Zitadelle“, der letzten großen deutschen Offensive im Osten.

Nach den Kämpfen im Rahmen der 8. Armee am Dnjepr, bei Kiew und in der Südukraine öffnete sie im Verband mit dem schweren Panzerregiment Bäke den Kessel von Tscherkassy und ermöglichte so den Ausbruch der deutschen Verbände. Nach der Auffrischung in der Heimat wurde die 1. Kompanie als erste Einheit der deutschen Wehrmacht auf den Tiger II, den Königstiger umgerüstet.

Im Juni 1944 an die Invasionsfront verlegt, kämpfte die Abteilung bis August bei Caen, Cagny und ostwärts der Orne. Nach Auffrischung in Paderborn schlossen sich die Abwehrkämpfe in Ungarn, die „Operation Horty“, die Kämpfe im Raum Budapest, am Plattensee, der Donau, den Karpaten und nördlich von Wien an.

In ihrem 36-monatigen Bestehen stand die Abteilung 25 Monate im Fronteinsatz und vernichtete bis zur Kapitulation circa 2.000 Feindpanzer. Die Tigerabteilung 503, die in ihren Reihen so erfolgreiche Richtschützen und Panzerkommandanten wie Feldwebel Kurt Knispel, Oberfähnrich Heinz Rondorf und Feldwebel Heinz Gärtner hatte, erfüllte bis zum bitteren Ende tapfer und diszipliniert ihre Pflicht.

Auf knapp 700 Seiten schildern die Autoren die Geschichte ihrer Abteilung, die durch seltenes Quellenmaterial wie Erfahrungsberichte, Auszüge aus Kriegstagebüchern und dem Wehrmachtsbericht sowie technische Details zum Tiger ergänzt wird. Das umfangreiche und noch nie veröffentlichte Bildmaterial macht dieses Werk darüber hinaus einzigartig.

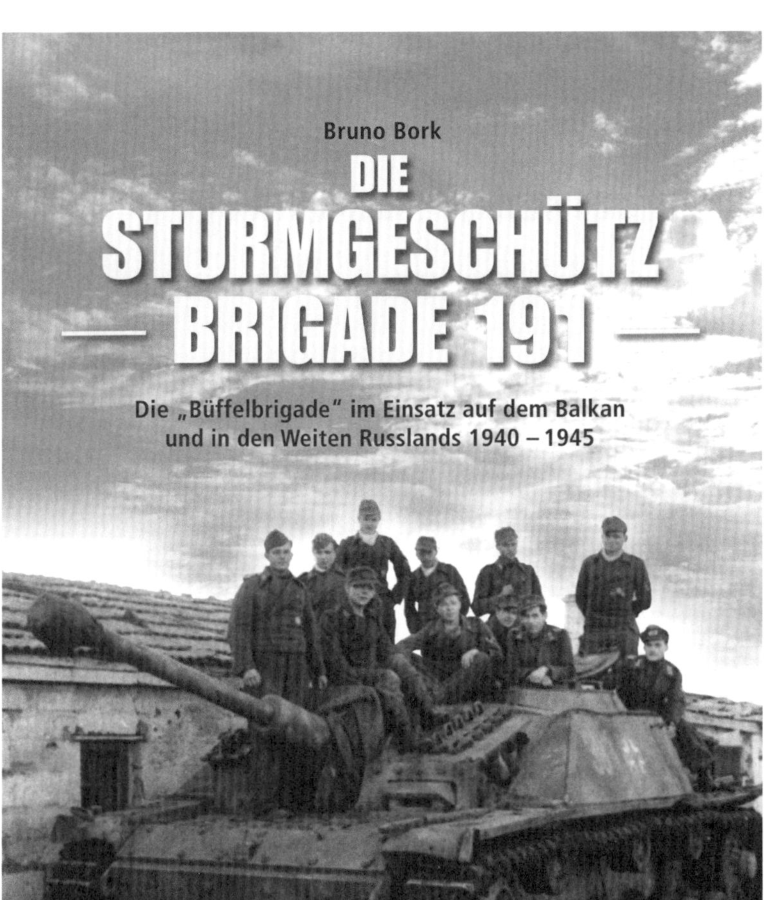

Bruno Bork

Die Sturmgeschütz-brigade 191

Die „Büffelbrigade" im Einsatz auf dem Balkan und in den Weiten Russlands 1940-1945

264 Seiten, Großformat 24 x 30 cm,
250 historische Abbildungen,
Karten, gebunden mit Schutzumschlag.

ISBN 978-3-88189-0780-8

€ 24,95 (D) / € 25,70 (A) / SFr 35,90

Die Sturmgeschützabteilung 191, am 1. Oktober 1940 in Jüterborg unter Hauptmann Hoffmann-Schoenborn aufgestellt, hatte im Frühjahr 1941 auf dem Balkan ihre erste Feuertaufe zu bestehen.
Beim Kampf um die Metaxaslinie standen sie in vorderster Front – Seite an Seite mit der Infanterie – im Einsatz und kämpfte aus nächster Nähe Bunkeranlagen nieder. Nach Auffrischung und Neuausrüstung in Mähren überschritt die Sturmgeschützabteilung 191 im Rahmen der 6. Armee am 22. Juni 1941 den Bug.

Durch die Ukraine und über den Dnjepr, wo die Abteilung einen wichtigen Brückenkopf am Ostufer errichtete, stand sie in den Kämpfen um Kiew im September 1941 im Einsatz.
Der Vormarsch im Rahmen der 4. Armee im Oktober 1941 führte die „Büffel", wie die Abteilung bezeichnet wurde, bis vor die Tore Moskaus, als der einbrechende Winter im Dezember 1941 den Rückzug erforderlich machte. Zu Beginn der Sommeroffensive 1942 bei Woronesh im Einsatz, führte sie der weitere Vormarsch durch die Kalmücken-Steppe bis zum Terek.

Als Feuerwehr an den Brennpunkten der Front eingesetzt, schlug die Abteilung immer wieder feindliche Angriffe nieder und brachte dem eigenen Angriff den nötigen Schwung. Im Zuge der Rücknahme der Front gelangte die Abteilung auf die Krim, wo sie aufgefrischt und in eine Sturmgeschützbrigade umgegliedert wurde. Es folgten die Kämpfe und der Rückzug aus dem Kubanbrückenkopf, die Verteidigung der Halbinsel Kertsch und die Räumung von Sewastopol. Bei den Abwehrkämpfen an der Südostfront 1944/45 stand die Brigade in Jugoslawien und Ungarn im Einsatz. Vom Feind gefürchtet und von der eigenen Infanterie geliebt sind aus der Brigade viele Träger des Ritterkreuzes und höherer Stufen hervorgegangen. Das Kriegsende erlebte die Sturmgeschützbrigade in Österreich, von wo aus die Soldaten im Juni 1945 in die Heimat entlassen wurde.
Auf sachliche und gleichermaßen spannende Art und Weise schildert der Autor Bruno Bork, selbst ehemaliger Angehöriger der Abteilung, die Geschichte der Sturmgeschützbrigade. Dabei verknüpft er seine eigenen Erlebenisberichte und die seiner Kameraden mit wissenswerten Informationen über die Entwicklung der Waffengattung. Komplettiert wird das Werk durch umfassendes und eindrucksvolles Bildmaterial.

Alfed Rubbel

Im Panzer IV und Tiger an der Ostfront

Das persönliche Kriegstagebuch des Alfred Rubbel Dezember 1939 bis Mai 1945

ca. 240 Seiten, Großformat 24 x 30 cm,
ca. 200 historische Abbildungen,
Karten, gebunden mit Schutzumschlag.

ISBN 978-3-8035-0008-3

€ 24,95 (D) / € 25,70 (A) / SFr 35,90

Als Alfred Rubbel, am 28. Juni 1921 in Tilsit geboren, sich im Alter von 18 Jahren im Herbst 1939 freiwillig zur Wehrmacht meldet, ahnt er noch nicht, welch ungewöhnliches Soldatenschicksal ihn erwartet.

Nach seiner Grundausbildung im Infanterieersatzregiment 21 und seiner Versetzung zur Panzerwaffe beginnt für Alfred Rubbel am 22. Juni 1942 in der 9./Panzerregiment 29 der 12. Panzerdivision der Russlandfeldzug.

Zuerst als Ladeschütze im Chefpanzer, dann als Richtschütze erlebt er den schnellen Vorstoß der Heeresgruppe Mitte nach Osten. Bei den Kämpfen um Leningrad am 3. September 1941 durch Granatsplitter verwundet, wird er in die Heimat verlegt. Im Januar 1942 wieder bei seiner Einheit, nimmt er an den Kämpfen am Wolchow teil.

Nach Auffrischung und Neuausstattung seiner Kompanie in Schlesien kehrt er im Panzer IV mit Langrohrkanone jetzt zum Panzerregiment 4 an die Ostfront zurück. Als Unteroffizier und Panzerkommandant führt ihn sein Weg auf einem langen Panzerraid zum Westkaukasus, wo sich zwischen September und Dezember 1942 die Kämpfe in Ostkaukasien anschließen.

Im Dezember 1942 beginnt für ihn und seine Kameraden in Putlos und Paderborn die Umschulung auf den Panzer VI „Tiger“. Zur Tigerabteilung 503 (schwere Panzerabteilung 503) kommandiert und im Bahntransport Richtung Rostow in Marsch gesetzt, nimmt er als Panzerkommandant an der Operation „Zitadelle“, der größten Panzerschlacht des Zweiten Weltkriegs, an den Rückzugskämpfen zum Dnjepr und dem Kampf um den Kessel von Tscherkassy teil.

Nach Offizierslehrgängen in Ohrdruf und Krampnitz im Dezember 1944 zur 3./schwere Panzerabteilung 503 versetzt, kämpft er im Königstiger (Tiger II) in Ungarn und Österreich. Am Ende des Krieges kann Leutnant der Reserve Alfred Rubbel auf eine Gesamtbilanz von 57 Panzerabschüssen, 81 Einsatztagen im Panzer und 41 Monaten an der Front zurückblicken. Nach nur wenigen Tagen der Gefangenschaft kehrt er nach Deutschland zurück. Angereichert ist dieser packend geschriebene Erlebnisbericht durch umfangreiches Bild- und Kartenmaterial sowie Ergänzungskapitel rund um das Thema Panzer und Panzerwaffe.

¿DISFRAZARNOS DE LO QUE NO SOMOS?

¿O COMPARTIR LO QUE TENEMOS CON OTROS?

¡VAYA, QUÉ SUERTE! ¡PARECE QUE
TIENE LA CESTA LLENA DE COSAS!

¡JA, JA! ¡SE TAPA LAS RAYAS!

¿O SER SIMPLEMENTE COMO SOMOS?

¿DESEAR LO QUE NUESTRO VECINO TIENE?

¿BUSCAR MOTIVOS PARA LLORAR?

¿O QUE CADA UNO TENGA

LO QUE LE CONVIENE?

¡A MÍ NO ME GUSTARÍA ESTAR
SIEMPRE COLGADO DE UN PALO!

¿NO HACER MÁS QUE TRABAJAR?

¿O BUSCAR MOTIVOS PARA DISFRUTAR?

¿POR QUÉ LLORA ESE?
¡SI HA SALIDO EL SOL!...

¿CONSUMIRLO TODO HASTA EL ABUSO?

¿O TOMARSE ALGÚN TIEMPO PARA SOÑAR?

¡NO PARA DE TRABAJAR! ¡ESO SÍ,
VA A TEJER UNA BONITA TELA!

AMAR...

¿O CUIDARLO TODO Y HACER UN BUEN USO?

¡VAYA, TENÍA
UN HAMBRE FEROZ!

—HUUMM, ¡QUÉ GUSTO DAN LOS ABRAZOS!

...Y SER AMADO.

Primera edición, 2018
Primera reimpresión, 2019
Segunda reimpresión, 2021

Depósito Legal: B. 8.173-2018
ISBN: 978-84-682-5875-1
Núm. de Orden V.V.: PR68

Título original: *Qu'est-ce qui rend hereux?*

IMPRESO EN ESPAÑA. PRINTED IN SPAIN